Chengshi Jingji Fazhan Huanjing
Bijiao Yanjiu

城市经济发展环境
比较研究

杨丹萍　许继琴　毛孟凯 / 著

ZHEJIANG UNIVERSITY PRESS
浙江大学出版社

图书在版编目（CIP）数据

城市经济发展环境比较研究 / 杨丹萍,许继琴,毛孟凯著. —杭州：
浙江大学出版社,2017.11
ISBN 978-7-308-17642-2

Ⅰ.①城… Ⅱ.①杨…②许…③毛… Ⅲ.①城市经济－经济发展－
关系－城市环境－研究－中国 Ⅳ.①F299.21②X21

中国版本图书馆 CIP 数据核字（2017）第 277325 号

城市经济发展环境比较研究

杨丹萍　　许继琴　　毛孟凯　著

策划编辑	吴伟伟 weiweiwu@zju.edu.cn
责任编辑	丁沛岚
责任校对	沈巧华
封面设计	春天书装工作室
出版发行	浙江大学出版社
	（杭州市天目山路 148 号　邮政编码 310007）
	（网址：http://www.zjupress.com）
排　　版	杭州中大图文设计有限公司
印　　刷	浙江新华数码印务有限公司
开　　本	710mm×1000mm　1/16
印　　张	15.5
字　　数	262 千
版 印 次	2017 年 11 月第 1 版　2017 年 11 月第 1 次印刷
书　　号	ISBN 978-7-308-17642-2
定　　价	48.00 元

目　录

第一章　绪论

城市经济正在成为区域竞争的主阵地。伴随着经济发展阶段的转换、新型城镇化的推进和"四新经济"的兴起,以及全面改革的深化,城市经济发展态势正在经历着深刻的变化,城市经济发展环境成为城市经济发展的重要因素。宁波作为长江三角洲(以下简称长三角)城市群核心城市,正在以进入全国大城市第一方队为目标大力推进城市经济的发展,迫切需要改善城市经济发展环境。

第一节　研究背景与意义

城市经济发展和城市竞争新态势突显出城市经济发展环境研究的重要性。通过优化城市经济发展环境推进宁波城市经济发展具有十分重要的现实意义。

一、研究背景

服务经济时代,城市经济成为区域经济竞争的主阵地。随着全面深化改革的推进,城市经济发展动力呈现新趋势。

(一) 城市经济引领区域经济发展

1.服务经济时代已经来临

2013 年,我国的第三产业增加值占 GDP 增加值的比重达 46.7%,首次超过第二产业,2015 年进一步提升至 50.5%。这标志着我国已从工业经济主导步入服务经济主导的时代。"十三五"时期是我国经济转型升级的关键时期,基本实现由工业主导向服务业主导的转型是经济转型升级的总体要求,加快发展现代服务业成为"十三五"产业发展的重点。

2. 全面进入城市型社会

2011 年,我国的城镇化率达到 51.3％,首次突破 50.0％,2016 年更是增至56.1％,步入城镇化中后期阶段。此后,我国的城镇化加速度会逐渐递减,但城镇化率仍处在上升通道,预计将一直持续到城市人口超过 70％以后才会放缓。按照《国家新型城镇化规划(2014－2020 年)》,到 2020 年常住人口城镇化率达到 60％左右,户籍人口城镇化率达到 45％左右,努力实现 1 亿左右农业转移人口和其他常住人口在城镇落户。预计到 2025 年,城镇化率将提高到 70％,新增0.7 亿左右的城镇人口。未来的五至十年,是我国城镇化继续快速推进的阶段,也是各级城市发展的机遇期。在这一新的时期,城市经济将占据主导性地位,城镇化将取代工业化成为中国发展的主要动力。伴随着新型城镇化的推进,中国城市已经进入新一轮的整合和发展期,城市经济竞争加剧。

总之,随着我国经济转型发展的不断推进、城镇化率的不断提高,从某种角度来讲,区域的发展越来越集中地表现为城市的发展,区域的竞争越来越集中地表现为城市的竞争,城市经济的发展对区域经济发展具有十分重要的意义。

(二)发展环境成为经济发展重要动力

随着经济进入新常态,城市经济发展的动力也正在发生着重大的变化。城市经济发展驱动力不再是资源、土地和资本等要素投入,以及优惠政策的推动,市场化下的城市经济发展环境将成为城市经济发展的重要动力。

伴随着全面深化改革,城市经济发展中市场驱动力不断增强,制度、机构、产业集群、商业发展便利程度等宜商环境成为集聚企业的重要动力。

伴随着科技革命的推进,创新环境(包括高素质人才、高水平的教育培训)成为城市经济的重要支撑。城市经济的高端性决定了城市是新技术、新产业、新业态、新模式的创新中心,创新要素的集聚是城市新经济发展的必要条件。高素质人才成为城市经济增长的根本动力。

伴随着经济进入后工业社会,城市从生产型向消费型转变,城市的舒适性和便捷性成为城市发展的重要动力,生活质量、文化财富和生态环境等因素成为影响城市集聚企业和人才的重要因素。环境质量优劣对城市吸引和留住人才和企业,以及以质量为导向的投资日益重要。

伴随着新一代信息技术的广泛应用,信息基础设施成为城市基础设施的重要组成部分,是城市经济发展的重要基础。高铁改变着城市的对外联系和城市体系空间格局,轨道交通改变着城市内部结构,交通基础设施的内涵在变化,对城市经济发展的作用在增强、方式在变化。

二、研究意义

城市经济发展环境是一个相当复杂的系统,包括了城市的自然条件、经济条件和社会条件,这些条件从不同方面对城市的经济发展产生了深刻的影响,决定了城市经济发展的速度和质量,决定了城市的综合竞争力。

宁波是我国东南沿海重要的港口城市、长三角南翼的经济中心和国家历史文化名城,也是长江黄金水道和南北海运大通道构成的"T"字形交汇点,具有连接东西、辐射南北的区位优势。从宁波的产业结构演变规律来看,作为一个港口城市,工业是宁波的优势产业。改革开放以来,宁波市的城镇化率都在稳步提高,城镇化取得了显著的成效,从1980年的18.2%到2015年的71.7%,城镇化的发展取得了显著的成效。根据城市化发展阶段划分,宁波市已基本步入城镇化末期阶段。从产业结构和城镇化率指标基本可以得出宁波已进入城市经济引领阶段。

在2015年2月举行的宁波市委全面深化改革领导小组第四次扩大会议上,浙江省委常委、宁波市委书记刘奇在讲话中指出:"省委要求宁波增强在全国大城市中进入第一方队的雄心壮志,这是对宁波的极大鞭策和鼓励。"这是省委对宁波市提出的新要求,也是宁波正式确定跻身全国大城市第一方队的发展方向。2015年7月中共宁波市委举行十二届九次全体(扩大)会议,提出把跻身全国大城市第一方队作为"宁波坐标"。在"十三五"时期宁波应该朝着跻身全国大城市第一方队的目标迈进。为了实现这个目标,宁波市的首要任务是明白自身的定位,了解自身的发展与全国其他城市的优势和劣势,而城市的竞争是以环境作为平台的,城市的经济发展是在一定环境中实现的,通过宁波与同类城市经济发展环境的比较,扬长避短,打造优越的城市经济发展环境,助力宁波城市发展目标的实现。

第二节　研究与评价综述

目前,关于城市经济发展环境的学术研究成果较为丰富,还有众多不同视角的评价实践。

一、关于城市经济发展环境的学术研究

关于城市经济发展环境的研究,纯理论的不多,以城市经济发展环境的评价为主。关于区域经济发展环境的研究可以为城市经济发展环境的研究提供借鉴。

(一)关于城市经济发展环境内涵界定的研究

国内学者对于城市经济发展环境的研究成果不多,主要是对省区经济发展环境的研究,并且对城市经济发展环境的界定没有形成一致的概念。从已有的研究成果来看,学者们对于城市经济发展的内涵主要从以下几个角度进行阐述。

(1)城市环境论。饶会林(1999)以城市环境指代城市经济环境,认为它是由城市自然环境、城市人工环境和经济社会环境三部分组成,其中最为重要的是城市建设环境、城市住宅环境和城市生态环境。

(2)环境因素构成。饶会林(1999)、徐康宁等(2003)、付宜强(2007)都按照环境构成性质将城市经济发展环境分为硬环境和软环境,并且徐康宁教授对城市经济发展环境下了一个较为清晰的定义:城市经济发展环境是一个城市所拥有的经济、社会资源的综合,是城市经济发展赖以依托的物质和非物质的基础,这些资源综合的优良状况直接影响和制约着城市的经济规模和发展速度。

(3)国内外环境。米建国等(2000)、蒋淑晴(2000)都认为经济发展环境包括国外环境和国内环境两方面。前者认为国外环境有所处的政治环境、经济环境,国内环境有政策环境、金融环境、货币环境、财政环境、就业环境等;后者从制度环境、政治环境、政策环境及国际环境方面来阐述经济发展环境。

(4)经济发展环境包括投资环境。徐华(2003)、林红斌等(2003)都提到经济发展环境包括投资环境。前者认为区域经济发展环境包括投资环境、创业环

境及创新环境三个方面,后者认为经济发展环境就是投资环境,是指投资所处的自然、物质、经济、社会等条件。

(5)经济系统的外部环境。曹洪军等(2006)认为区域经济发展环境包括社会环境和生态环境,借鉴对环境的系统界定,区域经济发展环境的科学内涵指的是经济系统的外部环境,是一个区域内,使得区域经济得以有效发展的外部条件,是指围绕着经济主体存在和变化发展的并足以影响或制约经济活动及其结果的各种条件的总称。

(6)以经济有机体为中心的圈层结构。林海(2004)认为经济发展环境是以经济有机体为主体的环境,包括自然环境、社会环境、经济环境,三者形成以经济有机体为中心的圈型层次结构。

(二)关于城市经济环境评价指标与方法的研究

对城市经济发展环境的综合评价需要构建指标体系,但是关于城市经济发展环境评价的全面指标体系并不多。对于城市经济发展环境的评价方法很多,但学者们没有形成一个统一的评价模型。

(1)指标选取。徐康宁等(2001)将城市经济发展环境指标体系分解为经济规模、经济素质、经济运行环境(狭义的经济运行环境)三个领域,然后分别以若干具体指标来描述这三个领域。这样建立的指标体系思路比较清楚、层次比较分明,是城市经济发展环境指标评价的重要参考。曹洪军等(2005、2006)将城市经济发展环境视作一个系统,经济子系统、社会子系统和生态子系统基本包括了系统的全部内涵,从社会环境指数、生态环境指数及经济状况指数来构建指标体系,每个类型下面又有很多具体的指标。付宜强(2007)把城市经济发展环境分为硬环境和软环境,结合威海市具体情况和专家经验判断筛选出42项具体指标。琚兆成(2008)通过对揭阳32个原始变量研究,构建了揭阳区域经济发展环境评价指标体系。然后他用该指标体系评价了揭阳区域经济发展环境,把原始指标按照性质不同分为自然因素、社会硬环境和社会软环境。

(2)评价方法。牛盼强(2005)构造了一种以客观评价为主、兼顾主观评价的模型,运用区域经济发展环境的基本模型——线性加权法对区域经济发展环境进行综合评价。曹洪军等(2005)、付宜强(2007)运用主成分分析法对城市经济发展环境评价研究。徐康宁等(2001)、琚兆成(2008)、刘振(2013)采用因子分析法对各区域经济发展环境进行了评价。宋丰骥等(2011)采用熵权法确定各指标权重,运用 ArcGIS9.2 空间分析与统计功能,对各城市经济发展环境进行综合评价。

二、与城市经济发展环境相关的评价实践

国内外与城市经济发展环境相关的评价实践近年来比较丰富,尤其是以"皮书"形式出现的各类评价报告,其中影响较大的有国内持续了十多年的《中国城市竞争力报告》和国外世界银行的全球营商环境报告等。

(一)中国城市竞争力报告

中国社科院在 2010 年成立城市与竞争力研究中心,开展相关的学术研究,已经连续出版了 14 个版本的《中国城市竞争力报告》。其中的指标体系进行着不断的调整与完善,比较大的框架性调整是在 2013 年。以下依据调整后的指标体系进行阐述。

《中国城市竞争力报告》进行城市竞争力评价的目的是:在新经济形势下,致力于认识、培育和提高城市竞争力,以期在全球范围内的战略资源的聚集和抢夺方面占据有利地位。了解本城市和其他城市的竞争力有助于在日趋激烈的竞争环境中占据优势。

1.城市竞争力内涵

城市竞争力是城市在竞争和发展过程中,凭借以自身要素与环境为基础所形成的外部经济优势与内部组织效率,不断吸引、控制、转化资源及占领、控制市场,更多、更高效、更快地创造价值,获取经济租金,从而不断为其居民提供福利的能力。

城市竞争力的投入通过城市竞争力的过程决定城市竞争力的产出,城市竞争力的产出又通过城市竞争力的过程反过来影响着城市竞争力的投入。

(1)城市竞争力的产出。

城市竞争力产出方面也可称为城市综合经济竞争力。城市综合经济竞争力实质上就是城市当前创造价值、获取经济租金的能力。城市综合经济竞争力表现为城市产出的、当前的和短期的竞争成果,城市综合经济竞争力就是城市竞争力产出的、当前的和短期的方面。衡量城市综合经济竞争力主要有三类指标:生产率、国际市场份额和增长率。城市综合经济竞争力主要表现为城市经

济综合长期增长和综合经济效率,即

城市综合经济竞争力=F(综合长期增长,综合经济效率)

综合长期增长:城市吸引、占领、争夺、控制资源和市场创造价值的能力、潜力及持续性决定于 GDP 的长期增长。采用 GDP 连续 5 年平均增量作为衡量综合长期增长的指标。

综合经济效率:城市的竞争也是综合经济效率的竞争,城市总是力图充分利用资源,最大限度地获得产出。采用地均 GDP 作为衡量综合经济效率的指标。

(2)城市竞争力的过程。

城市竞争力的投入通过城市竞争力的过程,即城市的产业体系,转化为城市竞争力的产出。因此,城市产业体系的层次和结构取决于城市对人才和企业的吸引能力,可分解为宜居城市竞争力和宜商城市竞争力。

人的劳动和创造是一切价值的源泉,宜居城市竞争力决定了城市对于人才(特别是高端人才)的吸引力,从而影响城市的产业体系竞争力,且有

宜居城市竞争力=F(人口素质,社会环境,生态环境,居住环境,市政设施)

城市竞争力的过程是城市的单个企业在竞争中不断形成自身竞争力,并同行业其他企业共同构成单个产业的竞争力,最终又构成城市产业体系竞争力,这就是宜商城市竞争力,且有

宜商城市竞争力=F(企业本体,当地要素,当地需求,制度环境,主体联系,基础设施)

(3)城市竞争力的投入。

城市竞争力投入又称城市可持续竞争力,实质上就是城市的要素与环境的状况,且有

城市可持续竞争力=F(创新驱动的知识城市,公平包容的和谐城市,环境友好的生态城市,多元一体的文化城市,城乡一体的全域城市,开放便捷的信息城市)

2.城市竞争力评价指标

依据上述的城市竞争力内涵构建的城市竞争力指标体系如表 1-1 至表 1-4 所示。

表 1-1　城市综合经济竞争力指标体系

指标含义	指　标	指标衡量方法
经济增长	综合增量	GDP 连续 5 年平均增量
经济效率	综合效率	地均 GDP

表 1-2　宜居城市竞争力指标体系

指标含义	指　标	指标衡量方法
人口素质	人均预期寿命	—
	大专以上人口比例	—
社会环境	每万人拥有医生数	—
	每千人小学数	—
	每万人刑事案件数	—
生态环境	空气质量	城市空气质量等级
	气温舒适度	年平均温度
	绿化覆盖率	—
居住环境	人均住房面积	—
	房价收入比	（住宅平均售价×90）／（城镇居民人均可支配收入×3）
	每万人餐饮购物场所数	—
市政设施	人均道路面积	—
	排水管道密度	—
	用水普及率	—

表 1-3 宜商城市竞争力指标体系

指标含义	指 标	指标衡量方法
企业本体	大企业指数	世界 500 强及上市公司数
	企业增长指数	企业数量增长率＋企业规模增长率
当地要素	城镇就业人员平均工资	—
	大专以上人口比例	—
	专利指数	专利申请授权量
	人均存款余额	—
当地需求	GDP 规模	—
	社会消费品零售总额	—
	限额以上批发零售贸易业商品销售总额	—
制度环境	开办企业便利度	证件办理指数＋企业开办指数＋经营纳税指数＋资质认定指数
	企业税收负担	地方财政一般预算内收入占 GDP 比重
	银行网点数	—
主体联系	城市货运总量	—
	城市客运总量	—
	国际商旅人员数	接待海外商旅人数
基础设施	公路交通便利程度	连接城市的高速、国道和省道数
	铁路交通便利程度	连接城市的高铁、双线电气化铁路、单线电气化铁路、双线铁路、单线铁路数及是否有主要车站
	航空交通便利程度	机场飞行区等级和起降架次
	利用海运便利程度	城市与最近海港距离和与天津、上海及香港距离

表 1-4   城市可持续竞争力指标体系

一级指标	二级指标	二级指标含义	指标衡量方法
创新驱动的知识城市	知识需求	科技经费支出额占财政收入比重	—
		人均教育支出	—
		每百人公共图书馆藏书	—
	知识投入	中等以上学生占全部学生比重	—
		大学指数	各城市大学排名
	知识产出	专利指数	专利申请授权量
		论文发表数	—
	知识经济	每百万人金融、计算机服务和科学研究从业人数	—
		高科技产品进出口总额	—
公平包容的和谐城市	政府善治	行政透明度	信息公开指数
		群众需求关注度	互动交流指数＋证件办理指数
	社会公平	户籍与非户籍人口之间的公平性	根据各城市落户政策打分
		各阶层之间的公平性	教育服务指数＋社保服务指数＋就业服务指数＋医疗服务指数＋住房服务指数＋交通服务指数
	社会保障	人均社会保障、就业和医疗卫生财政支出	—
		社会保障程度	参加医疗、失业、养老保险人数占常住人口比重
	社会安定	每万人刑事案件数	—
		每万人交通、火灾事故死亡人数	—
环境友好的生态城市	资源节约	单位 GDP 耗电	—
		单位 GDP 耗水	—

续表

一级指标	二级指标	二级指标含义	指标衡量方法
环境友好的 生态城市	环境质量	空气质量	城市空气质量等级
		单位 GDP 二氧化硫排放量	—
		地表水水质	河流、湖泊水质状况,涉及沿海城市时还包括其近海海水水质状况
	生态状况	人均绿地面积	—
		旅游景区指数	4A 和 5A 级旅游景区数量
		国家级自然保护区指数	国家级自然保护区数量和面积
		降水丰沛度	年平均降水量
多元一本的 文化城市	历史文化	历史文化名镇、名村	历史文化名镇、名村数量
		历史文化指数	历史文化名城批次
		非物质文化指数	非物质文化遗产数量
	现代文化	现代文化艺术指数	文化艺术场所数
		每万人剧场、影剧院数量	—
	文化多元性	城市国际知名度	城市拼音名 Google 英文搜索结果条数
		语言多国性指数	城市星级酒店提供语言服务种类数
	文化产业	每百万人文化、体育和娱乐业从业人数	—
		外国入境旅游人数	—
城乡一体的 全域城市	居民收入	城乡人均支出比	城镇居民人均消费支出/农村居民人均消费支出
		城乡人均收入比	城镇居民人均可支配收入/农村居民人均纯收入
	公共服务	人均教育支出比	全市人均教育支出/市辖区人均教育支出
		每百人公共图书馆藏书量比	全市每百人公共图书馆藏书量/市辖区每百人公共图书馆藏书量

续表

一级指标	二级指标	二级指标含义	指标衡量方法
城乡一体的全域城市	公共服务	每万人拥有医生数比	全市每万人拥有医生数/市辖区每万人拥有医生数
	公共设施	每千人国际互联网用户数比	全市每千人国际互联网用户数/市辖区每千人国际互联网用户数
		城乡道路面积比	—
	结构转换	城市化率	市辖区人口/全市总人口
		城市化与工业化适应性	非农业人口比重与非农产业产值占 GDP 比重的差别
开放便捷的信息城市	客体的贸易	外贸依存度	（进口总额＋出口总额）/2×GDP
		当年实际使用外资额占固定资产投资比例	—
	主体的交流	外资工业企业比重	外资工业企业数/工业企业数
		国际商旅人员数	接待海外商旅人数
	信息交流	千人国际互联网用户数	—
		千人移动电话年末用户数	—
	物质交流	公路交通便利程度	连接城市的国高、国道和省道数
		铁路交通便利程度	连接城市的高铁、双线电气化铁路、单线电气化铁路、双线铁路、单线铁路数及是否有主要车站
		航空交通便利程度	机场飞行区等级和起降架次
		利用海运便利程度	城市与最近海港距离和与天津、上海及香港距离

3.城市竞争力评价方法

　　首先采取标准化、指数化、阈值法和百分比等级法四种方法对所有指标数据进行无量纲化处理,其次对城市竞争力总指数、城市竞争力解释指数及城市竞争力分类指数进行计算,最后运用主成分分析对各城市的竞争力进行排名。

(二)宜居城市评价报告

宜居城市的理论和实践成为当前国内城市发展领域的研究热点。对宜居城市进行评价的机构众多,指标和方法多样,评价结果也各异,这些分歧既是对宜居城市内涵理论分歧的折射,也反映了城市发展价值取向的不同。

1. 宜居城市竞争力的内涵

对于宜居城市内涵的理解,有广义和狭义之分。狭义的宜居城市是指气候条件宜人,生态景观和谐,人工环境优美,治安环境良好,适宜居住的城市,这里的"宜居"仅仅指适宜居住;广义的宜居城市则是指人文环境与自然环境协调,经济持续繁荣,社会和谐稳定,文化氛围浓郁,设施舒适齐备,适于人类工作、生活和居住的城市,这里的"宜居"不仅是指适宜居住,还包括适宜就业、出行及教育、医疗、文化资源充足等内容。[①] 王世营等(2010)认为,广义和狭义概念实际上反映了处于不同发展阶段的城市对宜居城市内涵的不同理解,国外学者大多倾向于狭义概念,国内学者大多倾向于广义概念。[②]

连接宜居城市理论研究与实践建设的桥梁是宜居城市的评价。相对于宜居城市内涵的理解,在宜居城市的评价领域,分歧更为明显,评价的结果也更为多样。目前国内宜居城市评价主要如下。

(1)零点研究咨询集团做的中国公众城市宜居指数。"零点公众城市宜居指数"指标体系(包括 3 个一级指标 11 个二级指标 33 个三级指标),从居住空间、社区空间和公共空间三个维度剖析了当前中国城市居民的城市居住生活感受的现状及预期。零点研究咨询集团已经发布了 2005 年、2006 年、2007 年和 2009 年四个年度报告。

(2)北京国际城市发展研究院等所做的《中国城市品牌价值报告》(2007),首创"中国城市品牌价值指数",以"宜居、宜业、宜学、宜商、宜游"5 个一级指标 15 个二级指标,对全国 287 个地级以上城市品牌价值进行了系统分析。

(3)由中国城市科学研究会完成,并于 2007 年 4 月通过住建部科技司验收的《宜居城市科学评价标准》。该体系评分以统计数据为主,兼顾公众调查和专家评判。

---

① 王先鹏. 国内宜居城市评价研究述评[J]. 住宅产业,2013(1):52-55.

② 王世营,诸大建,臧漫丹.走出宜居城市研究的悖论:概念模型与路径选择[J]. 城市规划学刊,2010(1):42-48.

（4）张文忠领导的研究小组于 2006 年完成的首部《中国宜居城市研究报告》。报告立足以人为本的视角，构建了城市宜居指数，从城市安全性、环境健康性、公共服务设施方便性、交通便捷性、自然环境宜人性和社会人文环境舒适性六大维度出发，评价和分析了中国城市的宜居发展水平和特征。

2.宜居城市的指标体系

不同机构的评价指标体系各不相同（见表 1-5 至表 1-8），但都有其合理的成分。

表 1-5　零点研究咨询集团做的中国公众城市宜居指数

评价指标	一级指标及权重	二级指标及权重
普通居民结合在城市生活的经历和主观感受，对于城市满足其生活需求的平衡性与完备性在各个维度上的综合评价	居住空间(55.9%)	居住面积（17.95%）、户型设计（20.52%）、新技术应用（15.79%）、休闲房产（16.30%）
	社区空间(10.7%)	社区环境（2.73%）、社区管理（4.21%）、社区配套（3.74%）
	公共空间(33.4%)	绿色生态环境（7.50%）、城市规划（3.50%）、城市人文环境（12.23%）、城市经济环境（10.08%）

注：来源于零点研究咨询集团网站（http://www.horizonkey.com/）。

表 1-6　北京国际城市发展研究院等提出的中国城市品牌价值指数指标体系

一级指标	二级指标	核心指标
宜居	人居环境	人均绿地面积、生活垃圾无害化处理率
	置业成本	住房成本收入比
	公共服务	人均铺装道路面积、每万人拥有公共汽车数
宜业	收入水平	职工平均工资
	就业机会	城镇登记失业率
	社会保障	低保覆盖率
宜学	人口素质	每万人拥有在校大学生人数
	成长环境	每百名初等教育在校生配备专职教师数
	文化设施	每百人拥有公共图书馆藏书数

续表

一级指标	二级指标	核心指标
宜商	市场潜力	人均 GDP、GDP 增长率,社会消费品零售总额
	投资环境	固定资产投资总额
	商业品牌	全国驰名商标数
宜游	旅游资源	世界遗产个数
	服务能力	星级以上饭店数
	地理标志	拥有中国地理标志产品数

注:来源于中国城市发展网(http://www.chinacity.org.cn/csph/pingjia/54008.html)。

表 1-7　住建部科技司发布的宜居城市科学评价标准

一级指标及权重	二级指标及权重
社会文明度(10 分)	政治文明(3 分)、社会和谐(2 分)、社区文明(2 分)、公众参与(3 分)
经济富裕度(10 分)	人均 GDP(2 分)、城镇居民人均可支配收入(3 分)、人均财政收入(1 分)、就业率(2.5 分)、第三产业就业人口占总就业人口的比例(1.5 分)
环境优美度(30 分)	生态环境(24 分)、气候环境(加扣分项)、人文环境(3 分)、城市景观(3 分)
资源承载度(10 分)	人均可用淡水资源总量(5 分)、工业用水重复利用率(1 分)、人均城市用地面积(2 分)、食品供应安全性(2 分)
生活便宜度(30 分)	城市交通(6 分)、商业服务(3 分)、市政设施(6 分)、教育文化体育设施(3 分)、绿色开敞空间(3 分)、城市住房(6 分)、公共卫生(3 分)
公共安全度(10 分)	生命线工程完好率(4 分),城市政府预防、应对自然灾难的设施、机制和预案(2 分),城市政府预防、应对人为灾难的机制和预案(2 分),城市政府近三年来对公共安全事件的成功处理率(2 分)

注:根据《宜居城市科学评价标准》整理。

表1-8　张文忠等提出的宜居城市评价指标体系

一级评价指标	二级主观评价指标	二级客观评价指标
城市安全性	社会治安、交通安全、紧急避难场所、防灾应急能力	十万人刑事案件立案数、万车交通事故死亡人数、十万人火灾事故死亡人数、亿元GDP生产安全事故死亡人数、人均避难场所面积/平方米
公共服务设施方便性	购物设施、教育设施、医疗设施、餐饮设施、休闲娱乐设施、文化设施、养老设施	城镇居民人均住房建筑面积、小学专任教师负担学生数、中学专任教师负担学生数、千人医院数、千人执业医生数、千人床位数、百人公共图书馆藏书、万人电影院数
自然环境宜人性	气候舒适性、水域空间美感、城市绿化覆盖率、城市公园数、市容清洁度	人均公园绿地面积、建成区绿化覆盖率
社会人文环境舒适性	市民文化素质、社会包容性、城市特色文化氛围、历史文脉保护、城市归属感	常住外来人口比例、城乡收入差距、城镇登记失业率、城镇养老保险参保率、城镇医疗保险参保率、失业保险参保率
交通便捷性	城市道路质量、公共交通便利性、停车便利性、交通运行通达性	人均城市道路面积、万人轨道交通运营里程、万人公共汽车标台数、万人出租车拥有量
环境健康性	水质污染、垃圾废弃物污染、雾霾（PM2.5）污染、噪声污染	污水处理率、生活垃圾无害化处理率、空气质量优良率、区域环境噪声平均值

注:根据《中国宜居城市研究报告》整理。

3.宜居城市的评价方法

零点研究咨询集团制定的"中国城市宜居指数"的指标体系及相应的权重体系因其所选城市样本量小且以大城市为主,所以主要是通过民众调查和德尔菲专家调查法得到,是一种主观评价的方法。

北京国际城市发展研究院所做的《中国城市品牌价值报告》(2007)在指标数据标准化的基础上采取主成分分析法得出。

宜居城市科学评价标准系列评价指标体系全面、城市样本量大,评价方法以客观为主,兼顾主观。主要采取标准化、指数化、阈值法和百分比等级法等方法,在指标数据标准化的基础上,进行主成分分析,得出新的综合指标(主成分），进而确定宜居城市排名。

张文忠团队所做的宜居城市评价指标体系兼顾客观与主观，主观评价采用李克特五点量表尺度法，在指标数据标准化的基础上，进行主成分分析，得出城市宜居指数。

（三）营商环境评价报告

对于营商环境的评价报告，国际上最权威的是世界银行的全球营商环境报告，国内的除了《中国城市竞争力报告》中的宜商城市竞争力评价外，还有深圳、顺德等城市进行的宜商环境评价。

1. 营商环境内涵及其作用

世界银行报告中的营商环境是指企业在开设、经营、贸易活动、纳税、关闭及执行合约等方面遵循的政策法规所需的时间和成本等条件。当今世界区域经济一体化、全球一体化迅猛发展，全球范围在人才、资源、资金、技术、市场等方面的竞争更趋激烈。任何一个国家要在更加激烈的竞争中取得主动权和主导权，营造良好的营商环境是关键。营商环境的优劣决定了高端要素资源的流向和集聚的效应，它也成为综合实力和国际竞争力的一个非常重要的有机构成，环境既是实力的体现，也是竞争力的体现。

由零点研究咨询集团在 2014 年完成的《深圳市营商环境评估报告》，在借鉴包括世界银行营商报告等国外相关评估报告的基础上，将营商环境定义为"伴随企业活动整个过程（包括从开办、营运到结束的各环节）的各种周围境况和条件的总和"。

2. 营商环境评价指标体系

为评估各国企业营商环境，世界银行对 189 个经济体进行了调查研究，并对构成各国企业营商环境的 10 组指标进行了逐项评级，得出综合排名。营商环境指数排名越高，表明在该国从事企业经营活动条件越宽松；相反，指数排名越低，则表明在该国从事企业经营活动越困难。最新出版的是《2016 营商环境报告：衡量监管质量和有效性》，其营商环境下有 11 个分项（见表1-9）。

表 1-9　宜商环境指数指标体系

一级指标	二级指标
开办企业	手续数量
	时间(天)
	成本(人均收入)
	最低注册成本(人均收入)
办理施工许可	手续数量
	时间(天)
	成本(仓库价值)
	建筑法规质量指标(0~2)
	施工前质量控制指标(0~1)
	施工中质量控制指标(0~3)
	建筑施工后质量控制指标(0~3)
	责任和保险制度指标(0~2)
	专业认证指标(0~4)
	建筑质量控制指标(0~15)
获得电力	手续数量
	时间(天)
	成本(人均收入)
	保证金
	供应可靠性和透明度的关税指数(0~8)
	电力价格
登记产权	手续数量
	时间(天)
	成本(资产价值)
	土地管理质量指数(0~30)
	基础设施可靠性指标(0~8)
	信息透明度指数(0~6)
	地域覆盖指数(0~8)
	土地争端解决指数(0~8)

续表

一级指标	二级指标
获得信贷	法律权利强度指数(0~12)
	信用信息深度指数(0~8)
	信贷登记覆盖率(每成年人)
	信用部门覆盖率(每成年人)
保护中小投资者	信息披露程度指数(0~10)
	董事责任程度指数(0~10)
	股东诉讼便利程度指数(0~10)
	利益冲突的监管程度指数(0~10)
	股东权利程度指数(0~10)
	所有权和控制程度指数(0~10)
	企业透明度程度指数(0~10)
	股东治理程度指数(0~10)
	中小投资者保护强度指数(0~10)
纳税	税收总数
	时间(小时/年)
	总税率
跨境贸易	时间(小时)
	成本(美元)
	文件合规
	边境合规(小时)
	国内运输
执行合同	时间(天)
	索赔费用
	法院结构和程序指数(0~5)
	案件管理指数(0~6)
	法庭自动化指数(0~4)
	争论解决的可替代性指数(0~3)
	司法程序质量指数(0~18)

续表

一级指标	二级指标
破产处理	时间(年)
	债务成本
	零售和集中的结果
	资产回收率
	完成诉讼指数(0～3)
	管理债务人资产指数(0～6)
	重组程序指数(0～3)
	债权人参与指数(0～4)
	破产框架强度指数(0～16)
劳动力市场监管	雇员工数量
	工作时间
	裁员人数
	工作质量

开办企业(starting a business):代表开办企业所需要的时间,它的取值来自于各国或地区相关法律的规定。如果开办企业用时越短,表明开办企业越便利,从而营商环境的便利度越高。

办理施工许可(dealing with construction Permits):指企业申请建筑许可所需要的时间,由各国或地区的法律规定。若其取值越小,表明企业申请建筑许可的便利程度越高。

获取电力(getting electricity):作为一个基准测试工具,能够让公用事业公司和监管机构测试电力连接服务的效率,在监管机构改革和良好实践方面促进对话。获取电力越方便,企业发展越好。

登记产权(registering property):表示企业注册财产所用的时间,其值越小,注册财产的便利程度就越高。

获得信贷(getting credit):衡量担保交易中借方和贷方的合法权利,取值范围为0～10,取值越大,表明担保法和破产法对担保交易中借方和贷方权利的保护力度越大,那么企业获得贷款就越便利,从而营商环境的便利程度越高。

保护中小投资者(protecting minority investors)：投资者保护指数,可以将投资者保护分为三个方面,即关联方交易透明度、对自我交易的问责、股东因不正当行为而起诉管理人员和董事的能力,其分别对应披露程度指数、董事责任程度指数和股东诉讼便利程度指数,这三个指数的取值范围皆为 0～10。投资者保护指数为披露程度指数、董事责任程度指数和股东诉讼便利程度指数取值的平均数,其取值越大,表明该国或地区对投资者的保护程度越高,营商环境的便利程度就越高。

纳税(paying taxes)：指企业应税总额/毛利润,其取值越小,表明企业税制环境越便利,营商环境的便利程度就越高。

跨境贸易(trading across borders)：指企业进出口贸易中出口所需时间,其取值越小,表明跨境贸易越便利。

执行合同(enforcing contracts)：为执行合同的成本占合同标的额的百分比,其取值越小,表明合同执行越便利。

破产处理(resolving insolvency)：指企业办理破产时债权人收回贷款的时间,时间越短,表明企业破产越便利,从而营商环境的便利程度越高。

劳动力市场监管(labor market regulation)：包含很广的范围,从个人合同的规定安排到集体谈判机制,同时对一系列的经济产出有影响,包括总体工作流程、生产率的趋势、对冲及调整的速度等,既不能过度监管,也不能疏松监管。

由零点研究咨询集团在 2014 年承接的《深圳市营商环境评估报告》中的评价指标,是由政务环境、法治环境、经济与市场环境、社会人文环境等 4 个一级指标,政府服务、政府履职、立法情况、司法情况、执法情况、经济开放、金融环境、市场配套、创新环境、人力资源、宜居环境、文化建设等 12 个二级指标,以及行政审批改革力度、投资促进机构服务的满意度、政府部门的办事效率、知识产权保护执法力度、合同执行效率、国际航线数量、融资成本占企业支出比重、全社会研发投入占 GDP 比重、本科及以上从业人员比重、高峰时段行车速度、空气质量优良天数比例、国际赛事及活动年度举办数等 28 个三级指标组成的深圳营商环境评估指标体系。

3.营商环境评价方法

世界银行发布的全球营商环境报告,数据来源于世界银行 Doing Business 小组一整套的数据采集流程。先对选取的指标进行取值,然后进行排名,再赋予各个指标权重,进行综合测评,并排出总排名。其主要目的是通过指数形式来衡量一个国家或地区的营商便利度。对具体指标权重由来未具体介绍方法。

《深圳市营商环境评估报告》的数据来源于统计系统和问卷调查,采用结构方程模型对各项指标的权重,以及各一级指标下二级指标的相关性进行确定。

(四)中国城市创新报告

中国城市发展研究会从 2006 年开始组织有关领域的专家学者,开展"中国城市创新能力科学评价"课题的连续研究,从 2008 年开始出版的年度中国城市创新报告,是基于城市创新能力的评价。

1. 城市创新能力的内涵

创新能力是"在创新过程中,在充分利用现代化信息与通信技术的基础上,不断地将知识、技术、信息等要素纳入社会生产过程中所具有的一种能力",是指进行创新所具备的主客观条件,或者说在创新过程中,所具备的创新环境与创新基础条件,以及将创新成果转化为生产力的能力。

城市创新能力是城市创新体系中所有要素和行为主体有机组合的总体能力,主要表现为一种城市创新体系的配套协调、整合能力,包括综合创新基础条件与支撑能力、技术产业化能力和品牌创新能力。

2. 中国城市创新能力评价指标体系

将城市创新能力分解为"创新基础条件与支撑能力""技术产业化能力"和"品牌创新能力"3 个一级指标若干个二级指标,由此构建一套评价指标体系(见表 1-10)。

表 1-10　城市创新能力评价指标体系及其权重

一级指标及权重	二级指标及权重	三级指标及权重
创新基础条件与支撑能力(40%)	政策条件(20%)	教育支出占 GDP 比重(50%)
		科学支出占 GDP 比重(50%)
	人才保障(20%)	科学技术人员占从业人员比重(50%)
		信息技术人员占从业人员比重(50%)
	信息化水平(20%)	每万人国际互联网用户数(50%)
		每万人移动电话用户数(50%)
	文化支撑(20%)	每万人公共图书馆藏书量(33.4%)
		每万人剧场影院数(33.3%)
		每万人博物馆数(33.3%)

一级指标及权重	二级指标及权重	三级指标及权重
	可持续能力(20%)	空气质量达标天数(33.4%)
		建成区绿化覆盖率(33.3%)
		污水集中处理率(33.3%)
技术产业化能力(35%)	产业条件(50%)	每千人工业企业数(20%)
		每万人吸引外商投资额(20%)
		人均地区生产总值(20%)
		沪深 A 股数量及市值(20%)
		每万人专利实施许可数(20%)
	结构优化(50%)	电信业务收入(33.4%)
		第三产业占 GDP 的比重(33.3%)
		人均工业总产值(33.3%)
品牌创新能力(25%)	品牌水平(50%)	城市综合知名度(50%)
		驰名商标数量及知名度(50%)
	品牌支撑(50%)	A 级景区数量及知名度(25%)
		非物质文化遗产数量及知名度(25%)
		全国历史文化名村镇数量及知名度(25%)
		全国重点文物保护单位数量及知名度(25%)

3. 中国城市创新能力评价方法

(1)标准化处理。研究所使用的数据主要来源于《中国城市统计年鉴》,以及样本城市的统计年鉴等资料。根据指标的特性采取不同的标准化方法。

指标数值为百分数,如果指标的最大值(或目标值)可以达到100%,则使用观测原值作为标准化值。

具有量度单位的指标(如指标数值的单位为"个""平方公里"等),如果指标是"正向指标",则标准化值＝观测原值/观测值最大值按下式,即

$$Z_i = \frac{X_i - X_{\min}^i}{X_{\max}^i - X_{\min}^i} \quad \text{或} \quad Z_i = \frac{\ln(X_i) - \ln(X_{\min}^i)}{\ln(X_{\max}^i) - \ln(X_{\min}^i)}$$

具有量度单位的指标,如果指标是"逆向指标",标准化值 ＝ 观测值最小值 / 观测原值,即

$$Z_i = \frac{X_{\max}^i - X_i}{X_{\max}^i - X_{\min}^i} \text{ 或 } Z_i = \frac{\ln(X_{\max}^i) - \ln(X_i)}{\ln(X_{\max}^i) - \ln(X_{\min}^i)}$$

那么,所有指标经过标准化处理以后,其指标值均分布在 $0 \sim 1$,1 代表最高水平。

(2)确定权重。选择采用主成分赋权法与德尔菲法结合的方法给出。

(3)指数的合成计算。对经过标准化处理的各项指标进行加总,即得出整个评价体系的综合得分。将某一类的所有指标无量纲化后的数值与其权重相除就得到分类指数,即

$$I_i = \frac{\sum Z_j W_j}{\sum W_j}$$

将城市创新能力评价指标体系中的所有三级指标无量纲化后的数值与其权重相除就得到综合指数,即

$$I = \frac{\sum\limits_{i=1}^{N} Z_i W_i}{\sum\limits_{i=1}^{N} W_i}$$

(五)中国生态城市建设发展报告

《中国生态城市建设发展报告》自 2012 年开始每年编制出版,在完善生态城市建设评价指标体系和动态评价模型的基础上,对全国生态城市的建设和发展状况从整体和分类两个层面进行考核排名、评价分析。

1.生态城市概念内涵

生态城市是依照生态文明理念,按照生态学原则建立的经济、社会、自然协调发展,物质、能源、信息高效利用,文化、技术景观高度融合的新型城市,是实现以人为本的可持续发展的新型城市,是人类绿色生产、生活的宜居家园。

2.生态城市健康指数评价指标体系

在 2012 年构建的一套生态城市建设的理论体系和评价模型基础上,每年进行微调,2015 年的评价指标体系如表 1-11 所示。

表 1-11　生态城市健康指数(ECHI)评价指标体系(2015)

一级指标	二级指标	三级指标
生态城市健康指数	生态环境	森林覆盖率(建成区绿化覆盖率)
		PM2.5(空气质量优良天数)
		河湖水质(人均用水量)
		人均公共绿地面积(人均绿地面积)
		生活垃圾无害化处理率
	生态经济	单位 GDP 综合能耗
		一般工业固体废物综合利用率
		城市污水处理率
		信息化基础设施互联网宽带接入用户数/城市年底总户数
		人均 GDP
	生态社会	人口密度
		生态环保知识、法规普及率,基础设施完好率
		公众对城市生态环境满意率
		政府投入与建设效果

注:当年发生重大污染事故的城市在总指数中扣除 5%～7%。

按照综合评价结果分为很健康、健康、亚健康、不健康、很不健康五类(分类标准见表 1-12)。

表 1-12　生态城市健康指数(ECHI)评价标准

类型	很健康	健康	亚健康	不健康	很不健康
指标范围	≥85	[70,85)	[60,70)	[45,60)	<45

3.生态城市评价方法

通过"生态城市健康指数(ECHI)评价指标体系(2015)"设定的指标,按照从高到低排序,得出了 2015 年中国 284 个城市生态健康状况的综合排名。并依据"生态城市健康指数(ECHI)评价标准"将其具体划分为很健康、健康、亚健康、不健康、很不健康五种生态城市类型。

(六)中国城市生活质量报告

中国经济实验研究院自2011年开始创建中国城市生活质量指标体系,即QLICC体系,进行中国城市生活质量评价。

1. 生活质量的内涵

生活质量概念应该是指一个国家或地区人们生活水平的总体状态,反映了一个社会整体发展的水平。它涉及自然、政治、经济、社会、文化和宗教等各个领域。当然,对生活质量内涵的认识不是一成不变的,而是随着人类社会的发展而不断发展的。

2. 中国城市生活质量指标体系

中国城市生活质量指标体系(QLICC)包括两个部分:主观满意度指标体系和客观指标(社会经济数据指标)体系(见表1-13和表1-14)。

表1-13　中国城市生活质量主观满意度指标体系

满意度指数 (主观指数)	主观问题	答案赋值				
		100	75	50	25	0
生活水平满意度指数	收入现状 (50%)	很满意	满意	一般	不满意	很不满意
	收入预期 (50%)	很乐观	乐观	一般	不乐观	很不乐观
生活成本满意度指数	生活成本	很低	低	一般	高	很高
人力资本满意度指数	人力资本	很满意	满意	一般	不满意	很不满意
社会保障满意度指数	医疗和养老保障(50%)	很满意	满意	一般	不满意	很不满意
	城市安全状况(50%)	很满意	满意	一般	不满意	很不满意
生活感受满意度指数	生活节奏 (50%)	很慢	慢	一般	快	很快
	生活便利 (50%)	很便利	便利	一般	不便利	很不便利

表 1-14　中国城市生活质量客观指标体系

社会经济数据指数（客观指数）	一级指标	二级指标	对城市生活质量的影响
生活水平客观指数	收入水平	消费率（消费／收入）	＋
		人均财富（包含人均储蓄和人均住房财富）	＋
		人均可支配收入	＋
	生活改善指数	人均消费增长	＋
		人均财富增长	＋
		人均可支配收入增长	＋
生活成本客观指数	生活成本指数	房屋销售价格指数	－
		通货膨胀率	－
		房价收入比	－
人力资本客观指数	人力资本指数	教育提供指数（包含万人学校数和万人教师数）	＋
		教育文化娱乐消费支出比	＋
社会保障客观指数	社会保障指数	社保覆盖率	＋
		基本医疗保险覆盖率	＋
		失业保险覆盖率	＋
生活感受客观指数	生活便利指数	交通提供能力（包含人均铺装道路面积、万人拥有公共电汽车数量、万人出租车数量）	＋
		万人影剧院数	＋
		医疗提供能力（包含万人床位数、万人医院数、万人拥有医生数）	＋
	生态环境指数	人均绿地面积	＋
		空气质量	＋
	收入差距感受指数	基尼系数	－

注：表内"＋"为正影响，"－"为负影响。

3. 中国城市生活质量评价方法

城市生活质量的主观满意度指数是通过随机电话调查得到的，通过随机尾号调查方法，得到有效随机样本 22939 个。根据电话调查所获得的数据，通过统计分析得出描述城市生活质量的 5 个主观满意度分指数。

城市生活质量客观指数是通过计算 35 个城市的 20 个二级客观经济指标，然后运用归一化平权方法计算出反映生活质量的 8 个一级指标，再将一级指标求平均值得到 5 个客观分指数，最后将 5 个客观分指数求平均值计算出的每个城市的客观总指数，即每个城市的客观指数（社会经济数据指数）。

（七）城市基本公共服务评价

2010 年，中国社会科学院马克思主义研究院经济与社会建设研究室和华图政信公共管理研究院组成城市基本公共服务研究联合课题组，研创了城市基本公共服务评价指标体系，试图通过完善和强化衡量城市公共服务的指标，来深入研究主要城市的基本公共服务，为全国城市基本公共服务的建设提供蓝本和借鉴。

1. 城市基本公共服务力的内涵

城市基本公共服务特指城市政府提供基本公共服务、解决民生问题的能力，包括政府提供基本公共服务的种类、数量、质量和覆盖范围。狭义的公共服务一般包括保障基本民生需求的教育、就业、社会保障、医疗卫生、计划生育、住房保障、文化体育等领域；广义的公共服务还包括与公众生活紧密联系的交通、通信、公共设施、环境保护、公共安全、消费安全、国防安全等方面。政府基本公共服务力包括城市政府在社会保障和就业、基本医疗和公共卫生（含人口与计划生育）、公共安全、基础教育、住房保障、公共交通、城市环境、文化体育等方面向公众提供优质服务的能力和水平。

2. 城市基本公共服务评价指标体系

城市基本公共服务评价指标体系分公共交通、公共安全、住房保障、基础教育、社会保障和就业、基本医疗和公共卫生、城市环境、文化体育、公职服务水平等 9 个一级指标，再下设二级、三级指标（见表 1-15）。评价指标体系分为主观评价体系和客观评价体系两类，从公众的主观感受和客观投入两个维度对城市政府基本公共服务水平进行全面系统的评估。其中主观评价主要是考察公众对政府基本公共服务在公平性、便利性及整体性等方面的满意程度；客观评价主要是考察城市政府在基本公共服务所做的财政投入、硬件投入及投入成效。

表 1-15　城市基本公共服务评价指标体系

一级指标	二级指标	三级指标
公共交通	交通工具和设施	每万人口拥有公共汽车数
		问卷(道路拥堵)
		问卷(公交便利)
		问卷(打车等待时间)
	舒适度	问卷(拥挤程度)
	整体满意度	问卷(整体满意度)
公共安全	财政投入	财政投入占 GDP 比重
		人均财政投入
	灾害预防与救助	问卷(政府应急宣传普及的效果)
	安全要素	问卷(人身安全)
		问卷(财产安全)
		问卷(安全感)
		问卷(交通安全)
		问卷(食品安全)
		问卷(信息安全)
	整体满意度	问卷(整体满意度)
住房保障	住房拥有率	问卷(有房情况)
	保障性住房建设	经济适用房覆盖率指数
		廉租房货币补贴保障指数
		问卷(保障性住房覆盖)
		问卷(申请公平程度)
	宏观政策	问卷(房屋租赁监管)
		问卷(调控影响)
	整体满意度	问卷(整体满意度)
基础教育	财政投入	财政投入占 GDP 比重
		人均财政投入
	幼儿教育	生师比
		问卷(幼儿入托公平度)

续表

一级指标	二级指标	三级指标
基础教育	小学教育	生师比
		每千名小学生拥有小学数
		问卷（小学入学公平度）
	中学教育	生师比
		每千名中学生拥有中学数
		问卷（中学入学公平度）
	教育收费	问卷（乱收费）
	整体满意度	问卷（整体满意度）
社会保障和就业	财政投入	财政投入占 GDP 的比重
		人均财政投入
	社会福利	每万人口公办老年福利机构数（无工商）
		每万人口公办老年福利机构床位数（无工商）
		每万人口公办老年福利机构人员数（无工商）
		每十万人口公办儿童福利机构数（无工商）
		每万人口公办儿童福利机构床位数（无工商）
		每万人口公办儿童福利机构人员数（无工商）
		问卷（社会保险贯彻）
	社会救助	最低生活保障指数
		城市临时救济人数
		问卷（弱势群体救助）
	就业	问卷（就业服务）
	养老	问卷（养老服务）
	政策扶持	问卷（扶持创业）
	政策改革	问卷（养老保险的并轨）
		问卷（延迟退休）
	整体满意度	问卷（社保就业整体满意度）

续表

一级指标	二级指标	三级指标
基本医疗和公共卫生	财政投入	财政投入占 GDP 比重
		人均财政投入
	医院、卫生院建设	每万人口医院拥有数
		每万人口执业（助理）医师
		每万人口床位数
		问卷（等待时间）
		问卷（医疗费用）
		问卷（医院分布便利度）
		问卷（医院运营管理有效性）
	防疫活动	每万人口防疫站拥有数
	政策改革	问卷（计划生育）
	整体满意度	问卷（整体满意度）
城市环境	财政投入	财政投入占 GDP 比重
		人均财政投入
	大气环境	可吸入颗粒物日均值
		空气质量适宜指数
		问卷（空气质量）
	水环境	城镇生活污水处理率
		工业废水排放达标率
		问卷（自来水质量）
	市容环境	工业固体废物综合利用率
		人均绿地面积
		生活垃圾无害化处理率
		问卷（街道、景观、市政管理、绿化）
	城市建设	问卷（城市规模）
	整体满意度	问卷（整体满意度）

续表

一级指标	二级指标	三级指标
文化体育	财政投入	财政投入占 GDP 比重
		人均财政投入
	场馆设施	问卷(参与文化活动便利程度)
		问卷(参与体育健身活动便利程度)
		问卷(政府文体活动提供)
	社区文体活动	每十万人口社区服务中心单位数(无工商)
		每 十万人口社区服务中心职工数
		活动项目数
		活动人次数
	整体满意度	问卷(整体满意度)
公职服务水平	等待时间	问卷
	服务效率	问卷
	业务态度	问卷
	接待环境	问卷
	电子政务	问卷(政务网站与公众互动性)
	整体满意度	问卷(整体满意度)

3. 城市基本公共服务评价方法

主观评价通过问卷方式获取,客观评价通过文献研究或调研采访等方式获取。在主观评价数据和客观评价数据有效获取的基础上,通过计算各指标得分并标准化,再通过加权汇总得出各级指数,把两者进行有机结合,从而对某个城市的基本公共服务力进行科学评估。

满意度计算方法如下。

(1)计算各小题得分。通过对问题各选项赋予权重,选择第一项赋 1 分,选择第二项赋 2 分,依次类推,选择"不清楚"不计分,然后分别乘各选项在各城市样本中的选择比率,并相加得出各城市在该题的总得分。

(2)所有小题更改为百分制计分。按问题选项数(不含"不清楚"选项)将各小题乘相应乘数,将步骤 1 中得分换算为百分制。按问卷的设置,选项数只有 2 个、4 个和 5 个三种情况,因此只有三种情况的乘数选择,即两个选项的小题得分乘 50,4 个选项的小题得分乘 25,5 个选项的小题得分乘 20。

（3）计算指标得分。问卷中，各指标均包含不止一个小题，在这一步骤中，我们将每小题以分层权重计算，计算各指标项内各小题的平均得分值即为该指标项的满意度得分。

（4）计算满意度总得分。在步骤 3 的基础上，每个指标得分分别乘各个城市该指标的权重系数，再加总求和，便可得到各城市地方政府基本公共服务的公众满意度。

权重系数计算方法如下：

主观评价指标权重系数主要是根据多因素统计法确定的，指标体系中一级权重的计算方法主要是通过调查问卷中权重考察题来计算的。

您最关注哪些方面？

第一＿＿＿＿ 第二＿＿＿＿ 第三＿＿＿＿

对所有问卷各个基本公共服务指标在此题中的得票数除以总票数，便可求得一级指标的权重系数。各城市的满意度得分则是以其各自一级指标权重系数进行计算。

城市基本公共服务要素发展指数评估访求如下。

公众对于城市基本公共服务的这些要素在不同时期的满意度是不同的。为了更好地呈现城市基本公共服务不同要素的满意度的变化情况，报告提出"城市基本公共服务要素发展指数"（以下简称"要素发展指数"）这一概念。要素发展指数是通过模型"（当年要素满意度得分－上一年要素满意度得分）/上一年要素满意度得分"得出，表示公共服务要素满意度得分相对于上一年度的上升幅度。这个模型以国家作为一个整体，强调的是城市基本公共服务的不同要素在某一时间段的发展程度，侧面反映了在一定时间段中基本公共服务的这一方面取得的进步，其值越高，表明我国在这一基本公共服务要素的工作在该时间段内取得了更好的发展，获得了更好的效果。从长期来看，要素发展指数在一定程度上反映了我国在这一要素上总体发展的稳定性。

$$要素发展指数 = \frac{当年要素满意度得分 - 上一年要素满意度得分}{上一年要素满意度得分}$$

城市基本公共服务满意度上升指数评估方法如下：

一个城市的市民对政府提供的基本公共服务的满意度不是一成不变的，受政府重视程度、投入规模、服务质量和效率的影响，在不同时间点，城市基本公共服务满意度的评估结果会发生比较大的变动。为了更好地呈现和评估不同城市在基本公共服务满意度方面的提升情况和进步程度，报告提出了"城市基本公共服务满意度上升指数"（以下简称"城市上升指数"）这一概念。城市上升指数是通过模型"（当年城市基本公共服务满意度得分－上一年城市基本公共服务满意度得分）/上一年城市基本公共服务满意度得分"得出，表示某城市的公共服务满意度得分相对于上一年度的上升幅度。某个城市的公共服务满意度上升指数越高，表明这个城市在公共服务满意度方面取得的进步越大，提升得越快；反之，则进步较慢，甚至有退步。

$$城市上升指数 = \frac{当年城市基本公共服务满意度得分 - 上一年城市基本公共服务满意度得分}{上一年城市基本公共服务满意度得分}$$

(八)中国城市60强

专注于房地产领域的专业服务和投资管理公司仲量联行发布的第四本综合研究报告《中国城市60强》，着力于定位中国新的商业中心，并鉴别构建未来中国城市格局的驱动因素。

1.评价指标体系

该报告并未对评价的指标体系做出详细的解释，根据报告中的内容加以梳理，可以看出该报告是从经济和房地产两个视角构建评价指标体系（见表1-16和图1-1）。

表 1-16　《中国城市60强》评价指标体系

一级指标	二级指标	三级指标
经济指数	经济规模和增长	名义国内生产总值及其增速
	人口	都市人口数量
	富裕程度	居住储蓄、可支配收入，GDP(人均值)
	基础设施	交通便捷性(客运和货运)，枢纽地位
	出口	出口额
	投资	外商直接投资和固定投资
	教育	高等学府数量，高等教育质量，高等教育入学人数
	商业环境	

续表

一级指标	二级指标	三级指标
房地产指数	房地产投资量	房地产投资总量
	办公楼	甲级总量
	物流市场	现代物流仓储设施总量
	开发商活跃度	—
	公司数量	—
	零售商数量	现代零售业总量
	国际品牌酒店	国际品牌四星级和五星级酒店数量
	空气质量	年度空气质量指数的平均值

注：根据 2016 年《中国城市 60 强》整理。

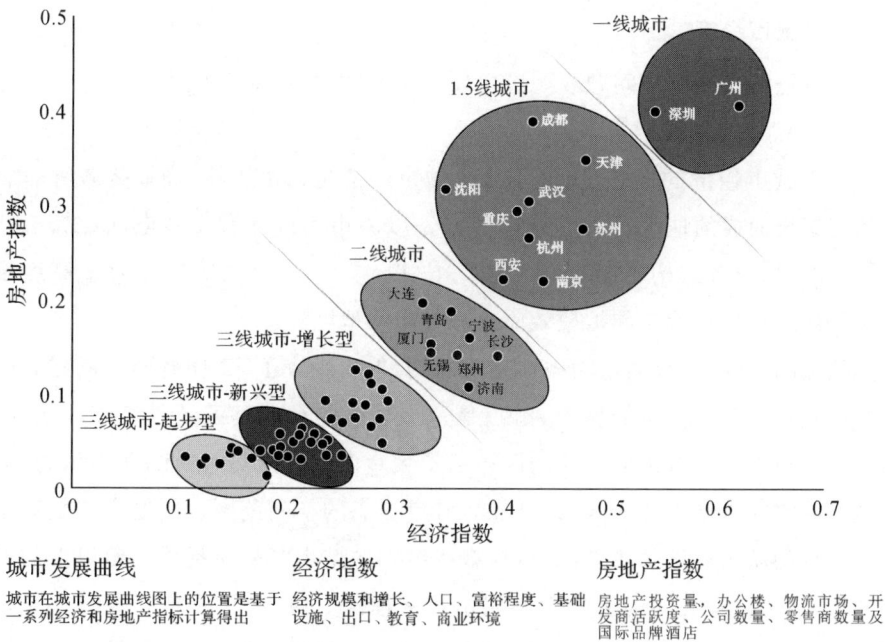

城市发展曲线	经济指数	房地产指数
城市在城市发展曲线图上的位置是基于一系列经济和房地产指标计算得出	经济规模和增长、人口、富裕程度、基础设施、出口、教育、商业环境	房地产投资量，办公楼、物流市场、开发商活跃度、公司数量、零售商数量及国际品牌酒店

图 1-1　2015 年中国城市 60 强发展曲线图

2. 评价的方法与结果

该报告也未对具体的评价方法做出解释，只是简单提及"该模型综合了多个因素进行加权模拟"。但该评价得出的研究结果能较好地反映经济水平和房地产市场的活跃度，具有较高的参考价值。

第三节　研究内涵与评价方案

明确城市经济发展环境的内涵和外延,并依据外延建立指标体系、选择合适的模型进行评价,是进行城市经济发展环境比较的主流做法。

一、城市经济发展环境的内涵与外延

城市经济发展环境的内涵应是综合了城市经济、经济发展环境等概念的针对城市这一特殊空间载体的经济发展环境。城市经济发展环境的分解则是对城市经济发展环境认识的进一步深化与细分。

(一)城市经济

城市经济学以城市问题或城市现象为研究对象,但对于城市经济这一核心概念仍没有形成共识。

关于城市经济的概念,周振华认为城市经济是指由工业、商业等各种非农业部门聚集而成的地区经济。城市经济是以城市为载体和发展空间,二、三产业繁荣发展,经济结构不断优化,资本、技术、劳动力、信息等生产要素高度聚集,规模效应、聚集效应和扩散效应十分突出的地区经济。

从空间特性看,以城市为载体是明确的,但再细究下来,还有两个问题。问题之一是对于某一特定的城市来说,是这个城市的行政辖区还是城市建成区?鉴于我国当前不少城市的行政辖区包括了大片的农村区域,因此,我们认为,城市经济的空间是城市建成区,即已成为城市形态的空间范围。问题之二是对于某一区域的城市经济总体来说,包括哪些级别的城市?是包括建制镇以上的所有城市,还是仅指某一区域的中心城市?从理论上讲,应该是包括某一区域范围内建制镇以上的所有城市,但出于具体研究项目的需要,可以就某一区域的中心城市作为重点研究对象,尤其是对于中心城市的城市经济占整个区域城市经济总量比重很大的区域。

与城市作为实体空间的特征不同,城市经济作为一种经济形态,具有不同于其他区域类型的特征。

(1)城市经济的集约性。城市经济是各种生产要素高度集聚的结果。这种高度集聚性,使得城市成为经济活动与人口高度密集的区域,城市经济成为高度集约的一种经济形态,表现为人均 GDP、地均 GDP 远高于其他类型区域。集聚生产要素的能力也就成为城市经济发展的最重要驱动力。

(2)城市经济的中心性。城市是所在区域的中心,辐射、带动区域经济是中心城市的职能和作用所在,区域经济反过来是城市发展的基础。所在区域的经济特征也是城市经济发展的重要区域基础,拥有不同区域特征,包括自然、经济、社会特征的城市具有不同的发展潜力。

(3)城市经济的开放性。城市经济表现为跨区域、跨国界的物流、资金流、信息流和商流的有效流动,成为沟通城乡和国内外联系的纽带,引发出城市经济的开放性。城市经济是流量经济,其对外联系的便捷程度、强度和对外辐射力是城市经济的重要表现。对外交通、信息基础设施等是城市经济发展的重要基础。

(4)城市经济的服务性。城市是非农产业的集聚地,并且随着社会经济发展阶段的演进,城市经济从商贸经济到工业经济再到服务经济。服务业,尤其是生产性服务业成为城市经济的主体,印证出城市经济的服务性。

(二)经济发展环境

对于经济发展环境的研究有两大视角,一是区域经济学的区域经济发展条件视角,二是国际投资学的投资环境视角。

从区域经济学的区域经济发展条件视角看,主流的经济学派在借鉴发展经济学、制度经济学等相关学科理论观点的基础上,从生产要素的视角来界定区域经济发展条件,认为资本、劳动力、技术、制度是区域经济发展条件;经济地理学则在地理学的研究范式基础上,认为自然资源和自然条件、交通区位条件、经济社会基础等,也是区域经济发展条件。

从国际投资学的投资环境视角来看,区域经济发展环境与投资环境概念相通。投资环境多从微观企业的投资区位选择视角出发,是指围绕投资项目对投资活动有影响和制约的各种条件和因素的综合体系。投资环境是一个多层次、多因素的动态系统,从不同角度对投资环境的分类如下。按构成因素性质,投资环境分为自然环境、政治环境、经济环境、法律环境和社会文化环境。按投资环境层次,投资环境分为宏观投资环境和微观投资环境。按投资环境表现形态,可分为硬环境和软环境。硬环境是指具有物质形态的各种影响投资项目的物质环境因素,包括自然条件、自然资源、基础设施条件等。软环境是指不具有物质形态的各种影响投资项目的人文环境因素,包括政治环境、经济环境、市场环境、法律环境、科技文化环境和社会环境等,具体有政策法律法规、职工素质、教育水平、市场潜力等。在具体的分析与评价时,分为要素禀赋因素、基础设施因素、经济政策因素、法律法规因素等。

(三)城市经济发展环境的内涵

城市经济发展环境是针对城市这一特殊空间载体的经济发展环境,应符合经济发展环境的一般概念,同时体现城市这一特殊空间载体的特征。

城市经济学家 K.J.巴顿认为:"城市是一个坐落在有限空间地区内的各种经济市场——住房、劳动力、土地、运输等——相互交织在一起的网状系统。"城市的最大功能是以最快的速度和最密集的方式聚集各种生产要素。

城市经济发展环境或类似的名词在一些文献和研究报告中经常出现,但对其内涵经常不做严格的界定,被当作一个已有共识的概念。实际上,人们对它的理解还是有很大的差异的。

《中国城市竞争力报告》是从竞争力的角度来解读的,其对城市经济发展环境的认识也在不断深化。2016 年报告中将城市竞争力分为三个环节:城市竞争力的投入、过程、产出。城市竞争力的投入通过城市竞争力的过程,即城市的产业体系,转化为城市竞争力的产出。城市竞争力投入方面被称为城市可持续竞争力,实质上就是城市的要素与环境的状况。城市竞争力过程即城市的产业体系取决于城市对人才和企业的吸引能力,表现为宜居、宜商竞争力。城市竞争力的产出被称为城市综合经济竞争力,是城市当前创造价值、获取经济租金的能力,主要表现为城市经济综合长期增长和综合经济效率。但我们认为,宜居、宜商环境与城市的要素与环境一样,都是城市经济的发展环境。

徐康宁教授对城市经济发展环境下了一个较为清晰的定义:城市经济发展环境是一个城市所拥有的经济、社会资源的综合,是城市经济发展赖以依托的物质和非物质的基础,这些资源综合的优良状况直接影响和制约着城市的经济规模和发展速度[①]。同时,城市内经济与社会的发展现状本身就是城市经济发展环境的一个重要组成部分。

综合现有各种关于城市经济发展环境的表述,我们认同徐康宁教授对城市

[①]   徐康宁.文明与繁荣:中外城市经济发展环境比较研究[M].南京:东南大学出版社,2003:28.

经济发展环境所下的定义,但从改善城市经济发展环境以促进城市经济发展的角度看,更重要的不是城市经济发展环境的定义(内涵),而是城市经济发展环境的外延(分解)。

(四)城市经济发展环境的外延

现有的文献按照不同的标准对城市经济发展环境进行了分解。

(1)按照环境因素构成的性质可以把城市经济发展环境分为硬环境和软环境。硬环境是指易于用统计数据反映的影响企业生产经营利益的城市物质资源及社会经济基础因素。城市公共产品供给水平和经济结构是其最主要的组成部分。软环境由城市人文状况及管理等因素综合形成,具体是指由社会、历史、经济、政治和政府行为等影响企业利益的难以量化评价的因素。如市场制度、法制基础、政府效率,以及其他一些与硬环境或软环境有关的因素,如特定的城市文化、城市形象等。

(2)根据人与环境的关系可以把城市经济发展环境分为自然环境、人工自然环境和经济社会环境三部分。自然环境主要对应城市经济发展所依托的自然资源;人工自然环境主要是指与城市建设密切相关的城市布局、城市绿化等因素;经济社会环境则包含城市的经济、社会发展现状和开放程度等。

从不同的角度,对城市经济发展环境的某个方面进行考察就有了众多的城市经济发展环境的不同领域,如前面介绍相关评价中涉及的城市宜居环境、城市宜商环境、城市创新环境、城市生态环境、城市公共服务环境等。

我们认为,参照区域经济发展环境和投资环境的框架,结合城市的特殊性,城市经济发展环境可以分解为五大环境:宜居环境、宜商环境、创新环境、基础设施环境、区域背景。

城市经济发展环境是一个相当复杂的系统。在这个系统内部,各个因素也相互影响、相互作用,需要根据系统的整体性,对各个因素做出界定与区分。

二、城市经济发展环境评价方案

城市经济发展环境的评价既要参照一般经济发展环境评价的范式,又要考虑到评价的目的。

(一)评价的目的与样本选取

评价的目的决定着评价的方案选取。本项目是服务于宁波跻身我国大城市第一方队的城市发展目标而开展的研究。因此,是站在服务于宁波城市经济发展的立场上,通过评价、比较,明确宁波城市经济发展环境的优劣势,通过完善宁波城市经济发展环境,促进宁波城市经济的发展。

从这一角度出发,评价的样本选取有两种思路。

一是从跻身我国大城市第一方队的城市发展目标出发,选取我国大城市中城市经济总量排名在宁波之前的城市作为评价对象。按照这一思路进行选取,评价的对象包括城区常住人口超过 1000 万的 7 个超大城市(北京、上海、天津、重庆、广州、深圳、武汉),显然北京、上海、武汉等是与宁波不在同一规模等级、职能等级上的城市,在城市经济发展中不具有可比性。

二是从可比性的角度出发,选取与宁波具有共同特征的同类城市进行比较。按照这一思路进行选取,评价的对象可以包括同为计划单列城市、港口城市的大连、青岛、厦门、深圳,以及同为长三角城市群区域核心城市的南京、苏州、无锡、杭州。

从评价目的出发,我们认为选取同类城市进行评价与比较,更有利于为宁波市完善城市经济发展环境形成决策建议。

(二)评价指标体系

城市经济发展环境评价的关键在于指标体系的构建,它直接关系到评价的全面性、准确性、针对性。从上面关于城市经济发展环境相关评价的介绍中可以看出,《中国城市竞争力报告》从城市竞争力角度构建的宜居环境、宜商环境和可持续发展评价指标体系基本包括了城市经济发展环境的各个方面,但各个分项之间有交叉;《中国宜居城市竞争力报告》《全球营商环境报告》《中国城市创新报告》《中国生态城市建设发展报告》《中国城市生活质量报告》《城市基本公共服务评价》《中国城市 60 强》等是从城市经济发展环境的某个领域出发构建的评价指标体系,在对某个领域进行评价时,其实也都涉及了其他领域的评价,相互交叉重叠部分颇多。

根据上面对城市经济发展环境内涵与外延的分析,按照指标构建的重要性、可比性、系统性、独立性、可操作性等原则,我们构建的城市经济发展环境指标体系包括 5 个一级指标:城市宜居环境、城市宜商环境、城市创新环境、城市基础设施环境、城市发展区域背景。在一级指标下再设二级指标和三级指标(见表 1-17)。

表 1-17 城市经济发展环境评价指标体系

一级指标	二级指标	三级指标
城市 宜居环境	生活成本	收入房价比
		人均住房建筑面积
		高峰拥堵延时指数
		每万人拥有公共汽车数量
	文化教育	教育文化娱乐消费支出占比
		每十万人拥有的博物馆、图书馆与文化艺术场馆数
		拥有全国百强高中的数量
		人均教育经费支出
	环境健康度	空气质量优良天数比例
		城市绿化覆盖率
		人均公园绿地面积
	医疗保障与安全 生产	社会保障和就业支出占公共财政支出比重
		城镇职工养老保险参保率
		万人拥有病床数
		亿元 GDP 安全生产事故死亡人数
城市 宜商环境	商务环境	办公楼租金
		应交增值税
		平均工资
	金融环境	存贷款总额
		存贷比
		金融机构数
	配套环境	商务服务业占比
		政府网站绩效
		办结率
		结案率

续表

一级指标	二级指标	三级指标
城市创新环境	创新投入	全社会研发经费投入占 GDP 比重
		地方教育经费投入占 GDP 比重
		地方财政科技经费投入占 GDP 比重
		每万人人才数
		全社会 R&D 人员全时当量
		每万人普通高校在校大学生数
		风投指数
	创新产出	年度授权专利数
		有效注册商标数
		高技术产业产值占工业总产值比重
	创新载体	省级以上重点实验室和重点工程中心数
		国家级科技企业孵化器指数
		国家级高新技术企业数
城市基础设施环境	交通基础设施	港口货物吞吐量
		港口集装箱吞吐量
		机场旅客吞吐量
		每万人火车车次
		高速公路节点数
		轨道交通密度
		城市道路面积率
	信息基础设施	每万人互联网城域出口带宽
		城区固网平均速度
		光纤入户覆盖率
		每万人国际互联网用户数
		每万人 4G 用户数量
		政务云和行业云设施建设及应用情况

续表

一级指标	二级指标	三级指标
城市基础设施环境	新型市政设施	天然气管网覆盖率
		每万人充电桩数量
		海绵城市建设情况
城市区域背景	经济发展水平	地区生产总值
		人均地区生产总值
		地方财政预算内收入
		第三产业增加值占地区生产总值比重
		实际利用外资额占固定资产投资比重
		外贸依存度
	城市规模与城市化	建设用地
		地均二、三产业增加值
		建成区面积
		城区常住人口
		城市化率
	社会文化水平	城镇居民人均可支配收入
		最低收入保障
		文化产业增加值占 GDP 比重
		历史文化名镇、名村数量
		非物质文化遗产数量

(三)评价方法

区域投资环境的评价方法从最初的冷热比较分析法、多因素等级评价法、道氏公司的动态评分法,发展到综合指标评价法、因子分析法等。从上面介绍的城市经济发展环境相关的评价所运用的方法看,多数采用的是综合指标评价法,也有综合运用综合指标评价、因子分析法、主成分分析法的。其中,比较关键的技术是数据的收集与无量纲处理、权重的设置、指数的合成等。

1. 无量纲处理

在评价指标体系中,各个评价指标由于经济意义、量纲等的不同,不具有可比性,要想计算综合评价结果,就必然要对指标进行无量纲化处理。无量纲化的方法有很多种,从几何角度可以分为以下三类。一是直线型无量纲化方法,该方法是将指标实际值转化为不受量纲影响的指标评价值时,假定二者之间为线性关系,实际值的变化引起评价值一个相应的比例变化。常用的直线型无量纲化方法包括阈值法、标准化法和比重法。二是折线型无量纲化方法,该方法适合于被评价事物发展呈现阶段性变化的评价,指标值在不同阶段对事物总体水平影响是不同的。构造折线型无量纲化方法与直线型不同的地方在于,要找出事物发展发生转折的指标值并确定其评价值。三是曲线型无量纲化方法,在曲线型无量纲化方法中,指标实际值对评价值的影响不是等比例的。

在多指标综合评价时要采用哪种无量纲化方法是我们面临的一个问题。一般在无量纲化方法的选择上应遵守以下几个原则。

(1)客观性原则。即所用方法能够客观地反映指标实际值与事物综合发展水平间的对应关系。

(2)简易性原则。在这一原则下,不少案例往往是以直线型公式来代替曲线型公式,原因在于:在多指标综合评价中,无量纲化的结果也就是评价值本身,是对被评价事物发展水平的一种相对描述而不是一个绝对的刻度,因此,在不影响被评价对象间相对地位的前提下,允许使用近似的、简化的直线关系来代替曲线关系;曲线型公式并不是所有情况下都比直线型公式要精确,如果参数选取不当,其结果很难确定;再从国内外综合评价的案例应用经验来看,线性公式所得结果与非线性公式往往近似,且线性方法较非线性方法要容易使用得多。

(3)可行性原则。选用方法时,既要考虑被评价事物的特点,同时还要结合方法自身的特点以确保转化的可行性。

综上所述,根据指标体系的特点,本书采用直线型方法中的临界值法(也叫阈值法),对数据进行标准化处理。设有 m 个评价方案,评价指标有 n 个,假设第 i 个方案的第 j 个指标的评价值为 $X_{ij}(1 \leqslant i \leqslant m, 1 \leqslant j \leqslant n)$,从而得到评价矩阵 $A = (X_{ij})_{m \times n}$。由于指标的量纲不同,可采用下式对评价矩阵进行标准化处理。

如果指标是"正向指标",则

$$Z_{ij} = \frac{X_{ij} - X_{\min}^j}{X_{\max}^j - X_{\min}^j}$$

如果指标是"逆向指标",则

$$Z_{ij} = \frac{X_{\max}^j - X_{ij}}{X_{\max}^j - X_{\min}^j}$$

那么,所有指标经过标准化处理以后,其指标值均分布在 $0 \sim 1$,1 代表最高水平。为了综合评价结果,综合值可以适当拉开差距,我们可以将上面 2 个公式分别乘上 100,即

$$Z_{ij} = \frac{X_{ij} - X_{\min}^j}{X_{\max}^j - X_{\min}^j} \times 100 \quad 或 \quad Z_{ij} = \frac{X_{\max}^j - X_{ij}}{X_{\max}^j - X_{\min}^j} \times 100$$

这样标准化后的指标值分布在 $0 \sim 100$ 之间。

2.权重的设置

主观赋权法反映了专家的经验,是对过去问题的认识,权重一旦确定基本上很少变动,可能不能反映客观条件的新变化。客观赋权法的确定是缺乏专家经验的知识,但优点是指标权数与指标值相联系,权数随客观环境的变化而变化。因而本研究采用主观、客观赋权法相结合的方法来确定最终权重。主观赋权法采用由美国学者 T. I. Satty 等人提出的层次分析法(AHP),该方法特别适用于某些难以完全定量分析的问题,体现出人类决策思维的特征。客观赋权法采用的是熵权法,熵权法是一种突出局部差异的客观赋权法,通过计算指标的熵值来确定权重。

第 j 个指标的组合权数为

$$W_j = \alpha w_j + \beta \omega_j, j = 1, 2, \cdots, n$$

式中,W_j 为第 j 个指标的组合权数,w_j 为第 j 个指标的客观权系数,ω_j 为第 j 个指标的主观权系数,且 $0 < W_j < 1$,$\sum_{j=1}^n W_j = 1$。α 和 β 表示主、客观赋权方法的相对重要程度,满足 $0 \leqslant \alpha, \beta \leqslant 1$。

主、客观赋权法的具体步骤如下:

(1)熵值之客观赋权法。

先对标准化后的指标值进行归一化处理,即

$$P_{ij} = Z_{ij} / \sum_{i=1}^m Z_{ij}, j = 1, 2, \cdots, n$$

则各指标的熵值 e_j 为

$$e_j = -\frac{1}{\ln m} \sum_{i=1}^m P_{ij}(\ln P_{ij}), j = 1, 2, \cdots, n$$

再依据下式算得第 j 个指标的差异系数 g_j，即

$$g_j = 1 - e_j, j = 1, 2, \cdots, n$$

g_j 值越大，显示指标间差异程度越高，对应的指标越重要，由此可得熵权 w_j 为

$$w_j = \frac{g_j}{\sum\limits_{j=1}^{n} g_j}, j = 1, 2, \cdots, n$$

（2）AHP 之主观赋权法。

AHP 是一种层次权重决策分析方法，是将决策问题按总目标、各层子目标、评价准则直至具体的备选方案的顺序分解为不同的层次结构，然后用求解判断矩阵特征向量的办法，求得每一层次的各元素对上一层次某元素的优先权重。其主要步骤如下：

①建立层次结构模型。建立层次结构模型，首先要整理与归纳决策问题的影响因素，再将这些因素按照不同的属性分成若干层次。同一层次的各种因素受上一层因素的影响，同时又支配着下一层因素。AHP 通常包括三个层次：目标层、准则层和方案层。准则层又包含有子准则层。由于权重的赋予是靠两两比较来判断，通常每一层的因素受到的影响因素不超过 9 个。

②构造判断矩阵。判断矩阵反映各个影响因素的重要程度，可采用两两相互比较的方法以确定其权重，具体可使用 1～9 的数值来代表重要程度。两个因素由 A_i 和 A_j 来表示，判断矩阵为：

$$\boldsymbol{A} = (a_{ij})_{n \times n}$$

式中，a_{ij} 是因素 A_i 和 A_j 相对其目标的重要程度的关系，具体数值大小可根据"相对重要程度取值表"求得，如表 1-18 所示。

表 1-18　相对重要程度取值表

相对重要程度取值	定义	重要性描述
1	同等重要	具有同样的重要性
3	稍强	两个目标相比，前者比后者稍重要
5	强	两个目标相比，前者比后者明显重要
7	很强	两个目标相比，前者比后者强烈重要
9	绝对强	两个目标相比，前者比后者极端重要
2,4,6,8	中间值	上述相邻判断的中间值
倒数		若因素 A_i 和 A_j 的比较判断为 a_{ij}，则因素 A_j 和 A_i 的比较为 $a_{ji} = 1/a_{ij}$

③ 计算得出最大特征根 λ_{max} 和它对应的标准化向量 w。这样就可得出在同一个层次中各个影响因素对于上一个层次某个因素重要程度的排序权重,矩阵的最大特征根可以表示为 $Aw = \lambda_{max} \cdot w$ 归一化后得到各指标的权重。

④ 做一致性检验。当确定判断矩阵阶数时,很难构造出满足一致性的矩阵。判断矩阵偏离又有一个度,当超过一个度时,矩阵近似估计可靠程度降低,就需要对判断矩阵进行一致性检验,计算一致性比例,即

$$CR = CI/RI$$

其中

$$CI = \frac{\lambda_{max} - n}{n - 1}$$

式中,CI 为比较矩阵一致性指标,RI 为平均随机一致性指标,其取值可通过查表获得。当 $CI < 0.1$ 时,则认为判断矩阵具有满意的一致性;否则,不能通过检验,应调整有矛盾的判断,对其进行适当的修正。

3. 指数的合成

在指数合成方面,本研究采用多指标综合评价中目前使用较多的加权综合评分法。加权综合评分法具有简明直观、结论明确、可操作性强的特点,其实质是将各评价指标属性值按一定方法转换成为评价分值,然后根据之前确定的评价指标权重,计算出所有评价指标的评价分值与权重之乘积之和,得出用加权法计算出的综合评价分值,即城市经济环境水平的综合指数。即

$$V_i = \sum_{j=1}^{n} W_j Z_{ij}, i = 1, 2, \cdots, m$$

则 V_i 即为第 i 个城市的城市经济环境水平综合指数。

第二章 城市宜居环境评价与比较研究

城市宜居环境是城市居民居住和生活的环境,是城市经济发展环境的重要组成部分。本章在研究城市宜居环境的内涵、作用的基础上,构建城市宜居环境评价指标体系,运用加权综合评分法对宁波及同类城市宜居环境进行评价与比较,借鉴同类城市宜居环境的经验,提出优化宁波城市宜居环境的对策建议。

第一节 城市宜居环境内涵及作用

在梳理不同流派城市宜居环境内涵的基础上,提出城市宜居环境的内涵,探究宜居环境对于城市经济发展的作用。

一、城市宜居环境的内涵

1996 年,联合国第二次人居大会上提出了"城市应当是适宜居住的人类居住地"的概念。之后,国际上达成了广泛共识,很多城市开始把宜居城市作为城市发展的建设理念和目标。2005 年,在《北京城市总体规划(2004—2020)》中,首次明确提出要建设"宜居城市"。2016 年 3 月 17 日,《中华人民共和国国民经济和社会发展第十三个五年规划纲要》中的第三十四章"建设和谐宜居城市",明确提出转变城市发展方式,提高城市治理能力,加大"城市病"防治力度,不断提升城市环境质量、居民生活质量和城市竞争力,努力打造和谐宜居、富有活力、各具特色的城市。

城市宜居环境就是适宜人居住的城市环境。迄今为止,关于城市宜居环境的内涵,可谓仁者见仁智者见智,并没有统一的表述。宜居城市指一个城市要适合人的发展要求和自然环境的客观发展规律的要求,做到人与自然环境的和谐统一、协调发展,宜居城市的内涵包括人与自然环境的统一、人文环境、市民素质、城市行为共识、城市文化、市民和谐相处和安全感等几个方面(周长城、邓海骏,2010)。城市的宜居性要从城市安全性、环境健康性、公共服务设施方便性、交通便捷性、自然环境宜人性和社会人文环境舒适性六大维度进行衡量(张文忠,2016)。宜居城市要有充分的就业机会、舒适的居住环境,要以人为本并可持续发展,它应该满足三个条件:好的物质环境、好的人际环境、好的精神文明氛围(叶文虎,2014)。

城市宜居环境是一个综合性的概念。从广义上来讲,它是一个由自然物质环境和社会人文环境构成的复杂庞大系统,包含了生活的方方面面,其内涵是非常丰富的。城市的发展是随着人类社会的发展而产生的,是为人类服务的,因此一个城市要具备宜居环境,就需要提供满足人类发展需求的各种软、硬条件,一方面要创造优良的物质文明,保持城市经济持续繁荣,创造充分的就业机会,提供完善、公平的基础配套设施,其中最基本的就是要为居民创造舒适的居住条件;另一方面要提供和谐的人文环境和促进人身心健康发展的精神家园,保持社会和谐稳定发展。宜居城市需要处理好人与环境的关系和人与人的关系。人与环境的关系,要求城市的发展遵循自然环境的客观规律,发展物质文明不能够以牺牲自然环境、自然资源为前提。居民生活舒适便利,景观优美怡人,这样的城市才称得上是宜居城市。人与人的关系则要求城市提供一个和谐良好的人际关系环境,这涉及邻里关系、社区文化等方面。宜居城市应该是让居民有安全感的城市,这就意味着建设城市宜居环境需要具备公共安全。

鉴于广义的城市宜居环境内涵与本书其他章节有所交叉重复,本章对城市宜居环境内涵的分析,主要从狭义角度展开。我们认为狭义的城市宜居环境,主要由生活成本、文化教育、环境健康度、医疗保障与安全生产等四方面构成。

二、宜居环境对城市经济发展的作用

人口的集聚是城市发展的动力与表现,宜居环境建设通过构建一个适宜居住的环境来集聚人口,尤其是高素质人才,既促进了城市规模的扩大实现了城市本身的发展,又通过促进城市产业升级实现城市经济发展。

(一)有利于集聚高素质的人力资源

以人为本是城市宜居环境建设最为基本的理念和目标。良好的城市宜居环境,能够提供优质的教育文化资源、优质的医疗保障设施与水平、宜人的生态环境,能够吸引人口不断流入和集聚,满足人们日益增长的物质和文化生活的需要,施展个人的才华和抱负。拥有良好宜居环境的城市,尤其有利于形成人才的高势能区和强磁场区,促进高素质人才集聚、交流、融合与共同进步。

(二)有利于提供稳定的社会环境

经济发展的一个必要前提是稳定的社会环境。建设宜居城市需要健全完善的保障体系,居民的基本生活得到保障,有利于他们安居乐业,增强生活安全感、公平感,起到社会稳定器的作用。在一个环境优美、安定和谐、质量高的城市中生活,市民的幸福感必然提升,从而会增强他们的归属感、自信心、自尊心和对城市的认同感,使得他们积极主动地投入城市建设中去,进一步推动经济发展。

(三)有利于推动城市增长方式转变

建设宜居城市,城市发展是可持续的,不能以环境污染、资源浪费为代价。这要求城市经济发展模式必须是良性、健康的,城市经济运行质量和效益必须是高效的,从而对城市经济内生增长动力提出了更高要求,有利于推动经济增长方式的转变。

(四)有利于调整优化城市产业结构

由于城市规模的不断扩张和城市人群的多元化,建设城市宜居环境,客观上要求城市经济发展过程中要坚持各方面的协调统一,各产业间的发展也要统筹兼顾。宜居城市体现的是一种人本思想,以人为本,各产业的发展要满足市民多层次、多元化的需求,为了符合宜居环境的要求,城市产业结构将会不断优化调整,从而推动城市经济可持续发展。

第二节　城市宜居环境指数测算及比较

首先构建城市宜居环境评价指标,然后运用加权综合评分法,对 2014 年 9 个城市的数据进行统计分析,旨在评价、比较这些同类城市的城市宜居环境。

一、宜居环境评价指标设置

按照第一节我们对狭义的城市宜居环境内涵的理解,我们主要从以下四方面设置城市宜居环境的评价指标。

(1)生活成本。生活成本是城市居民日常生活的重要组成部分和首要关心问题,也是衡量城市宜居环境水平的重要因素。选取收入房价比、人均住房建筑面积这两个指标,来反映城市居民的住房成本。选取高峰拥堵延时指数、每万人拥有公共汽车数量这两个指标,来反映城市居民的出行成本。

(2)文化教育。丰富优质的教育和文化是城市良好宜居环境的重要方面。选取教育文化娱乐消费支出结构,每十万人拥有的博物馆、图书馆与文化艺术场馆数,反映城市的文化水平。选取全国百强高中的数量、人均教育经费支出,反映城市的教育质量。

(3)环境健康度。结合当前居民对环境健康的主要诉求,选取空气质量优良天数比例反映城市的空气质量,选取城市绿化覆盖率、人均公园绿地面积这两个评价指标反映城市公园和绿化水平。

(4)医疗保障与安全生产。医疗保障与安全生产质量的高低关乎居民需求能否最大限度地被满足,居民幸福感能否提升,提高医疗保障与安全生产质量是提高城市宜居环境质量的重要方面。选取社会保障和就业支出占公共财政支出比重、城镇职工养老保险参保率、万人拥有病床数,反映城市提供医疗保障的服务质量。选取亿元 GDP 安全生产事故死亡人数反映城市安全生产状况。

根据上述指标,结合城市发展实际情况和数据的可得性,确立城市宜居环境评价指标体系(见表 2-1)。

表 2-1　城市宜居环境评价指标体系及说明

一级指标	序号	二级指标	单位	备注
生活成本	1	收入房价比	—	城镇居民人均可支配收入/城市年均房价
	2	人均住房建筑面积	平方米	住房建筑面积/城市常住人口
	3	高峰拥堵延时指数	—	高峰交通拥堵过的旅行时间/高峰自由流通过的旅行时间
	4	每万人拥有公共汽车数量	辆	公共汽车数量/城市常住人口
文化教育	5	教育文化娱乐消费支出结构	%	城镇居民教育文化娱乐消费支出/城镇居民消费总支出
	6	每十万人拥有的博物馆、图书馆与文化艺术场馆数	个	博物馆、图书馆与文化艺术场馆数量/城市常住人口
	7	全国百强高中的数量	所	
	8	人均教育经费支出	元	教育经费支出/城市常住人口
环境健康度	9	空气质量优良天数比例	%	全年空气质量优良天数/全年天数
	10	城市绿化覆盖率	%	城市各类绿地总面积/城市总面积
	11	人均公园绿地面积	平方米	公园绿地面积/城市常住人口
医疗保障与安全生产	12	社会保障和就业支出占公共财政支出比重	%	社会保障和就业支出/城市公共财政支出
	13	城镇职工养老保险参保率	%	城镇职工养老保险参保人数/城镇职工人数
	14	万人拥有病床数	张	医疗机构病床数/城市常住人口
	15	亿元 GDP 安全生产事故死亡人数	人	安全生产事故死亡人数/城市 GDP

二、城市宜居环境指数测算

(一)指标数据的标准化

采用直线型方法中的临界值法(也叫阈值法),对数据进行标准化处理,结果如表 2-2 所示。

表 2-2　2014 年九城宜居环境指标标准化结果

一级指标	二级指标	宁波	杭州	南京	苏州	无锡	大连	深圳	厦门	青岛
生活成本	收入房价比	54.26	28.69	35.23	86.36	100.00	37.22	0.00	13.07	48.86
	人均住房建筑面积	58.04	85.98	100.00	87.06	72.02	1.83	0.00	62.03	15.86
	高峰拥堵延时指数	77.30	0.00	58.54	64.17	100.00	14.45	22.70	54.03	24.95
	每万人拥有公共汽车数量	30.84	22.89	9.27	0.00	5.06	30.79	100.00	16.37	49.53
文化教育	教育文化娱乐消费支出结构	36.75	6.30	100.00	68.08	38.07	15.67	0.00	10.98	21.38
	每十万人拥有的博物馆、图书馆与文化艺术场馆数	2.20	8.31	30.85	3.05	13.56	0.00	100.00	1.69	5.08
	全国百强高中的数量	66.67	100.00	100.00	33.33	0.00	33.33	33.33	100.00	33.33
	人均教育经费支出	34.65	11.30	10.32	26.99	15.02	0.00	100.00	53.33	36.29
环境健康度	空气质量优良天数比例	71.03	23.91	0.00	26.44	12.87	69.20	100.00	99.31	45.06
	城市绿化覆盖率	0.00	32.80	86.59	58.16	67.49	95.63	100.00	53.21	94.17
	人均公园绿地面积	0.00	31.82	59.79	11.68	21.47	18.95	100.00	43.78	18.88
医疗保障与安全生产	社会保障和就业支出占公共财政支出比重	71.36	100.00	85.68	68.87	47.70	70.36	0.00	44.58	51.81
	城镇职工养老保险参保率	74.86	80.01	34.43	46.90	34.49	90.69	100.00	70.64	0.00
	万人拥有病床数	29.62	93.94	63.68	64.42	69.32	100.00	0.00	17.14	64.37
	亿元 GDP 安全生产事故死亡人数	78.80	83.37	92.50	93.80	88.91	0.00	97.72	100.00	93.15

(二)指标权重的确定

分别用熵值确定指标客观权重、用层次分析法确定指标主观权重,取客观权重和主观权重的平均数为综合权重。结果如表 2-3 所示。

表 2-3   2014 年九城宜居城市指标体系权重

一级指标	权重	二级指标	权重		
			综合权重	熵权法	层次分析法
生活成本	0.380	收入房价比	0.177	0.056	0.297
		人均住房建筑面积	0.084	0.067	0.102
		高峰拥堵延时指数	0.054	0.056	0.052
		每万人拥有公共汽车数量	0.065	0.092	0.037
文化教育	0.300	教育文化娱乐消费支出结构	0.055	0.089	0.021
		每十万人拥有的博物馆、图书馆与文化艺术场馆数	0.108	0.197	0.018
		全国百强高中的数量	0.076	0.051	0.102
		人均教育经费支出	0.061	0.080	0.042
环境健康度	0.192	空气质量优良天数比例	0.107	0.061	0.153
		城市绿化覆盖率	0.039	0.036	0.042
		人均公园绿地面积	0.046	0.073	0.019
医疗保障与安全生产	0.129	社会保障和就业支出占公共财政支出比重	0.028	0.032	0.025
		城镇职工养老保险参保率	0.030	0.039	0.021
		万人拥有病床数	0.053	0.046	0.060
		亿元 GDP 安全生产事故死亡人数	0.018	0.025	0.011

(三)宜居环境指数的测算

依据上述的标准化后的指标数据和权重,采用加权综合评分法得宜居环境指数(见表 2-4)。

表 2-4　2014 年九城宜居环境指标指数

指标	宁波	杭州	南京	苏州	无锡	大连	深圳	厦门	青岛
生活成本	**20.63**	**13.79**	**18.42**	**26.04**	**29.44**	**9.47**	**7.70**	**11.52**	**14.49**
收入房价比	9.55	5.05	6.20	15.21	17.61	6.55	0.00	2.30	8.60
人均住房建筑面积	4.90	7.26	8.44	7.35	6.08	0.15	0.00	5.23	1.34
高峰拥堵延时指数	4.19	0.00	3.18	3.48	5.42	0.78	1.23	2.93	1.35
每万人拥有公共汽车数量	1.99	1.48	0.60	0.00	0.33	1.99	6.47	1.06	3.20
文化教育	**9.46**	**9.57**	**17.10**	**8.27**	**4.47**	**3.41**	**19.41**	**11.67**	**6.49**
教育文化娱乐消费支出结构	2.02	0.35	5.51	3.75	2.10	0.86	0.00	0.60	1.18
每十万人拥有的博物馆、图书馆与文化艺术场馆数	0.24	0.89	3.32	0.33	1.46	0.00	10.77	0.18	0.55
全国百强高中数量	5.09	7.64	7.64	2.55	0.00	2.55	2.55	7.64	2.55
人均教育经费支出	2.11	0.69	0.63	1.64	0.91	0.00	6.09	3.25	2.21
环境健康度	**7.60**	**5.28**	**6.07**	**5.60**	**4.96**	**11.97**	**19.13**	**14.68**	**9.31**
空气质量优良天数比例	7.60	2.56	0.00	2.83	1.38	7.41	10.70	10.63	4.82
城市绿化覆盖率	0.00	1.27	3.34	2.24	2.60	3.69	3.86	2.05	3.63
人均公园绿地面积	0.00	1.45	2.73	0.53	0.98	0.87	4.57	2.00	0.86
医疗保障与安全生产	**7.26**	**11.70**	**8.51**	**8.47**	**7.67**	**9.98**	**4.76**	**6.10**	**6.57**
社会保障和就业支出占公共财政支出比重	2.03	2.84	2.43	1.96	1.36	2.00	0.00	1.27	1.47
城镇职工养老保险参保率	2.22	2.37	1.02	1.39	1.02	2.69	2.97	2.09	0.00
万人拥有病床数	1.57	4.97	3.37	3.41	3.67	5.29	0.00	0.91	3.40
亿元 GDP 安全生产事故死亡人数	1.44	1.52	1.69	1.71	1.62	0.00	1.79	1.83	1.70
总指数	**44.95**	**40.34**	**50.10**	**48.38**	**46.54**	**34.83**	**51.00**	**43.97**	**36.86**

三、城市宜居环境比较分析

(一)城市宜居环境指数排名

按照上面的评价方法,我们得出 9 个城市的宜居环境指数排名结果,如表 2-5 所示。

表 2-5　2014 年九城宜居环境指数

城市	宜居环境		生活成本		文化教育		环境健康度		医疗保障与安全生产	
	指数	排名	指数	排名	指数	排名	指数	排名	指数	排名
深圳	51.00	1	7.70	9	19.41	1	19.13	1	4.76	9
南京	50.10	2	18.42	4	17.10	2	6.07	6	8.51	3
苏州	48.38	3	26.04	2	8.27	6	5.60	7	8.47	4
无锡	46.54	4	29.44	1	4.47	8	4.96	9	7.67	5
宁波	44.95	5	20.63	3	9.46	5	7.60	5	7.26	6
厦门	43.97	6	11.52	7	11.67	3	14.68	2	6.10	8
杭州	40.34	7	13.79	6	9.57	4	5.28	8	11.70	1
青岛	36.86	8	14.49	5	6.49	7	9.31	4	6.57	7
大连	34.83	9	9.47	8	3.41	9	11.97	3	9.98	2
平均	44.11		16.83		9.98		9.40		7.89	

2014 年,9 个城市的宜居指数差距并不大(见图 2-1)。宁波市宜居环境指数为 44.95 分,在 9 个城市中排名第 5 位,略高于 9 个城市的宜居环境指数平均值 44.11 分。宜居城市指数比宁波高的城市依次为深圳、南京、苏州、无锡,评价得分分别高于平均值 6.89 分、5.99 分、4.27 分和 2.43 分。宜居城

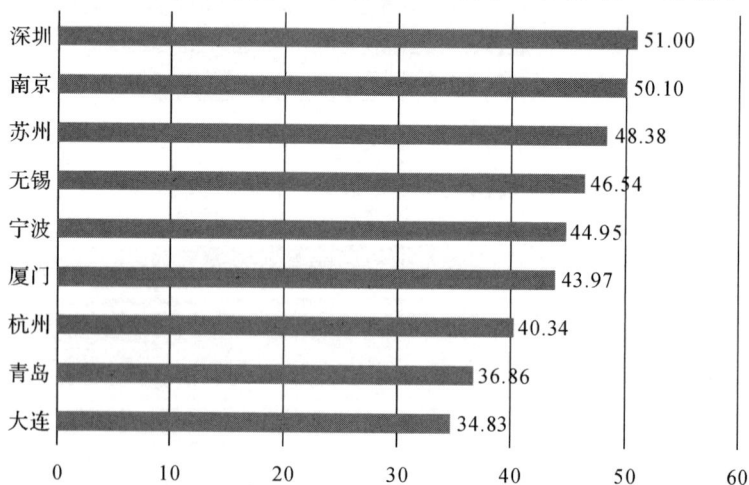

图 2-1　2014 年九城宜居指数排名

市指数比宁波低的城市依次为厦门、杭州、青岛、大连,评价得分分别低于平均值 0.14 分、3.77 分、7.25 分和 9.28 分。

深圳的优势在于文化教育和环境健康度得分,远超宁波,居九个城市的首位。但生活成本、医疗保障与安全生产分项得分为九个城市的末位。南京除了环境健康度外,文化教育等分项得分都较高。苏州和无锡的优势在于生活成本得分比宁波高。生活成本低是宁波宜居环境的优势,而文化教育、环境健康度、医疗保障与安全生产的得分都在平均水平左右。厦门生活成本得分明显低于宁波,杭州则在生活成本和环境健康度方面不如宁波,与宁波相比,青岛除环境健康度之外三项均处于劣势,大连则因生活成本和文化教育得分较低排名最后。图 2-2 为 2014 年九城市宜居环境指数雷达图。

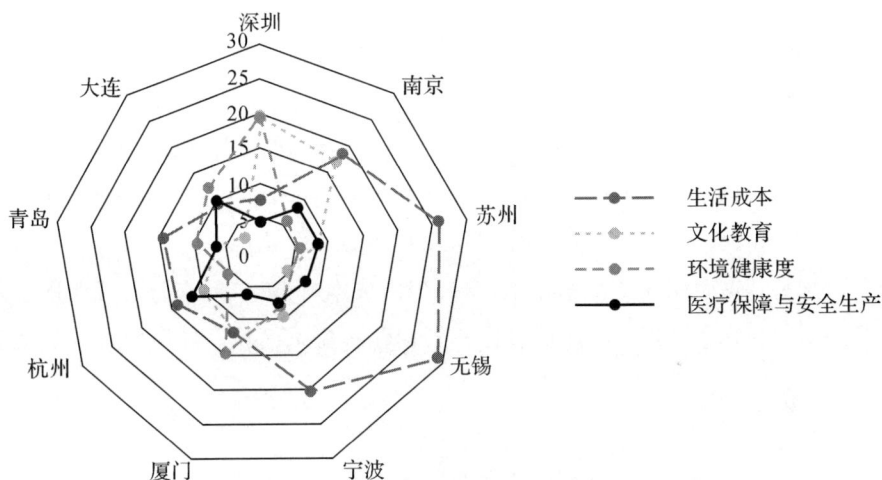

图 2-2　2014 年九城宜居环境指数雷达图

(二)城市生活成本比较

2014 年,无锡和苏州的生活成本评价得分均高于宁波,分别为 29.44 分和 26.04 分。宁波生活成本得分处于相对较高水平。9 个城市中,宁波的生活成本总得分为 20.63 分,仅次于无锡和苏州,排名第三,高于这 9 个城市生活成本得分平均值 16.84 分。南京、青岛、杭州、厦门、大连的生活成本评价得分均低于宁波的生活成本评价得分。深圳的生活成本评价得分排在最末位,仅为 7.7 分(见图2-3)。

2014 年,无锡和苏州之所以在生活成本评价中排在宁波之前,主要原因在于

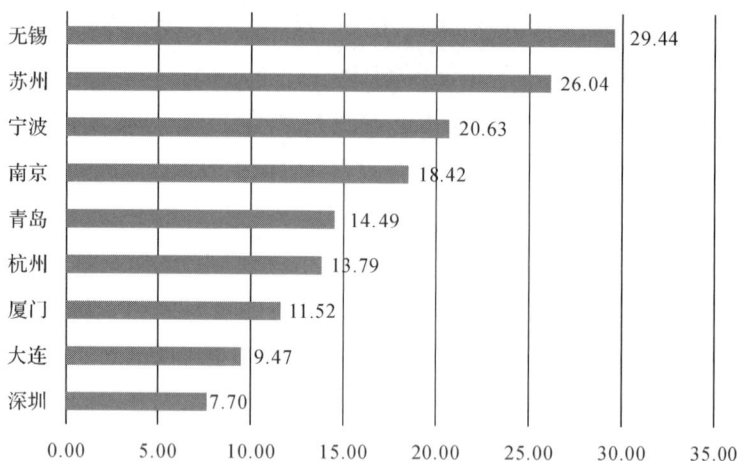

图 2-3　2014 年九城生活成本指数

这两个城市的年均房价处于 9 个城市中的后两位,致使这两个城市的收入房价比指数得分很高,并低于宁波的生活成本。宁波的收入房价比指数得分、高峰拥堵延时指数得分、每万人拥有公共汽车数量指数得分位居 9 个城市前列,分别为9.55 分、4.19 分、1.99 分,人均住房建筑面积指数得分为 4.90 分,四项得分均高于平均水平。这表明在 9 个城市中,宁波生活成本较低,较为宜居。深圳排在末位的主要原因在于深圳的收入房价比和人均住房建筑面积两项指数得分都处于这 9 个城市中的最后一位。

1. 收入房价比

2014 年,9 个城市的收入房价比差距较大。无锡、苏州的收入房价比远高于其他城市,是这两个城市宜居城市的优势所在。2014 年宁波城镇居民人均可支配收入44155 元略高于 2014 年无锡城镇居民人均可支配收入 41731 元。2014 年宁波年均房价 13500 元/平方米,大大超过 2014 年无锡的年均房价 8300 元/平方米,无锡相对较大的房价优势是其收入房价比指数评价得分超过宁波的重要原因。深圳收入房价比排在末位,高达 31000 元/平方米的房价是深圳宜居城市的劣势所在,作为国内一线城市的通病,超高的房价制约着深圳宜居城市的建设(见图 2-4)。

2. 人均住房建筑面积

2014 年,9 个城市的人均住房建设面积可分为三个层次,南京、苏州、杭州均在 50 平方米以上,无锡、厦门、宁波在 40~47 平方米区间,青岛、大连、深圳在 30 平方米左右(见图 2-5)。

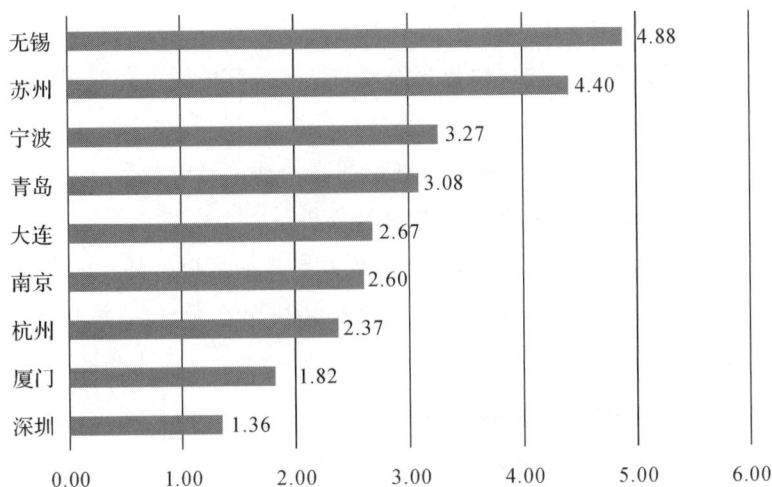

图 2-4　2014 年九城收入房价比

资料来源:根据各市 2014 年统计年鉴中的有关数据整理。

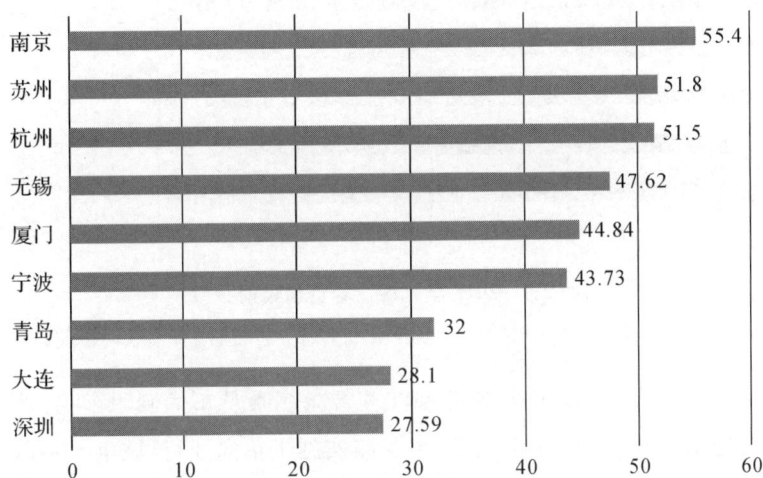

图 2-5　2014 年九城人均住房建筑面积(平方米/人)

资料来源:根据各市 2014 年统计年鉴中的有关数据整理。

2014 年,南京人均住房建筑面积为 55.4 平方米,宁波人均住房建筑面积 43.73 平方米。与南京相比,宁波的人均住房建筑面积少了 11.67 平方米。

2014 年,深圳人均住房建筑面积 27.59 平方米,宁波的人均住房建筑面积比深圳高出了 16.14 平方米,优势比较明显。近年来,伴随着城市化进程的加快,外来人口大量涌入大城市,2014 年深圳常住人口达到 1077.9 万人,住房供不应求,而宁波的常住人口仅为781.1万人低于深圳的常住人口数量,较大的常住人口数量导致深圳人均住房建筑面积与宁波及其他城市有着较大的差距。

3. 高峰拥堵延时指数

由于2014年并没有完整的9个城市的高峰拥堵延时指数,因此本文采用2015年9个城市的高峰拥堵延时指数进行分析。

2015年,9个城市的高峰拥堵延时指数差异并不是很明显。杭州、大连、深圳、青岛相对而言比较拥堵,无锡相对而言拥堵情况不严重,宁波仅次于无锡,是情况较好的城市(见图2-6)。

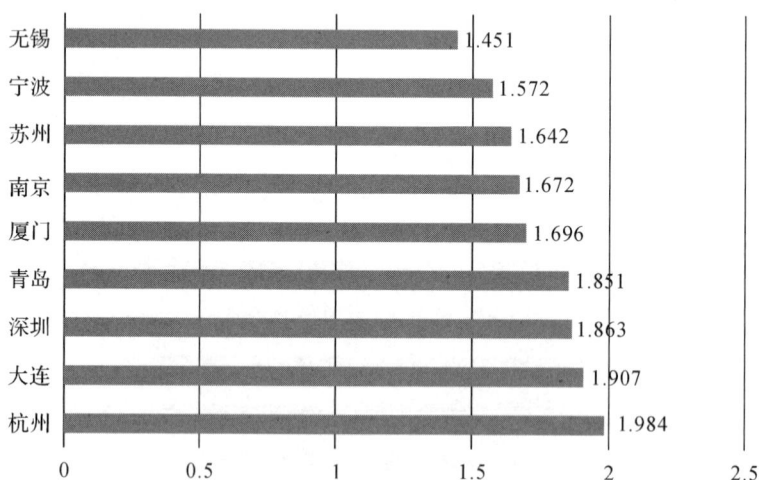

图 2-6　2015 年九城高峰拥堵延时指数

资料来源:根据《2015 年度中国主要城市交通分析报告》有关数据整理。

无锡拥有"一环多射"的快速路和江苏首条多乘员车辆专用车,另外无锡年均改造交通堵点5个,20个区域55条支路实施了单向通行,城市8米以下道路全部纳入单向交通组织,这些措施使得无锡成为9个城市中最畅通的城市。根据高德地图所发布的《2015 年度中国主要城市交通分析报告》,2015 年宁波高峰拥堵延时指数1.572,略高于2015年无锡市高峰拥堵延时指数1.451,但是差距不大。

杭州高峰拥堵延时指数得分最低,高峰拥堵延时指数达1.984,成为9个城市中最"堵"城市。原因主要是:第一,杭州的人均机动车保有量占全国第一,公交车和出租车的人均拥有量较少;第二,道路设计不太合理,东西向道路数量较少,南北向仅有一条双向两车道的中河高架;第三,地铁建设速度较慢,红绿灯和斑马线数量较多。宁波市在治理交通拥堵时要重点关注这些问题。

　　4.每万人拥有公共汽车数量

　　2014年,9个城市的每万人拥有公共汽车数量的差异还是很大的。深圳市遥遥领先,青岛居第二位,宁波、大连稍领先其他城市,苏州、无锡相对落后(见图2-7)。

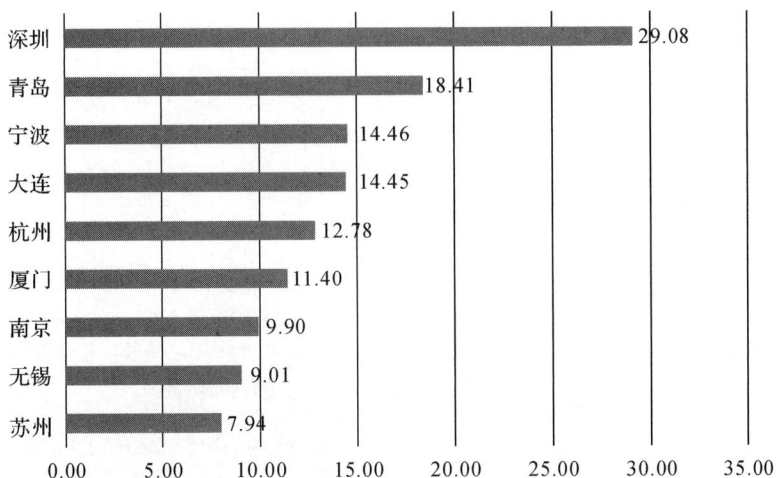

图 2-7　2014 年九城每万人拥有公共汽车数量(辆/万人)

资料来源:根据 2014 年中国城市统计年鉴、2014 年各市统计年鉴有关数据整理。

　　2014年,深圳市每万人拥有公共汽车数量则达到了 29.08 辆,遥遥领先于其他城市,是排名第二的青岛的 1.58 倍,是排名最后的苏州的 3.66 倍,深圳的公交出行方面值得其他城市学习借鉴。

　　2014年,宁波的每万人拥有公共汽车 14.46 辆,排名第三,还是相对领先的,但与深圳相比,差距仍很明显,每万人拥有的公共汽车数量明显不足。

　　2014年,苏州每万人拥有公共汽车数量仅为 7.94 辆,排在末位。在这 9 个城市中,苏州的常住人口高达 1060.4 万人,仅低于深圳的 1077.9 万人,这表明苏州市目前提供的公共汽车数量不能较大程度上满足其庞大人口的公交出行需要。

(三)城市文化教育比较

　　2014年,9个城市的文化教育分项指数差异明显。深圳、南京处在领先地位,厦门排名第三,杭州、宁波比较接近,青岛、无锡、大连处在相对落后地位(见图 2-8)。

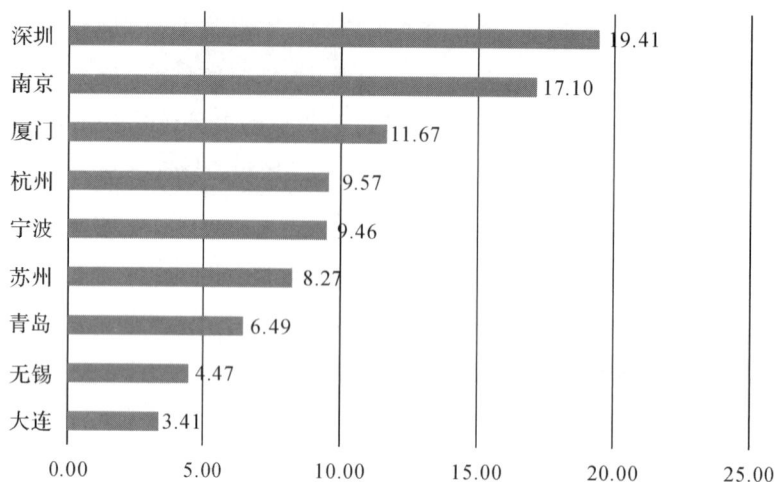

图 2-8   2014 年九城教育文化指数

深圳的博物馆、图书馆与文化艺术场馆数量远超其他城市,单就该项得分就有 10.77 分。南京的文化教育评价得分紧随深圳之后达到了 17.10 分,这是因为南京城镇居民的教育文化娱乐消费支出较高,并且拥有三所全国百强高中。

宁波的城市文化教育得分处于相对落后状态。在 9 个城市中,宁波市的文化教育总得分为 9.46 分,落后于深圳、南京、厦门、杭州,排名第五。究其原因,2014 年宁波每十万人拥有的博物馆、图书馆与文化艺术场馆数指数得分很低,仅有 0.24 分,教育文化娱乐消费支出结构指数得分、全国百强高中数量指数得分、人均教育经费支出指数得分仅略高于平均值。总体而言,宁波这四个领域的得分都不高,未来尤其要重点加强博物馆、图书馆与文化艺术场馆的建设。

大连在文化教育方面仅得 3.41 分,排名最末,从表中可看到,青岛、无锡、大连的文化教育水平相对较弱。

1. 城镇居民教育文化娱乐消费支出占比

2014 年,9 个城市的城镇居民教育文化娱乐消费支出占比差异不是很大。南京、苏州占比最高,无锡、宁波占比相对领先,深圳的占比最低(见图 2-9)。

2014 年,南京市城镇居民教育文化娱乐消费占比高达 15.7%。南京居民消费支出增长最快的是教育文化娱乐消费,主要原因在于南京有着良好的文化氛围和完备的文化设施。宁波市可以借鉴南京市的做法,出台一系列刺激居民教育文化娱乐消费的政策。

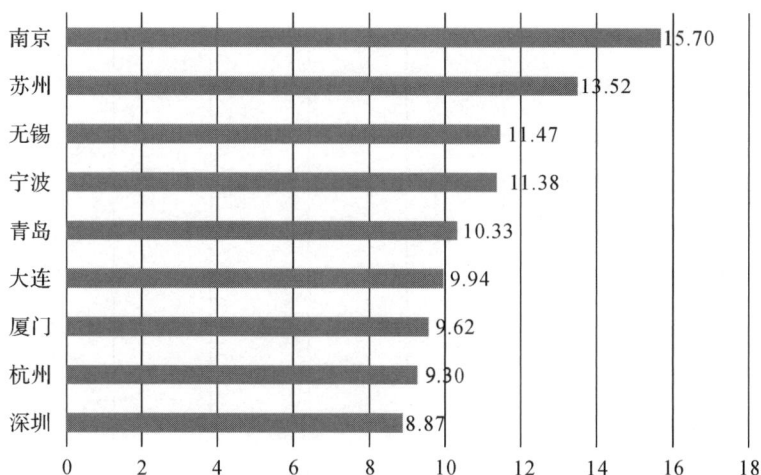

图 2-9　2014 年九城教育文化娱乐消费支出占比(％)

资料来源:根据 2014 年各市统计年鉴有关数据整理。

2014 年,宁波市城镇居民教育文化娱乐消费占比为 11.47％,在 9 个城市的平均水平之上。

2014 年,深圳市的城镇居民教育文化娱乐消费支出占比最低,城镇居民教育文化娱乐消费仅占比 8.87％,比宁波低了 2.6 个百分点,排名最末。

2.每十万人拥有的博物馆、图书馆与文化艺术场馆数

2014 年,9 个城市的每十万人拥有的博物馆、图书馆与文化艺术场馆数差距很大,深圳市一马当先,遥遥领先于其他城市(见图 2-10)。

2014 年,深圳市每十万人拥有的博物馆、图书馆与文化艺术场馆数高达 6.3 个。南京、无锡、杭州、青岛、苏州每十万人拥有的博物馆、图书馆与文化艺术场馆数均高于宁波市。

2014 年,宁波市每十万人拥有的博物馆、图书馆与文化艺术场馆数仅有 0.53 个,排在第七位。与深圳相比,差距十分巨大,与南京、无锡、杭州相比,差距也是十分明显;相反,与排名在宁波之后的厦门、大连的差距并不明显,说明宁波市在此方面劣势明显。

2014 年,大连市每十万人拥有的博物馆、图书馆与文化艺术场馆数只有 0.4 个,与宁波市的 0.53 个相比差距较小,排名最末。

3.全国百强高中数量

一个城市的基础教育名校是吸引优秀人才落户的重要条件,也是评价这个

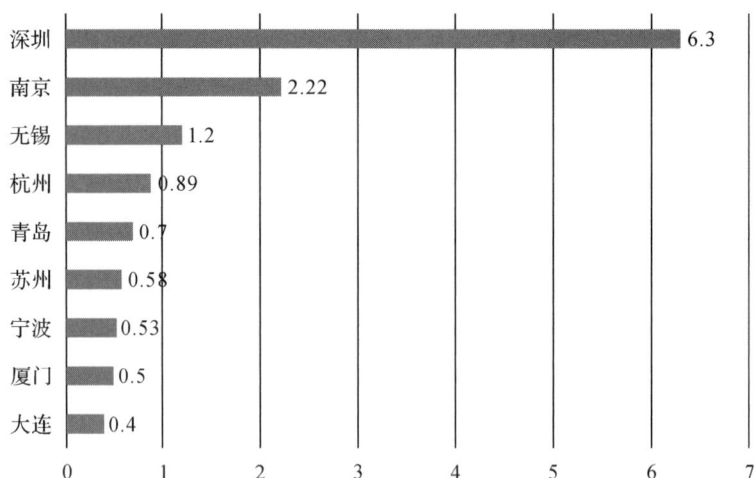

图 2-10　2014 年九城每十万人拥有的博物馆、图书馆与文化艺术场馆数(个)

资料来源:根据 2014 年各市统计年鉴有关数据整理。

城市宜居环境的标准之一。每个城市的优秀中小学数量难以获得权威数据,本文将采取数据可得性较高的全国百强高中数量这个指标来代替优秀中小学数量。

2014 年,9 个城市的百强高中数量差异明显,南京、杭州、厦门拥有 3 所百强高中,为第一梯队;深圳、青岛、苏州、大连拥有 1 所百强高中,为第二梯队;宁波拥有 2 所百强高中,介于第一梯队与第二梯队之间;无锡情况比较特殊,没有百强高中,排名末位(见图 2-11)。

2014 年,宁波市高中进入全国百强高中榜单的学校有两所,分别是镇海中学和慈溪中学,而南京市、杭州市和厦门市的全国百强高中有三所。这个指数说明,宁波市在高中优质教育资源的培育方面,还需加大投入,吸收与借鉴南京、杭州、厦门等城市的经验。

4.人均教育经费支出

2014 年,9 个城市的人均教育经费支出差异不是很大,深圳领先优势明显,大连排名最末(见图 2-12)。

2014 年,深圳市人均教育经费支出为 3056 元。究其原因,深圳市 2014 年公共财政教育经费高达 329 亿元,位居全国之首。另外,厦门市的人均教育经费支出为 2333 元,青岛市人均教育经费支出为 2069 元,都略微高于宁波市。

2014 年,宁波市人均教育经费支出为 2043 元,比深圳市低 1013 元。宁波

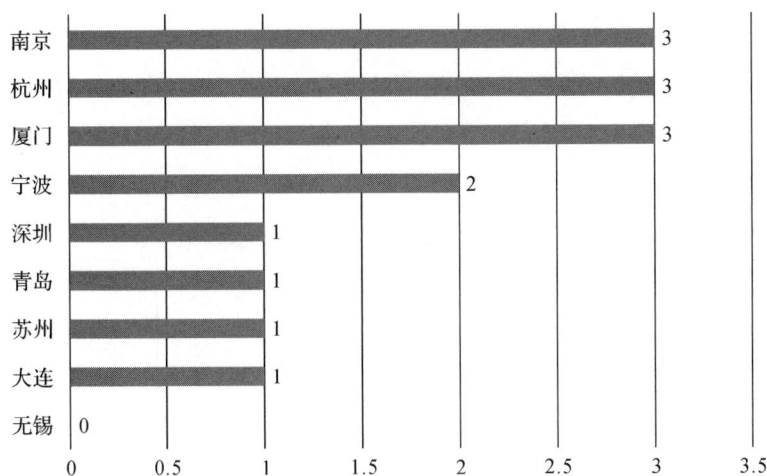

图 2-11　2014 年九城全国百强高中数量（所）

资料来源：根据《2015 中国高中排行榜》有关数据整理。

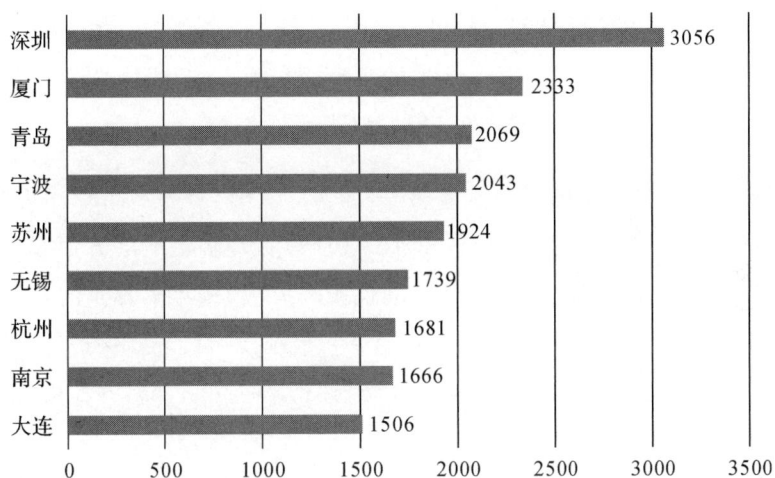

图 2-12　2014 年九城人均教育经费支出（元）

资料来源：根据 2014 年各市统计年鉴有关数据整理。

市公共财政教育经费仅为 160 亿元，这反映宁波市的教育经费支出投入力度还不够大，与深圳市存在较大的差距。

2014 年，大连市人均教育经费支出排在末位。除了大连，苏州、无锡、杭州、南京的人均教育经费支出都低于宁波的人均教育经费支出。

(四)城市环境健康度比较

2014 年,9 个城市的城市环境健康度指数差异还是很明显的。深圳领先优势仍很明显,厦门、大连处在相对领先位置,南京、苏州、杭州、无锡相对落后,青岛、宁波处在中间位置(见图 2-13)。

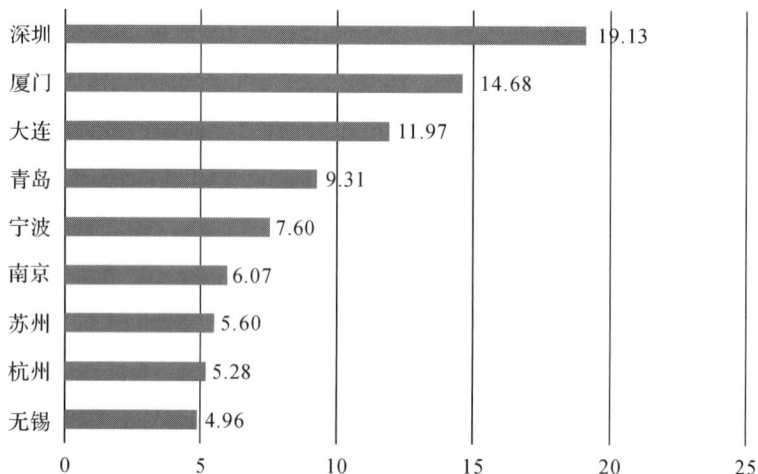

城市	指数
深圳	19.13
厦门	14.68
大连	11.97
青岛	9.31
宁波	7.60
南京	6.07
苏州	5.60
杭州	5.28
无锡	4.96

图 2-13   2014 年九城环境健康度指数

深圳市的环境健康度得分排名第一,为 19.13 分,且各项指标均为各市最高,其中空气优良指数得分最高。深圳市之所以在环境健康度方面表现突出,很大一部分原因在于其尤为重视环境的保护与发展,近年来发布的《深圳经济特区建设项目环境保护条例》中明确指出并积极征求市民环境保护建设项目的开发,发布了《深圳市节能环保产业发展规划(2014—2020 年)》并积极引导当地企业走节能环保可持续发展道路。

宁波的环境健康度得分处在中间位置。究其原因,宁波市的城市绿化覆盖率和每万人公园绿地面积的得分都是 9 个城市中最低的。宁波的城市绿化覆盖率为 38.22%,比平均水平低了 4 个百分点。据市民反映,宁波的绿化呈现"外围式"分布,越靠近市中心,城市绿化效果就越不明显,而对于新开发的部分地区却有绿化分布不合理现象。宁波的人均绿地面积为 2.54 平方米,远低于深圳市的 16.84 平方米,是九个城市中公园覆盖率最低的城市。但在空气质量方面,宁波市排名第三,一年中约有 83 天为优良天气,宁波市近几年加速产业结构优化升级,加快减持重工业,尤其是重污染企业,为此做出了重要贡献。

1.空气质量优良天数比例

2014 年,9 个城市的空气质量优良天数比例差异不大,深圳、厦门优势明显,宁波、大连相对领先,无锡、南京相对落后(见图 2-14)。

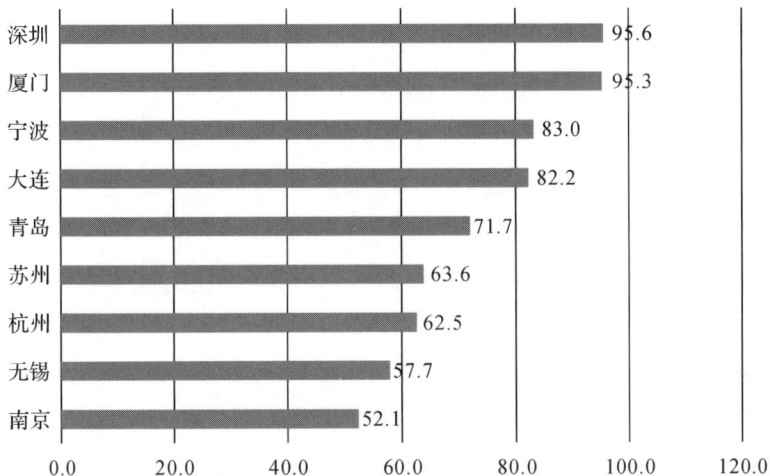

图 2-14　2014 年九城空气质量优良天数比例(%)

资料来源:根据 2014 年各市统计年鉴有关数据整理。

排在前两位的城市为深圳和厦门。其中,得分最高的深圳市作为经济高度发达地区,无论是企业还是私家车的数量都远远多于宁波,但在空气质量保障方面优秀于宁波,主要原因在于深圳市非常重视环境质量的控制与保护,并采取严格的空气污染的专项执法工作以保障空气高质量。

宁波市的空气质量优良天数比例指数得分处于相对较高的水平,南京市空气质量优良天数比例指数得分最低。

2.城市绿化覆盖率

2014 年,城市绿化覆盖率的差异出乎意料。深圳、大连、青岛、南京的差距不大,杭州、宁波明显落后于其他城市,尤其是宁波排名末位(见图 2-15)。

深圳市绿化覆盖率已达 45.1%,原因在于深圳市早在 2002 年便开始注重城市的绿化覆盖,近几年深圳市开始重视立体绿化的建设并加大对其的投入。

宁波市城市绿化覆盖率得分处于相对落后的状态。各城市的绿化覆盖率总体差别不大,但宁波市绿化覆盖率仅为 38.2%。

3.人均公园绿地面积

2014 年,9 个城市人均公园绿地面积指标的数据也是出乎人们意料的。深

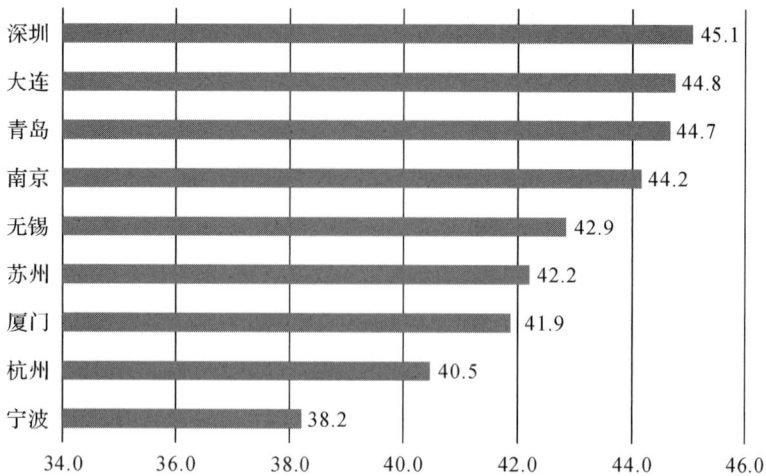

图 2-15   2014 年九城绿化覆盖率(％)

资料来源:根据 2014 年各市统计年鉴有关数据整理。

圳领先优势明显,无锡、大连、青岛与苏州四个城市比较接近,差别不大且都高于宁波,宁波排在末位(见图 2-16)。

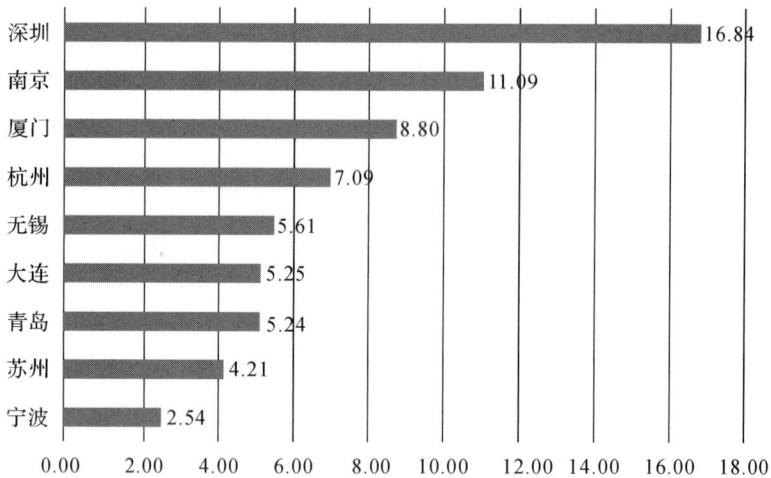

图 2-16   2014 年九城人均公园绿地面积(平方米)

资料来源:根据 2014 年各市统计年鉴有关数据整理。

深圳市与南京市是得分第一和第二的城市。宁波市的人均公园绿地面积为 2.54 平方米,远低于平均水平 7.41 平方米。较南京市的 11.09 平方米和深圳市的 16.84 平方米都相差甚远。深圳市对绿化公园建设成就显著,从 2002

年起,深圳全方位、多层次营造"公园之城市"。

近几年,宁波市在公园建设方面虽然有较大改善,但仍处于相对落后状态。主要问题是:公园绿地面积 4069 公顷,远低于平均面积 6337 公顷;公园分布不平衡,许多大型公园远离居民区如鄞州公园等,靠近居民区的公园绿地面积较小,大量老旧小区在前期规划建设中忽视小区公园的建设。

(五)医疗保障与安全生产比较

2014 年,9 个城市的医疗保障与安全生产指数差异较明显。杭州居首位,大连其次,南京、苏州比较接近,无锡略高于宁波,得分最低的是深圳(见图 2-17)。

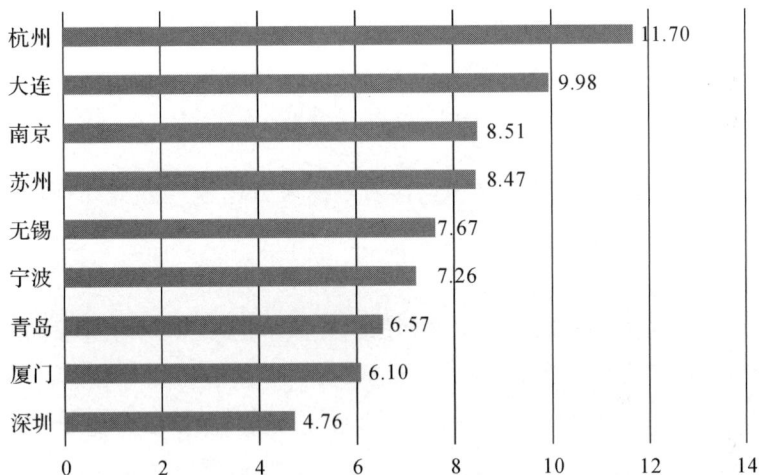

图 2-17　2014 年九城医疗保障与安全生产指数

杭州、大连等城市在医疗保障与安全生产得分较高,在各个指标项目中都有较为突出的表现。宁波市的社保支出比与城镇职工养老保险参保率都高于平均水平,处于较为领先的状态,城镇职工养老保险参保率有 82.53%,比青岛多出了 40 多个百分点。主要是因为宁波市的万人拥有病床数得分较低。深圳市主要在社会保障支出比方面相对落后,总体而言其水平低于宁波市。

1.社会保障支出占公共财政支出比重

2014 年,9 个城市的社会保障支出占公共财政支出比重可分四个梯队,杭州、南京领先,宁波、大连、苏州比较接近,青岛、无锡、厦门相差不大,深圳明显落后(见图 2-18)。

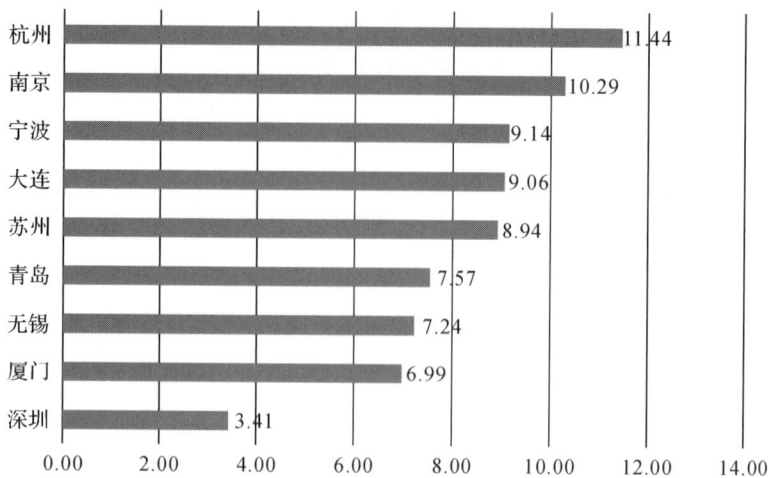

图 2-18　2014 年九城社会保障支出占公共财政支出比重(％)

资料来源:根据 2014 年各市统计年鉴有关数据整理。

2014 年,宁波市社会保障支出占公共财政支出比重为 9.14％,而杭州市为 11.44％,宁波市需要迎头赶上。

2.城镇职工养老保险参保率

2014 年,9 个城市的城镇职工养老保险参保率也有明显差距,深圳、大连的领先优势明显,青岛明显落后(见图 2-19)。

2014 年,深圳市城镇职工养老保险率最高,为 96.81％,领先于宁波市,对于 75％为外来人口的城市来说,城镇职工养老保险率更能体现外来务工人员期望生活在深圳市的强烈愿望,深圳市的养老保险机制是宁波市值得借鉴与学习的。早在 2005 年,深圳市便向户籍居民以及就业劳务工发放"深圳市劳动保障卡"以作为就业、失业凭证,该卡还支持养老保险、医疗保险就业服务等功能,为外来人口提供了极为便利的养老缴费途径,解除了大量年轻就业者的后顾之忧,增加了外来人口在深圳扎根的意愿。这为宁波市完善养老保险机制,进一步营造留住人才氛围,提供了可资借鉴之处。

2014 年,宁波市城镇职工养老保险参保率达 82.53％,在各城市中处于较高水平,比最低的青岛高 40 多个百分点,但与深圳仍有较大的差距。

3.万人拥有病床数

2014 年,9 个城市的万人拥有病床数可归为三个梯队,大连、杭州领先优势明显,无锡、苏州、青岛、南京比较接近,宁波、厦门、深圳相对落后(见图 2-20)。

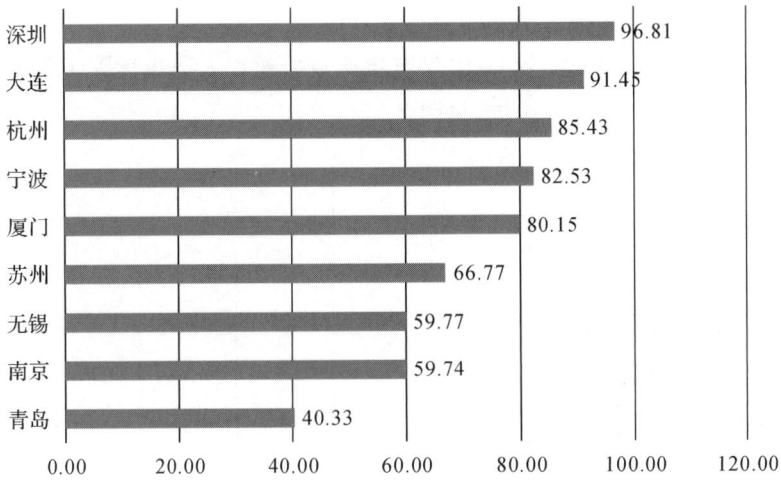

图 2-19　2014 年九城城镇职工养老保险参保率(％)

资料来源:根据 2014 城市统计年鉴、2014 年各市统计年鉴有关数据整理。

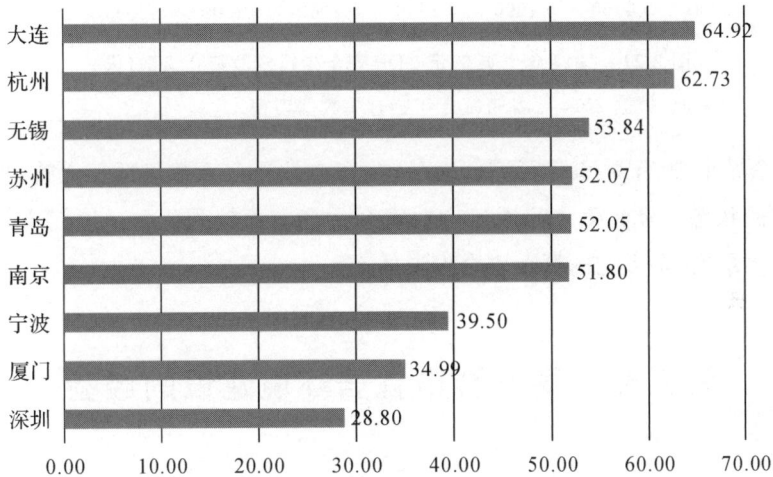

图 2-20　2014 年九城万人拥有病床数(张)

资料来源:根据 2014 年各市统计年鉴有关数据整理。

杭州市与大连市在万人病床数方面是宁波的 1.5 倍左右,宁波市低于各市的平均水平,呈现出病床短缺的状况。宁波中心城区是医院聚集之地,如宁波第一医院、第二医院、第三医院都位于中心城区,拥有良好的医疗资源,虽然交通较为便利,但由于中心区可供进一步开发利用的土地资源有限,在一定程度上限制了病床数的增加。

4.亿元 GDP 安全生产事故死亡人数

2014 年,9 个城市的亿元 GDP 安全生产事故死亡人数指标除了大连外,其他城市差异不大,宁波需要改进(见图 2-21)。

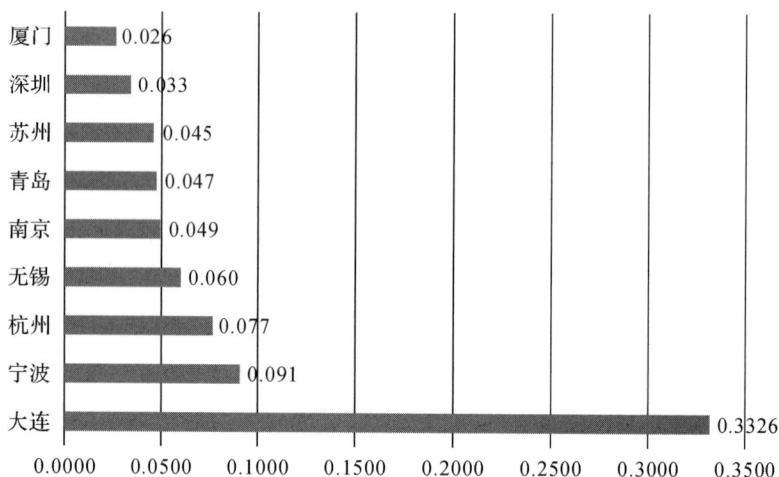

图 2-21　2014 年九城亿元 GDP 安全生产事故死亡人数(人)

资料来源:根据 2014 年各市统计年鉴有关数据整理。

9 个城市中,宁波市亿元 GDP 安全生产事故死亡人数仅低于大连,处于相对落后的状态。排名第一的厦门市在安全生产方面较为优秀。厦门市比较重视构建多层次、全方位的城市安全发展体系。

第三节　同类城市宜居环境建设的经验

本节根据城市宜居环境指数得分结果,从生活成本、文化教育、环境健康度、医疗保障与安全生产等四个方面,分析同类城市优化城市宜居环境的做法,为优化宁波城市宜居环境提供有益启示。

一、生活成本方面

(一)合理调控房价

无锡市的房价处于所研究城市中的最后一位,无锡的生活成本得分遥遥领先于其他城市。在快速城镇化进程中,无锡市政府采取以房补房的方式,补偿拆迁的老新村、城中村、城郊私宅内的居民,而其他城市多常用货币补偿方式。另外,无锡市大量的安置房与经济适用房的区位条件较好,这也有利于稳定市区房价。

为控制稳定房价,苏州市出台《关于进一步促进房地产市场稳定健康发展的意见》,主要做法是加大普通住宅用地供应,严控非住宅用地供应,优化区域土地供应节奏,根据市场需求变化适时调整土地供应计划;强化商品房价格管理,市区(不含吴江区)新批准商品住宅项目预售许可时,房地产开发企业应当科学合理确定申报价格,并一次性公开全部准售房源及每套房屋价格,严格按照明码标价格式要求,全部进入商品房预售许可行政主管部门设立的商品房预售系统。

(二)有效缓解交通拥堵

无锡市非常注重市区快速公共交通通道建设。2014 年,无锡私人汽车拥有量虽然已突破百万,保有量居江苏省第三位,但无锡却成为这 9 个城市中交通最为畅通的城市。无锡市缓解道路拥堵的方法主要有:建成区建有总里程近 90 公里、布局方式为“一环多射”的快速路,大大提高了道路使用效率;开辟江苏省首条多乘员车辆专用车,20 个区域 55 条支路实施单向通行,城市 8 米以下道路全部纳入单向交通组织。

南京市注重市区快速公共交通通道建设和智能化管理。南京市治理道路拥堵的方法主要有:建成了快速内环、绕城公路和江南环等三条快速环线,使道路“硬件”快速提升;开辟公交专用道、单行线,大力发展快速、大容量的地铁线路,6 条地铁线路日均承载 280 万人次客流量;合理运用“绿波带”、路口渠化、标识标线、信号灯倒计时等智能、精细化交通管理;倡导环保理念,提倡绿色出行,增加公共自行车道和站点。

二、文化教育方面

(一)注重文化设施建设

深圳市积极打造"一公里文化圈""十分钟文化圈"。自 2003 年起,深圳财政对文化事业的投入逐年增长,年均增长率达到 16%。截至 2014 年,深圳市有 20 多个市级文化设施和千余个基层文化阵地,包括文化馆站、公共图书馆、文化广场、博物馆、文化活动中心、文化长廊等,总面积超过 195 万平方米。

南京市拥有丰富的教育资源,雄厚的历史文化底蕴,教育文体娱乐消费的市场空间巨大。截至 2014 年年底,在"文化南京"发展战略指导下,南京加大了文化设施的建设力度,先后建成了南京图书馆新馆、青少年活动中心、江宁织造府博物馆、紫金大戏院、国际展览中心等一批大型文化设施;改造完成了南京近代史博物院、侵华日军南京大屠杀遇难同胞纪念馆、静海寺纪念馆;完成了长江路文化街区的设施建设,河西副中心和三个新市区中心的文化设施。南京文化市场中相关电影、演出、阅读、艺术品、娱乐休闲、健身活动的配套措施完备,拥有 70 多家影院,400 多个歌舞娱乐场所,300 多个游艺娱乐场所,平均每年举办各类演出活动年 3000 场次左右。

(二)注重发展教育事业

深圳市非常重视对教育的投入与政策扶持。2014 年公共财政教育经费高达 329 亿元,位居全国之首。近年来深圳新增中小学学位 13.2 万个,普惠性幼儿园达 825 所,南方科技大学、香港中文大学(深圳)已建成并开始进行招生,清华-伯克利深圳学院等一批特色学院加快建设,深圳北理莫斯科大学、中山大学深圳校区获批建设。深圳市颁布并实施了《深圳市深化教育领域综合改革方案(2015—2020 年)》,到 2020 年,将建立结构合理、公平优质、保障有力、充满活力的创新型开放式现代城市教育体系,形成深圳教育发展新格局、教育改革新优势和教育质量新品牌,探索全面建成小康社会的教育发展新路径。

厦门市全方位推进义务教育均衡发展。2010 年,厦门市被评为"推进义务教育均衡发展"国家教育体制改革试点城市,通过政策支持、多校划片、电脑分班、积分入学、购买学位、教师轮岗等多项措施,围绕促进公平、提高质量,积极改革创新,统筹全市教育资源,综合推进办学条件均衡、师资配置均衡、教育质量均衡、就学机会均衡等"四个均衡",有效地推进了城乡义务教育一体化工作,较好地促进了厦门高水平高质量教育均衡发展。另外,厦门市政府还特别启动了扶持农村义务教育行动,从 2000 年起每年投入 4000 万元,2011 年增加到每年 6000 万元,用于改善农村学校办学条件。2006—2012 年,还增投 4.4 亿元专项扶持农村薄弱学校建设、购置教育设施。厦门市政府还将土地出让金收入用于教育设施建设资金的一定比例用于义务教育,使得义务教育均衡发展水平不断提高。

三、环境健康度方面

(一)加强空气质量检测

厦门市非常注重全面监测与预警环境空气质量。2012 年,厦门市根据环保部实施国家空气质量新标准的工作部署,4 个设在厦门的空气质量监测国控点进入运行。2014 年,厦门市建成集大气监测、灰霾分析、环境预警等众多功能于一身的大气超级站,对包括 PM2.5 在内的环境空气质量状况进行全面监测,同时提升对灰霾等天气的监测、分析、预警能力,大大促进了厦门市环境质量的提高。

(二)创新城市绿化模式

深圳市的立体绿化值得宁波市学习与借鉴。深圳市在新建公共建筑及新建高架桥、人行天桥、大型环卫设施等市政公用设施时,以植物为材料,以屋顶绿化、架空层绿化、墙体绿化、棚架绿化、桥体绿化等方法,从平面绿化向多维绿化、立体绿化推进,全方位营造具有活力的绿色城市。例如,2013 年深圳市完成了 30 处人行天桥、20 处立交桥的绿化改造项目,以及 10 个屋顶绿化示范项目。目前,深圳市的立体绿化面积接近 200 万平方米。根据《深圳市城市绿化发展规划纲要(2012—2020)》,在 2017 年之前将完成新增 30 万平方米的立体绿化面积。在落实《绿化广东大行动的十项措施》中,深圳市力争到 2020 年城市中心区屋顶绿化率达到 5%,城市非中心区屋顶绿化率达到 1.5%。

(三)规划建设公园城市

深圳市非常注重以"深圳速度",全方位、多层次营造"公园之城市"。在体系构建上,早在 2012 年,深圳市构建了"森林(郊野)公园—综合公园—社区公园"三级公园体系,各类公园总数达 824 个,成为全国公园最多的城市之一,注重营造"一园一特色"的公园品牌。在经费保障上,实施特区内外城市管理一体化战略,市政公园全部免费开放,管养经费由财政全额负担。

四、医疗保障与安全生产方面

(一)加大外来人员保障力度

深圳市非常重视外来务工人员与户籍人口社会保障的公平性。深圳非户籍人口约占全市的 75%,早在 2007 年深圳市就修订了社会养老保险的有关法规,取消了非深圳户籍员工"应在达到退休年龄前 5 年在深圳连续缴费"的限制性条款,使得非户籍员工与户籍员工一样,累计缴费满 15 年并达到法定退休年龄,便可在深圳市退休,并按月领取养老金;推行支持养老保险、医疗保险就业服务等功能的"深圳市劳动保障卡",为外来人口提供便利的养老缴费途径;深圳市还推行外来务工人员积分入户制度,保障外来务工人员福利。

(二)提高医院病床数

大连市非常注重逐年提高医院病床数。大连市的万人病床数领先于其他城市,以年均增长 10% 的速度,提高万人病床数供给量。大连市一方面注重改建扩建老医院,另一方面新建了大量专项门诊医院,如新妇产医院、新儿童医院、金州新区妇产医院、金州新区综合医院、市口腔医院分院、市职业病防治院、市民健康教育中心,使得万人病床数逐年稳步增加。

(三)建设安全发展示范城市

厦门市构建了多层次、全方位的城市安全发展体系。2013 年,厦门市入选全国第一批安全发展示范城市建设,把安全发展作为城市发展的基本理念、重要战略、可持续模式,构建了多层次、全方位的城市安全发展体系。厦门市按照"覆盖重点,试点先行,以点带面"的思路,培育了 56 个各种安全发展示范典型。例如,筼筜街道通过实施"十大安全计划",以最大限度地预防和减少伤害为目的,全面编制一张"安全网",树立"小社区、大安全"理念,安全、稳定、和谐、宜居的社区环境日益成型。2015 年 7 月 21 日,筼筜街道获得了世界卫生组织"国际安全社区"牌匾,成为福建省首个国际安全社区。

第四节　优化宁波宜居环境的对策建议

本节基于前面宜居环境评价的结果,针对宁波在宜居环境建设过程中的优势与劣势,同时借鉴同类城市优化宜居环境的经验,提出优化宁波宜居环境的对策建议。

一、不断降低城市生活成本

(一)建立调控稳定房价机制

住房与居民的生活息息相关,较高的房价严重影响着居民幸福指数的提升。本文所计算得到的收入房价比指数权重显示,在所研究的 9 个城市中,较高的房价走势是导致生活成本增加的主要原因,也会导致城市人才的流失,对城市未来发展有消极影响。在同类城市的比较中,宁波市的房价相对偏低,但还需对房价调控给予足够重视。

宁波市在控制稳定房价方面,可借鉴无锡市"以房补房"的模式和苏州市在调控土地供应、强化房价管理方面的经验。要加强房地产供给侧改革,优化供给结构,合理控制土地供应规模与房地产开发节奏,要采取多种渠道调节住房供求关系,合理引导居民住房消费;支持新市民住房需求以及自住性、改善型住房需求;加强中低收入者经济适用住房、廉租屋的保障力度。

(二)建立高效快捷公交系统

出行便捷是宜居城市建设的基础,高效的交通系统能够降低居民的出行成本。随着宁波全域城市化进程的加快,汽车数量急剧上升,交通问题已成为影响城市效率、社会经济发展和市民身体健康的突出问题。在同类城市的比较中,宁波市的交通拥堵问题相对较小,但还需不断改善并加以解决。

宁波在解决日益严重的交通问题上,可借鉴无锡市和南京市快速公共交通通道建设的成功经验,注重优化交通基础设施,增加地铁线路和快速公交线路,优化公共汽车路线,合理分散客流量并实现各类交通系统的无缝对接;不断完善交通管理系统,精细化、智能化管理交通网络;大力宣传绿色出行的优点,提倡绿色出行理念,建设宜人的、完整的步行休闲网络和覆盖面较广的公共自行车网络。

二、大力提高教育文化水平

(一)大力塑造城市文化特质

城市文化影响着居民的生活方式和生活习惯,是宜居城市建设的重要内容之一,因此宁波市要大力塑造有宁波特色的文化特质。

宁波要充分挖掘自己的文化潜质,要注重保护城市特有的历史文化遗产,将自身的文化元素融入城市的发展、建设过程,发扬宁波本土文化和历史文化遗产;注重打造具有文化特色的城市形象,培育特色鲜明的城市精神,提升城市对外的影响力;在确保特色文化街区的本真性的前提下结合现代科学技术,充分展示本地的文化艺术、传统工艺、饮食文化,将特色文化街区建设成为文化旅游和文化创意产业的聚集地。

(二)大力提高文化设施质量

文化活动已成为居民城市日常生活中不可缺少的一部分,伴随着居民消费能力的提高,为满足居民的多层次化需求,应适当提高文化设施如博物馆、文化馆、图书馆、影剧院、游乐场、酒吧等的质量标准和服务水平。在同类城市的比较中,宁波市在文化设施建设方面处于相对落后的状态,需大力提高文化设施质量。

宁波市可借鉴深圳市建设"一公里文化圈""十分钟文化圈"的经验,要注重在市域范围配备齐全、功能各异、质量优等的文化服务设施,进一步刺激居民文化方面的消费;要实现文化设施与互联网相结合,促进线下消费和线上服务相结合,及时、高效地为居民提供文化服务;建设区域性文化活动中心,形成一定的规模效应、集聚效应和辐射效应。

(三)重点培育优质教育资源

教育是提高居民思想道德素质和科学文化素质的基本途径,是发展科学技术和培养人才的基础工程,伴随着科技生产力的不断发展,教育事业越来越受到大众的重视,因此一个城市教育事业的发展也是宜居城市建设的重要内容。在同类城市的比较中,宁波市在教育事业发展上处于平均水平。

宁波市可借鉴深圳市的做法,增加教育经费的支出并加大政策扶持,鼓励各方力量对教育经费的投入,不断提高教育经费占财政支出的比重;要优先发展初等、中等教育,重点培育一批教学优质、设备先进、校风开放的小学、初中和高中名校,全面提高教育质量;借鉴厦门市在义务教育发展的成功经验,推进义务教育向办学条件均衡、师资配置均衡、教育质量均衡、就学机会均衡方向发展。

三、持续改善生态环境质量

(一)加快建立空气检测系统

空气质量好坏是关乎市民日常生活健康与否的重要因素之一,也是评价一个城市环境质量好坏的指标之一。伴随着生产力的发展,城市的经济得到迅速的发展,却往往忽视了空气质量的重要性,雾霾已经严重影响到市民的出行与工作,改善空气质量是迫在眉睫的工作之一。在同类城市的比较中,宁波市空气质量相对较好,但与深圳、厦门相比还存在着一定的差距。

为提升空气质量,宁波市可借鉴厦门市环境全面监测与预警系统,加快投入空气监控设备,如建设区域空气站,居民区空气质量检测站;借鉴深圳市关于大气环境的专项执法经验,加强执法监控的管制力度,严格执行法律规章制度,加强对高排企业的监督与控制,限制高排的汽车如黄标车的行驶等;建立市民监督机制,鼓励居民对附近空气污染行为的监督与举报。

(二)科学规划多维绿色城市

城市绿化是推进城市生态建设,营造宜居城市的重要手段。在同类城市的比较中,宁波市的城市绿化覆盖率不高,且处于相对落后的地位。

为提高城市绿化覆盖率,宁波市要注重科学规划,保护好现有绿地面积,例如确定永久保护,补偿新绿地规划面积;学习与借鉴深圳市的立体绿化经验,重视立体绿化的规划,以建筑物、构筑物为载体,以植物为材料,以屋顶绿化、架空层绿化、墙体绿化、棚架绿化、桥体绿化等形式实现平面与立体共同建设的多维绿色城市。

(三)加快建设便民利民公园

公园相对于绿化覆盖的区别主要在于其功能的多样化,不仅能为市民提供良好的生态环境,还是一个集健身、娱乐、交流及学习的重要场所,在市民对生活质量日益重视的今天,公园建设是宜居城市建设的重要内容。在同类城市的比较中,宁波市在公园建设方面处于相对落后地位,尤其体现在便民公园的建设上。

把公园搬到家门口,不仅是政府着力建设的重要举措,也是市民迫切需要实现的心愿。宁波市要注重多方筹措资金,以新建、改造、扩建为主要形式,大力扩大公园面积,学习与借鉴深圳市建设"郊野公园—综合公园—社区公园"三级公园体系的经验,注重营造公园城市、花园城市。

四、加快提升医疗保障与安全生产水平

(一)加强社会保障性支出力度

社会保障性支出作为政府财政支出的重要一项和社会再分配的一种重要手段,对维护社会稳定、促进社会公平有重大作用,社会保障性支出的大小在一定程度上决定了城市医疗保障与安全生产的水平。在同类城市的比较中,宁波市社会保障性支出处于相对领先地位,但还需持续加强社会保障性支出力度。

宁波市可参考深圳市的做法,加强外来务工人员社会保障力度,使其与户籍人口享有同等公平的社会保障;进一步改善居民生活、居住、养老、医疗保障问题,逐步提高最低生活保障水平和市民参保补助标准。

(二)不断增加城区医院病床数

在同类城市的比较中,宁波市的医疗机构病床数处于相对落后地位,中心城区医院病床数供给相对短缺。

宁波市可学习与借鉴大连市的做法,注重扩建中心城区第一医院、第二医院、第三医院和妇女儿童医院,增加病床数,同时新建专项门诊医院,缓解综合医院就医压力;大力完善和加强基层社区卫生服务,完善农村合作医疗制度,让市民尽享医疗"实惠"。

(三)重点完善安全生产管控体系

安全生产不仅关乎工作人员的生命健康,还涉及周边地区的环境、生态问题,尤其是对于建筑工地、高污染企业等项目或单位,需要加强综合治理。对于安全生产的管控也是医疗保障与安全生产的重要内容之一。在与同类城市的比较中,宁波市亿元 GDP 安全生产事故死亡人数较高,且处于相对落后的

地位。

　　宁波市可学习与借鉴厦门市的经验，按照"覆盖重点，试点先行，以点带面"思路构建多层次、全方位的城市安全生产管控发展体系，最大程度预防和减少生产带来的伤害；注重完善相关部门的运行机制，全面落实企业安全生产的监督与管控；聘请专家对危险度、污染性较大的企业或工地做好审评工作，给出专业指导以加强生产的安全性；采取居民监督、网络举报等方法，重点加大对高危企业的监督工作。

第三章　城市宜商环境评价与比较研究

在探讨宜商环境的内涵与外延、作用和作用机制的基础上，构建城市宜商环境评价的理论框架；依据理论框架设置宜商环境评价指标，测算城市宜商环境指数，比较分析同类城市的宜商环境，找出宁波宜商环境的优劣势；在梳理同类城市优化宜商环境的做法的基础上，借鉴经验，针对宁波宜商环境中存在的问题，提出宁波宜商环境的优化对策。

第一节　城市宜商环境内涵及作用机制

一、城市宜商环境的内涵与外延

构建相对全面的城市宜商环境评价指标体系，以准确、客观评估城市宜商环境，前提是要清晰界定城市宜商环境的内涵与外延，方能刻画内涵中各个要素对城市宜商环境的影响。

在众多文献中，宜商环境和营商环境经常被混淆。营商环境（Business Environment）的概念在目前的学术界和实务界尚未形成共识。世界银行营商环境报告中的定义得到更多的认可。《2016 营商环境报告：衡量监管质量和有效性》认为营商环境关注的是有助于私有企业茁壮成长的规章制度，因此报告关注了影响经营商业的 11 个领域的法规，按营商难易程度排名，分别为：开办企业、施工许可、获得电力、登记产权、获得信贷、保护中小投资者、纳税、跨境贸易、合同执行、破产处理、劳动力市场监管，并把营商环境界定为一个企业完成一项交易所涉及的这 11 个领域所需要的手续数量、时间和成本的总和。由此可见，世界银行的营商环境定义强调的是从企业层面评估一个国家或地区的投资便利性程度。

从逻辑上来看，这两个名词存在包含和被包含的关系。营商环境强调的是政府所营造的经商环境，尤其是投资环境；宜商环境强调的是经商环境的适宜性，显然包括了营商环境。

宜商，顾名思义，就是适宜从事商业。宜商环境是指一个城市为商业活动整个过程能够顺利运行所提供的各种条件及其周边环境的总和。我们所强调的宜商环境，是营商环境的扩展，甚至是营商环境的目标。宜商环境评价是从招商引资角度出发，从企业设立、经营、融资、合同执行等多维度来客观评价某一地区的商业环境，并以市场配置资源机制为理念，以满足企业发展和解决发展中遇到的问题为导向，在企业（不同地区、所有制）、社会和政府的协同下，转不适宜经商条件为适宜经商条件，创造良好的宜商环境。

此外，从研究视域来看，我们这里分析的城市宜商环境，特指中心城市城区的宜商环境，包括商务环境、金融环境、配套环境等，是一个城市经济软实力的重要体现。

二、城市宜商环境对城市经济发展的作用

宜商环境作为一种软环境，集中了中心城市城区土地、资本、技术、科技、信息、文化、政府服务能力等社会要素，宜商环境的改善将会提升中心城市城区的经济职能，优化和高端化中心城市城区的产业结构和增加中心城市城区的社会福利水平。

(一)宜商环境提升城市的经济职能

城市经济职能首先是城市政府将其辖区内的各种生产要素按照比较优势的原则统筹协调起来，制定相应的城市经济发展规划，为规划中的项目落地而创新招商引资机制和财政激励机制。对引进来的项目，简化该项目开工前的审批流程、缩短项目开工时间，并且做好项目的监督、协调与跟踪等落地事宜，尤其是重点工业项目和各类科研、教育、科技攻关项目等，努力为经济行为主体创造良好的经商环境。城市的各种要素集聚在不同功能区，在要求集聚正外部性

的作用下,带动邻近企业、同行业和相关行业企业生产成本、交易成本、创新支出成本等成本的下降,进而在技术外溢效应的影响下,提升该企业、区域的全要素生产率,助推城市的产业升级。

(二)优化和高端化城市的产业结构

城市产业结构在一定程度上体现了城市经济发展的潜力。在社会分工日益细化,新产业、新业态不断涌现的背景下,产业间的相互依赖和相互制约不断增强。城市产业结构不仅受生产要素数量和质量的双重制约,还受城市自身和城市所依赖的区域条件限制。基于此,城市政府为了发展城市经济,势必将新引入产业定位为单位面积高产出的产业,如制造业中的高技术产业和服务业中的总部经济。为了吸引此类高附加值产业落户,城市政府将全力打造适合此类产业发展需求的宜商环境。在宜商环境和高附加值产业的循环反复下,城市的产业结构得到更大幅度的优化和升级,从而提升城市的经济发展质量。

(三)提高城市社会福利水平

福利是个人对所得物品与服务的满足感,是幸福满意程度的一个重要衡量指标。将福利的使用范围扩展为整个社会,可将福利界定为整个社会成员对其生活态度的满意程度。城市福利是城市每个居民福利的总和,表现为市民从城市中各种产品(有形和无形产品)与服务中所获取的生理或心理上的幸福感或快乐感。新建高端商务楼宇,引进国内外大型商业集团,提升政府提供公共服务能力,简化政府行政审批手续,强化政府与市民的互动交流,增加政府办事服务效率和质量。这些将给广大市民带来更多的购物选择空间,更多提高精神文明内涵的机会等,以增加其生活幸福感。

三、城市宜商环境促进城市经济发展的机制

宜商环境的优劣影响着高端要素资源的流向及其集聚效应和配置效率,进而影响着企业的可持续发展,宜商环境成为城市经济发展环境的一个非常重要的有机构成,既是实力的体现,也是竞争力的体现。

(一)宜商环境集聚优质企业生产要素

城市经济是服务业等非农经济部门集聚而成的地区经济。城市经济以城市,尤其是中心城市为载体而发展,其特点是二、三产业发展迅速,第三产业占

城市经济总额的比重呈上升趋势,体现一个地区科技实力的高技术产业生产总值不断增加,产业结构逐步呈现出高端化的发展态势。城市政府围绕地区发展规划,创新招商引资体制机制和财政激励机制,统筹协调重大项目引进与落地,引导产业集聚与错位发展。大型商业综合体、甲级写字楼等呈现区域集聚之势,在招商引资,尤其是总部经济发展扶持政策,政府线上和线下协同行政审批系统高效运行等的帮助下,全世界优质资本、技术、劳动力、信息等生产要素将被吸引并集聚在中心城市,通过集聚效应成为城市经济的增长极。

(二)宜商环境提高企业生产要素配置效率

企业生产要素配置的行动方主要有两个:企业和政府。政府尊重市场机制配置资源,提供公共服务等配套服务,企业依据自身发展战略需求选择投资和生产经营模式。宜商环境将甲级商务楼宇、金融机构、高素质劳动者等生产要素集聚到中心城市,形成产业聚集效应。城市经济通过产业集聚的"声誉效应",在降低银行和企业间信息不对称的前提下,降低了融资成本,提高了金融信贷资源的配置效率。此外,在劳动力市场匹配作用机制的影响下,高(低)素质劳动者与高(低)技术附加值行业匹配,提升了劳动力在就业时的匹配效率,为城市经济发展提供了充裕而又高质量的劳动者,将有助于城市经济的快速发展。

(三)宜商环境促进企业健康和可持续发展

企业从创业阶段的获得场地和融资,到日常运营等各环节都或多或少遇到问题,城市政府为了帮助企业解决问题,优化宜商环境,起到示范效应的作用,一系列营造宜商环境的举措层出不穷:如在开办企业方面,城市政务办帮助企业解决立项、规划、消防、环保、工商等诉求,再造涉企审批流程,全天候为企业提供线上和线下同步审批服务,简化了企业审批流程;在重点项目建设进度方面,城市政府实现跨部门并联审批,为企业节省了不少工作时间,真正实现了企业项目建设的提速增效;此外,城市政府还派专员主动全程跟进企业的发展,为企业发展全程把脉,帮助企业破解发展瓶颈,进而促进企业健康和可持续发展,带来城市经济的持续繁荣。

第二节   城市宜商环境指数测算及比较

一、城市宜商环境评价指标设置

(一)城市宜商环境评价指标的设置原则

为了客观评价宁波宜商环境,并与同类城市进行对比以找出优势和劣势,设置宜商环境评价指标则显得尤其重要。本研究的宜商环境指标体系的设置遵循以下几条基本原则。

一是可量化原则。宜商环境评价指标体系所涉及的面广而宽,存在指标难以量化的问题。如政府部门对企业需求的响应程度,法律监督机制的完备程度,社会对法院和仲裁机构的信心,政府办事流程的规范程度等,都需要借助问卷调查、电话采访、圆桌会议,甚至是深度面对面访谈等方式进行模糊刻画。对于评价一个城市来说,此类指标可以进行测度,但是对于全国多个城市来说,则难以操作。从可操作性的角度出发,本研究所选择的指标都可以量化。

二是可比性原则。随着指标的可量化,我们就可借助量化后的指标进行对比分析,以横向和纵向分析出宁波与同类城市在宜商环境上存在的问题和优势,以便提出改进建议。然而,指标体系存在"正向"与"逆向"性质的区别,为了可比性原则,所有城市某一个指标皆采用"正向"或"逆向"标准化方法进行归一化处理,进而得出相对客观的结果。

三是科学性原则。在可量化原则和可比性原则之后,最重要的就是科学性原则。本研究中宜商环境指标体系的选取,参考了世界银行营商环境报告中的指标设定,以及深圳、顺德等城市营商环境评估报告中的指标设定。在专家咨询和数据获取情况的基础上,选择了十个指标,以反映出某一个中心城市宜商环境。

(二)城市宜商环境评价指标体系的设置

前已述,宜商环境是一个城市为商业活动整个过程能够顺利运行所提供的各种条件及其周边环境的总和。评价宜商环境的指标则需要大部分涵盖这些方面。世界银行的营商环境报告是以国家为评价对象,《2014 年中国宜商城市竞争力报告》的宜商环境评价指标涵盖了创新、基础设施、商贸流通、区域经济背景等方面。考虑到本研究有专门评价基础设施、宜居环境、创新环境、区域经济发展背景等部分，故须有针对性地在宜商环境评价指标体系中减少此类指标。鉴于评价指标的可量化原则、可比性原则和科学性原则，以及研究对象的针对性，本研究从商务环境、金融环境和配套环境三个方面进行指标设置。

1. 商务环境

商务环境是宜商环境最为直接的环境。商务环境一定程度上体现了商务成本或者商务载体、生产要素可获得性，如甲级办公楼租金、高素质劳动等。具体有甲级办公楼租金、单位规模以上企业本年度应交增值税和职工平均工资等三个指标。其中，甲级办公楼租金一方面体现中心城市办公楼的档次和可获得性，另一方面可反映出中心城市楼宇经济的发达程度，有助于企业了解该区域的总体经济情况以便做出投资决策，甲级办公楼租金数据来源于仲量联行研究部发布的2014年第三季度《大中华区办公楼市场指数研究报告》中的甲级办公楼租金，单位为元/平方米·年；单位规模以上企业本年度应交增值税是企业本年应交增值税与规模以上企业数之比，单位为万元，数据来源于国研网统计数据库之区域经济数据库；职工平均工资体现的是在岗职工的平均工资，一定程度上体现了劳动者素质，数据来源于国研网统计数据库之区域经济数据库。

2. 金融环境

资金可获得性对于企业来说，犹如血液。金融环境的二级指标有存贷款总额、存贷比、金融机构数三个。存贷款总额体现的是该中心城市金融资产的规模，亦即存量状况。存贷比是居民存款余额和各类贷款余额的比重，体现了银行可向企业提供贷款的能力。存贷款总额和存贷比数据来源于国研网统计数据库之区域经济数据库。金融机构是指从事金融服务业有关的金融中介机构，是金融体系的一部分，包括银行、证券公司、保险公司、信托投资公司、基金管理公司等。金融机构数体现了中心城市为企业提供资金的便利程度，数据来源于中国银行业监督管理委员会许可证发布系统中的许可证机构持有证列表数据。

3. 配套环境

配套环境可视为商务环境、金融环境的重要补充，包含商务服务业的发展规模、政府办事服务效率或者效果、司法情况等。其中，租赁和商务服务业增加值占比是租赁和商务服务业增加值的比重，反映租赁和商务服务业的发展程度，数据来源于各城市的统计年鉴。政府网站绩效是一个综合指标，由信息公开指数、办事服务指数、互动交流指数、舆论引导指数、功能与管理指数组成,体现了政府与企业和居民互动的效率,该数据来源于商务部 2014 年中国政府网站绩效评估报告。办结率更多的是政府行政服务中心线上和线下办结与受理各类业务的比率,办结率越高,说明政府行政效率也越高,该数据来源于各城市行政服务中心网站的办件统计。结案率体现司法效率,反映中心城市法院办结和受理各类案件的比例,该数据来源于各城市的中级人民法院工作报告。

深圳宜商环境指标体系如表 3-1 所示。

表 3-1 城市宜商环境指标体系

一级指标	二级指标	备注
商务环境	办公楼租金	特指甲级办公楼
	应交增值税	单位规模以上企业
	平均工资	在岗职工
金融环境	存贷款总额	—
	存贷比	—
	金融机构数	—
配套环境	商务服务业占比	租赁和商务服务业增加值占比
	政府网站绩效	—
	办结率	—
	结案率	—

二、城市宜商环境指数测算

(一)指标数据标准化处理

鉴于十个二级指标单位不一的特点,需要将各个指标进行标准化处理。本课题采用的是直线型方法中的临界值法。

假设第 i 个城市的第 j 个指标的评价值为 X_{ij}($1 \leqslant i \leqslant 9, 1 \leqslant j \leqslant 10$),可得到评价矩阵 $A = (X_{ij})_{9 \times 10}$。进一步地,企业本年度应交增值税与其余九个指标的量纲不同,需对评价矩阵进行标准化处理。

企业本年度应交增值税采用下式进行标准化处理,即

$$Z_{ij} = \frac{X_{max}^j - X_{ij}}{X_{max}^j - X_{min}^j}$$

其余九个指标采用下式进行标准化处理：

$$Z_{ij} = \frac{X_{ij} - X_{\min}^j}{X_{\max}^j - X_{\min}^j}$$

上两式处理后的指标值的区间为[0,1],1 表示值最高。为使综合评价值适当拉开差距,可将两式都乘以 100,使得标准化后的值位于 0～100 之间,即

$$Z_{ij} = \frac{X_{\max}^j - X_{ij}}{X_{\max}^j - X_{\min}^j} \times 100 \quad \text{或} \quad Z_{ij} = \frac{X_{ij} - X_{\min}^j}{X_{\max}^j - X_{\min}^j} \times 100$$

2014 年九个城市经标准化处理的结果如表 3-2 所示。

表 3-2　2014 年九城市宜商环境指标的标准化处理

一级指标	二级指标	大连	杭州	南京	宁波	青岛	深圳	苏州	无锡	厦门
商务环境	办公楼租金	45.62	47.59	38.65	6.56	47.01	100.00	8.24	0.00	43.35
	应交增值税	0.00	94.24	5.91	100.00	48.67	57.99	32.87	62.90	37.33
	平均工资	32.37	60.80	100.00	92.86	56.99	73.33	56.74	40.43	0.00
金融环境	存贷款总额	17.73	63.31	47.16	27.85	16.88	100.00	49.97	15.81	0.00
	存贷比	49.43	43.52	72.70	0.00	49.38	92.54	68.04	100.00	37.95
	金融机构数	77.63	96.72	54.50	100.00	64.35	77.56	99.01	46.41	0.00
配套环境	商务服务业占比	15.63	0.00	41.96	36.61	27.23	12.50	31.70	75.00	100.00
	政府网站绩效	0.00	11.26	85.71	10.39	100.00	99.13	67.10	86.58	87.88
	办结率	100.00	95.46	77.89	0.00	49.07	91.92	99.00	97.48	19.98
	结案率	40.12	89.31	13.98	100.00	96.95	32.28	0.00	2.20	29.53

数据来源:作者计算所得。

(二)指标权重的确定

指标权重赋值是客观评价九个城市宜商环境的前提和基础。鉴于主客观赋权法的各自不足,既要考虑决策者的指标偏好,又要减少主观赋权法的主观性,力求得到较为客观、可靠的评价值,本课题采用主观和客观综合赋权法,主观赋权法的比重和客观赋权法的比重对半。主观赋权法采用层次分析法(AHP),客观赋权法采用熵值法,则第 j 个指标的组合权数计算公式如下

$$W_j = \alpha w_j + \beta \omega_j, j = 1, 2, \cdots, 10$$

式中,W_j 为第 j 个指标的组合权数,w_j 为第 j 指标的客观权系数,ω_j 为第 j 个指

标的主观权系数,且 $0 < W_j < 1, \sum_{j=1}^{n} W_j = 1$。$\alpha$ 和 β 表示主、客观赋权方法的相对重要程度,满足 $0 \leqslant \alpha, \beta \leqslant 1 (\alpha = \beta = 0.5)$。

在标准化处理九个城市各十个指标之后,可以根据 AHP 之主观赋权法和熵值之客观赋权法进行指标权重赋值,得到宜商环境指标体系的权重,如表 3-3 所示。从表 3-3 可以看出,二级指标中,职工平均工资的权重最高,高达 0.1800,也反映出中心城市劳动者素质对宜商环境的重要性;其次为甲级办公楼租金,即高端载体对吸引高端产业的重要性,权重为 0.1556。对于一级指标来说,商务环境的权重最高,为 0.4468,这也符合企业选址的原则,即考虑中心城市的商务成本;其次为配套环境;最后为金融环境。由此看出,本课题的城市宜商环境指标权重具有较强的科学性。

表 3-3　城市宜商环境指标权重

一级指标		二级指标			
名称	权重	名称	熵值法权重	层次分析法权重	综合权重
商务环境	0.4468	办公楼租金	0.1845	0.1268	0.1556
		应交增值税	0.1162	0.1061	0.1112
		职工平均工资	0.2929	0.0670	0.1800
金融环境	0.2453	存贷款总额	0.1011	0.1189	0.1100
		存贷比	0.1198	0.0655	0.0926
		金融机构数	0.0284	0.0569	0.0427
配套环境	0.3080	商务服务业占比	0.0911	0.1214	0.1062
		政府网站绩效	0.0286	0.1097	0.0692
		办结率	0.0204	0.0731	0.0468
		结案率	0.0169	0.1546	0.0858

(三)指数的合成

在标准化数据和指标权重确定之后,可进行城市宜商环境的综合评价。九个城市宜商环境的综合评价结果如表 3-4 所示。表 3-4 从四个维度进行了对比分析,即二级指标的商务环境、金融环境和配套环境,以及一级指标的宜商环境。

表 3-4　2014 年九城宜商环境指标指数

指标	深圳	杭州	南京	青岛	宁波	无锡	苏州	厦门	大连
商务环境	**35.21**	**28.83**	**24.67**	**22.99**	**28.86**	**14.27**	**15.15**	**10.90**	**12.93**
办公楼租金	15.56	7.41	6.01	7.31	1.02	0.00	1.28	6.75	7.10
应交增值税	6.45	10.48	0.66	5.41	11.12	6.99	3.66	4.15	0.00
平均工资	13.20	10.94	18.00	10.26	16.71	7.28	10.21	0.00	5.83
金融环境	**22.88**	**15.12**	**14.25**	**9.18**	**7.33**	**12.98**	**16.02**	**3.51**	**9.84**
存贷款总额	11.00	6.96	5.19	1.86	3.06	1.74	5.50	0.00	1.95
存贷比	8.57	4.03	6.73	4.57	0.00	9.26	6.30	3.51	4.58
金融机构数	3.31	4.13	2.33	2.75	4.27	1.98	4.23	0.00	3.31
配套环境	**15.26**	**12.91**	**15.23**	**20.43**	**13.19**	**18.71**	**12.64**	**20.17**	**9.78**
商务服务业占比	1.33	0.00	4.46	2.89	3.89	7.97	3.37	10.62	1.66
政府网站绩效	6.86	0.78	5.93	6.92	0.72	5.99	4.64	6.08	0.00
办结率	4.30	4.47	3.65	2.30		4.56	4.63	0.94	4.68
结案率	2.77	7.66	1.20	8.32	8.58	0.19	0.00	2.53	3.44
宜商环境总指数	73.35	56.86	54.15	52.59	49.38	45.96	43.82	34.58	32.55

三、城市宜商环境比较

(一)宜商环境总体比较

从宜商环境的综合评价值来看(见表 3-5),九个城市的综合得分最大值与最小值的差距反映出九个城市的宜商环境存在非常大的差距。造成这种差距的主要因素是九个城市的商务环境,最大值与最小值的最大差距为 24.31。

表 3-5　2014 年九城宜商环境指数

城市	宜商环境		商务环境		金融环境		配套环境	
	指数	排名	指数	排名	指数	排名	指数	排名
深圳	73.35	1	35.21	1	22.88	1	15.26	4
杭州	56.86	2	28.83	3	15.12	3	12.91	7
南京	54.16	3	24.67	4	14.25	4	15.24	5

续表

城市	宜商环境		商务环境		金融环境		配套环境	
	指数	排名	指数	排名	指数	排名	指数	排名
青岛	52.59	4	22.98	5	9.18	7	20.43	1
宁波	49.37	5	28.85	2	7.33	8	13.19	6
无锡	45.96	6	14.27	7	12.98	5	18.71	3
苏州	43.82	7	15.15	6	16.03	2	12.64	8
厦门	34.58	8	10.90	9	3.51	9	20.17	2
大连	32.55	9	12.93	8	9.84	6	9.78	9
平均	49.25	—	21.53	—	12.35	—	15.37	—

　　图 3-1 更为形象地显示了九个城市的宜商环境指数。从综合得分值来看,深圳的宜商环境最佳,得分为 73.35,领先优势明显;其次是杭州,得分为 56.86;最低是大连,宁波排在第五。

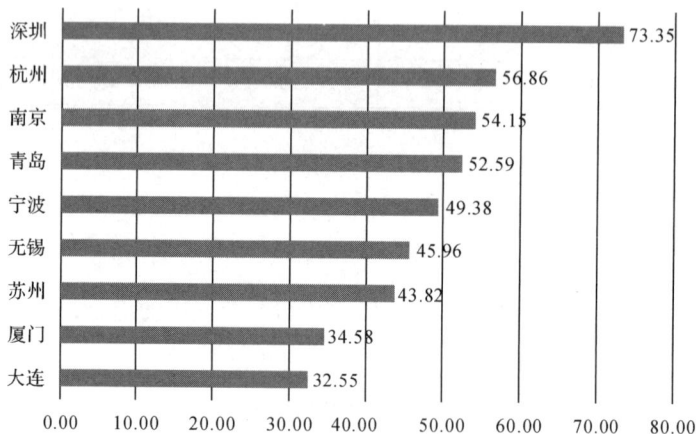

图 3-1　2014 年九城宜商环境指数排名

　　深圳宜商环境指数排名第一,归功于其商务环境和金融环境,这与现实也相符。然而,深圳的配套环境得分排名第四,仅为 15.26,这与深圳的结案率和商务服务业占比偏低有很大关系。杭州宜商环境指数排名第二,也是强在商务环境和金融环境,但配套环境相对落后。南京、青岛、宁波的宜商环境指数差距不大。南京的商务环境、金融环境和配套环境都居中游,比较均衡。青岛强在配套环境,弱在金融环境,商务环境还好。宁波强在商务环境,弱在金融环境,配套环境尚好。

无锡与苏州的宜商环境指数接近,厦门和大连排在最后,厦门的配套环境较好,但金融环境落后。

图 3-2 为 2014 年九城宜商环境分项指数图。

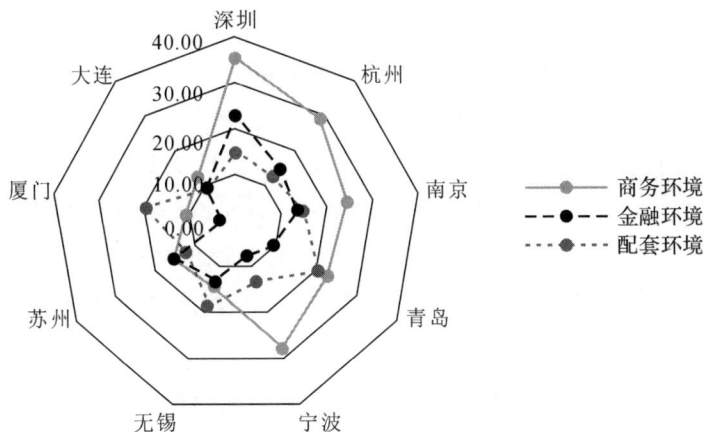

图 3-2　2014 年九城宜商环境分项指数

(二)商务环境比较

九个城市的商务环境评价值的平均值和权重皆高于金融环境和配套环境,分别为 21.53 和 0.4468,平均值比较高,其权重也接近一半,这反映出了商务环境对宜商环境的重要性,也和企业投资选址的要求相吻合(见图 3-3)。

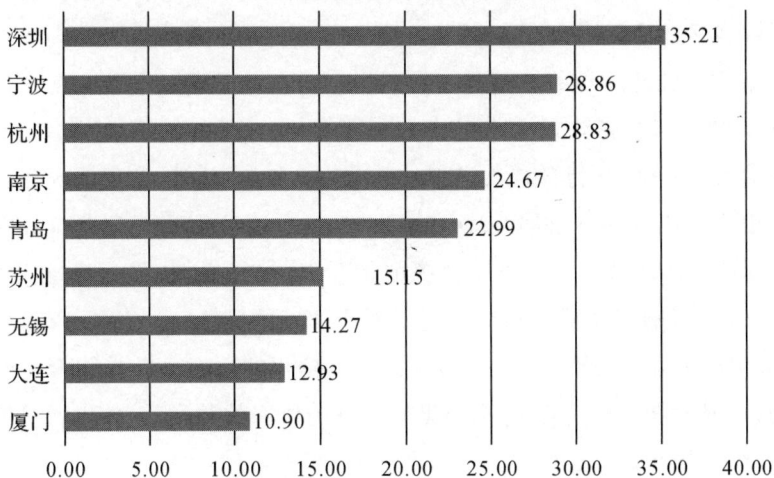

图 3-3　2014 年九城商务环境指数

深圳、宁波、杭州、南京、青岛的商务环境都在平均值以上,说明这五个城市的商务环境良好。其中,深圳的商务环境最好,宁波和杭州商务环境的差距微小,苏州、无锡、大连和厦门的商务环境远远低于平均值,反映出这四个城市商务环境有很大提升空间。

从细分城市来看,深圳的商务环境评价值最高,评价值高达 35.21,与得分最低的厦门相差 24.31,绝对优势非常明显,也体现了深圳卓越的商务环境优势。从商务环境的二级指标来看,深圳之所以有如此大的优势,与其甲级办公楼租金所带来的楼宇经济有非常密切的关系。仲量联行研究部发布的 2014 年第三季度《大中华区办公楼市场指数研究报告》将深圳的甲级办公楼租金定位为业主市场,体现出深圳甲级办公楼租金的市场化程度极高,需求大于供给,也从侧面体现出深圳楼宇经济的繁荣。

宁波的商务环境得分也比较高,为 28.86,排名第二,与厦门有 17.96 的差距,绝对优势也比较明显,这说明宁波也具有非常优越的商务环境。从其二级指标的得分来看,宁波商务环境的高分优势与其规模以上企业应交增值税的税收负担下降密不可分,应交增值税得分为 100 分,[①]足以看出宁波规模以上企业税收负担下降的优势。然而,宁波商务环境的短板是高端楼宇经济的集聚效应还不明显,甲级办公楼租金的得分仅为 6.56,仅比得分最低的无锡高。因此,引进全球 500 强入驻宁波,发挥高端楼宇经济的集聚效应,对潜在进入者提供一个优秀的载体环境,是宁波进一步提升商务环境的一个着力点。

杭州的商务环境也非常优越,虽然排名第三,但是与排名第二的宁波的差距只有 0.03。与宁波类似,杭州的商务环境得分主要归功于其规模以上企业本年应交增值税的优势,得分仅次于宁波,高达 94.24。此外,杭州的甲级办公楼租金的优势也比较明显,得分仅次于深圳,为 47.59,与杭州电子商务相关行业发展迅速的事实相映衬。在电子商务的带动下,计算机技术、总部经济等得到较快发展,对高端商务楼宇的需求也不断增加。仲量联行发布的 2014 年第三季度《大中华区办公楼市场指数研究报告》将杭州的甲级办公楼租金定位为租户市场,体现为供应大于需求,反映出杭州高端楼宇的数量较多,以及可能存在的高端楼宇空置问题。

---

①　二级指标的得分实际为原始数据值经过标准化后的数值,与一级指标的得分不同,以下二级指标的得分相同。

南京的商务环境也比较优越,得分为 24.67,排名第四。从其二级指标来看,南京在劳动者素质,即在岗职工的平均工资上具有绝对的优势,得分为满分100 分,这在当前强调提升生产要素质量的环境下,显得尤其宝贵。然而,单个规模以上本年应交增值税是南京商务环境的短板,排在倒数第二,仅仅高于大连。此外,其甲级办公楼所带来的楼宇经济集聚效应有待提升,其得分排在第六位。总的来说,南京商务环境处于中等水平,提升空间还非常大。

青岛的商务环境相对良好,得分 22.99,超过平均值,排名第五。从三个二级指标的得分情况来看,高端楼宇的集聚效应、规模以上企业应交增值税和劳动者素质都排在中等水平,得分在 50 分上下,说明青岛的这三个二级指标发展非常均衡,其中劳动者素质得分最高,为 56.99。甲级办公楼租金的得分为47.01,名列第三。仲量联行发布的 2014 年第三季度《大中华区办公楼市场指数研究报告》将青岛的甲级办公楼租金定位为平衡市场,体现出市场供求大致相当,没有存在高端楼宇闲置的问题。

苏州的商务环境综合评价值为 15.15,排名第六,低于平均值,说明苏州商务环境偏差。造成得分低下的一个重要因素是甲级办公楼的集聚效应不明显。从甲级办公楼租金的得分来看,8.24 的得分仅仅高于无锡,与第一名深圳的差距为 91.76。结合苏州以外企投资为主的企业结构事实,可见苏州楼宇经济的潜力不容忽视。此外,规模以上企业本年应交增值税的得分也偏低,为 32.87,排名第七,说明规模以上企业的税收负担偏重。

无锡的商务环境评价值也低于平均值,排在第七位,为 14.27,反映出无锡商务环境偏差。其中,高端商务楼宇的集聚效应低下是造成无锡商务环境评价值低下的重要原因,因为甲级办公楼租金的得分值为 0,没有任何的优势,这也是无锡提升商务环境的一个重要抓手。然而,无锡也有其相对优势,无锡规模以上企业的税收负担在九个城市中还是偏低的,得分有 62.90,排在第三位。降低企业税收负担是无锡提升商务环境需要坚持下去的措施。此外,无锡还需提升劳动者素质,以改善商务环境,因为在岗职工平均工资评价值仅为 40.43,比同类地级城市苏州低 16.31。

大连的商务环境较差,评价值也低于九个城市的平均值,排在第八位,仅仅好于厦门,得分仅为 12.93。从二级指标得分情况来看,规模以上企业的税收负担是九个城市中最重的,本年应交增值税的得分为 0,这也是大连商务环境排名靠后的原因。此外,大连的劳动者素质也偏低,仅仅强于厦门。高端商务楼宇的集聚效应排名中等,为第四位。综上,降低规模以上企业税收负担和提高劳动者素质是大连以后提升商务环境的两大重要抓手。

厦门的商务环境最差,得分仅为 10.90,与排名第五的青岛的差距为 12.09。两个旅游城市,差距如此大,需引起厦门相关部门的高度重视。细看二级指标得分,厦门劳动者素质是最大短板,得分为 0;其次,厦门规模以上企业的税收负担和高端商务楼宇的集聚效应得分也不高,皆处于中等水平。因此,提升劳动者素质是厦门改善商务环境的当务之急。

(三)金融环境比较

9 个城市的金融环境评价值之平均值和权重系数在三个二级指标中是最低的,平均值和权重系数分别为 12.35 和 0.2453,这些显示出金融环境对商务环境的作用并不大。

从图 3-4 中 9 个城市的得分来看,深圳、苏州、杭州、南京、无锡 5 个城市的金融环境评价值超过了平均值 12.35,表明这五个城市的金融环境良好。其余 4 个城市金融环境欠佳,有待完善,也表明这 4 个城市提升金融环境的空间不小。

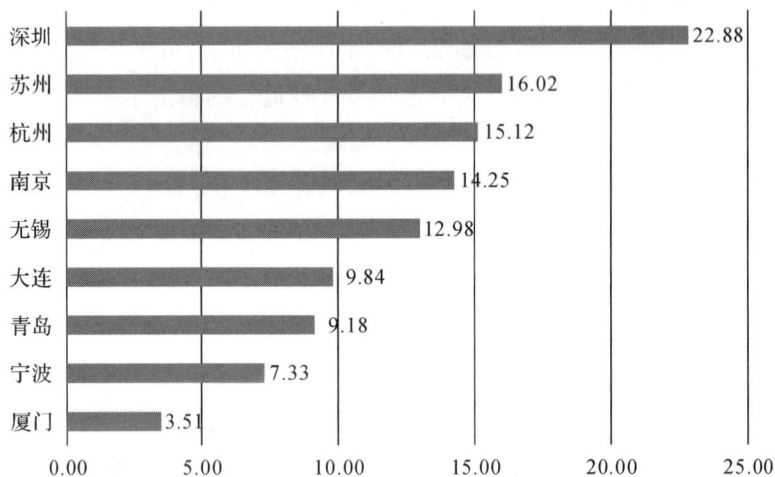

图 3-4 中各城市金融环境指数:

城市	指数
深圳	22.88
苏州	16.02
杭州	15.12
南京	14.25
无锡	12.98
大连	9.84
青岛	9.18
宁波	7.33
厦门	3.51

图 3-4　2014 年九城金融环境指数

同样细分城市来看,深圳的金融环境仍然排第一位,得分值高达 22.88,比排在第二位的苏州高出 6.86,显示出深圳金融环境的绝对优势。细看二级指标,存贷款总额对深圳金融环境的贡献最大,得分为 100;其次是存贷比,得分为

92.54。这两个指标说明,深圳有充裕的银行资本存量以供放贷,存贷比高意味着深圳的资本结构中能提供贷款的部分强于所吸收的存款,亦即提供贷款的能力更强。这也与深圳的总部经济有关系,深圳聚集了众多的银行总部,更加方便为企业提供资金融通支持。此外,深圳的金融机构数是三个二级指标中最弱的,得分仅为 77.56,九个城市中排名第五。这说明深圳的金融机构更多地集中在证券公司,即帮助企业上市获取资金支持,其余如信托、基金等金融机构数则因有证券公司的扶持而相对较少。

以外资企业为主的苏州,其金融环境也非常优越,排名第二位,得分也达到 16.02。从三个二级指标来看,金融机构数的得分最高,高达 99.01,仅次于第一名的宁波,对金融环境的贡献也最大。存贷款总额和存贷比的贡献则相对小些,得分与排名处于中等偏上水平,分别为 49.97(第三名)和 68.04(第四名)。这也就说明,苏州银行的放贷规模和放贷能力有待提升。这也可能与苏州的企业类型有关系,外资企业存在资金融通问题的数量较少,对金融获得性的要求则相对弱些。

杭州的金融环境也不甘示弱,排名第三位,得分 15.12。其中,金融机构数的得分为 96.72,排名第三位;存贷款总额排名第二位,得分为 63.31;而存贷比的得分仅为 43.52,排名第九位。以上意味着杭州的存贷款总额虽然大,但是可供放贷给企业的资金非常有限,亦即存贷款结构不合理。值得注意的是,杭州金融机构数还是非常多的,企业还可借助非银行机构进行融资,以扩大经营范围,进行扩大再生产。由此可见,优化银行存贷款资金结构,创新贷款模式是杭州提升金融环境的一个方向。

六朝古都的南京,金融环境良好,评价值为 14.25,排名第四位。从细分指标来看,南京的存贷比相对较高,排名第三,评价值为 72.70。这也就说明,南京银行系统为企业通过放贷的能力非常强。当然,这与坚实的存贷款总额后盾分不开。南京存贷款总额评价值为 47.16,排名第四,与存贷比比较对称。而金融机构数的贡献相对较小,评价值只有 54.50,排在第七。以上可以看出,向银行系统申请资金支持,是南京企业获取资金支持的主要方式。

工业发达的无锡,其金融环境也高出平均值,评价值为 12.98 分,排第五位,表明无锡金融环境尚好。三个二级指标中,存贷比是无锡的最大优势,得分高于深圳,为 100。然而,无锡的存贷款总额和金融机构数评价值分别只有 15.81 和 46.41,都位列第八,仅高于厦门。这就说明,无锡的金融环境主要以银行为载体,银行系统将其有限的资金总量尽最大比例放贷给企业。但是,这种单一的融资方式,容易形成不良贷款,风险较大。因此,创新融资方式是无锡政府接下来要改进金融环境的一大方向。

大连金融环境评价值低于平均值,只有 9.84,排在第六位。这与大连存贷款总额少和存贷比小有很大关系,这两个指标的得分分别为 17.73 和 49.43,位列第六和第五。这说明大连企业获得贷款最便捷的途径——银行贷款阻力较大,也反映出提升存贷比是大连接下来改善金融环境的一个着力点。虽然银行贷款阻力较大,但是大连的非银行系统的资金支持渠道不少,金融机构数的评价值高达 77.63,位列第四。

与大连类似,青岛的金融环境也欠佳,评价值只有 9.18,排名第七。从细分指标来看,存贷款总额强有力地将青岛金融环境的得分拉低,青岛存贷款总额得分仅为 16.88,位居第七位,仅高于无锡和厦门。此外,存贷比和金融机构数的得分也不理想,双双排在第六位。与大连不一样的是,青岛不仅从银行系统获取贷款的阻力大,从非银行系统争取资金支持的困难也很大。由此可见,青岛改善金融环境的道路还比较艰辛。

与商务环境不同,宁波的金融环境不容乐观,位列第八,得分仅有 7.33,这显然与其优越的商务环境不相匹配。综观三个二级指标,存贷比低下是主要原因。宁波存贷比得分为 0,亦即银行吸取了过多的居民储蓄,为企业放贷的贷款过少或者放贷能力不足,这需要引起宁波相关部门的高度重视,即关注宁波银行系统的存贷比。过低的存贷比与存贷款总额密不可分,存贷款总额得分也很低,为 27.85,位列第五。但是,宁波的金融机构数最多,评价值高达 100,也就说明宁波企业获取贷款的渠道主要是非银行系统。根据资产平衡的理论,过多依赖非银行系统获取资金支持,也存在金融风险。因此,提升银行系统存贷比是宁波接下来改善金融环境的着力点。

以旅游为主的厦门,其金融环境极其不理想,排在最后,需要引起厦门有关部门的重点关注。厦门的存贷款总额和金融机构数双双排在最后,得分都为 0。存贷比也排在后面,得分 37.95。以上揭示出,厦门改善金融环境的任务十分艰巨,不仅要提升银行系统的贷款力度,还要激发非银行系统其他金融机构的活力,为厦门企业获取资金支持提供更多渠道。

(四)配套环境比较

9个城市配套环境的平均值为15.37,虽然大于金融环境,但是超过平均值的城市只有青岛、厦门和无锡,其余六个城市的配套环境不完善。总体来看,九个城市的配套环境还比较弱,有待于进一步强化(见图3-5)。

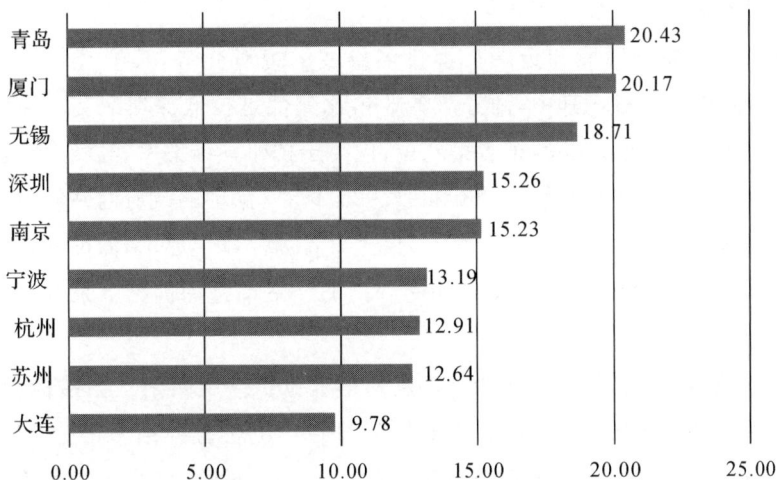

图 3-5　2014 年九城配套环境指数

城市	指数
青岛	20.43
厦门	20.17
无锡	18.71
深圳	15.26
南京	15.23
宁波	13.19
杭州	12.91
苏州	12.64
大连	9.78

细分城市来看,青岛一改商务环境和金融环境排名,配套环境跃升,位居榜首,这表明青岛改善宜商环境的潜力非常大。纵观二级指标,青岛政府网站绩效卓越,排名第一,得分为满分100分。这说明,青岛政府与民众的互动频繁,行政服务效率高、态度好,青岛政府官方网站的舆论与宣传功能强。除此之外,青岛的结案率也非常高,评价值达到96.95,反映出青岛司法力度强的现实。然而,青岛的办结率和商务服务业占比得分不高,是其有待提升之处。

值得关注的是,厦门商务环境和金融环境一直排最后,但是其配套环境跃居第二,得分高达20.17。细分指标中,商务服务业的占比最强,得分为100。这可能与其旅游城市的定位有关,从另一方面也反映出厦门商务服务业增加值的规模强于其余八个城市。此外,厦门政府网站绩效也非常高,有87.88的高分,位列第三位,显示出厦门政府的办事服务效率高的现实。办结率和结案率的得分却双双低下,分别排在第六和第八位,表明创新工商行政审批方面的办事机制,提高司法的效率以全面提升厦门配套环境等值得有关部门关注。

无锡配套环境良好,高出平均值3.34分,排名第三。二级指标中,办结率是无锡的优势,得分为 97.48,位列第三位;其次为商务服务业占比,排名为第二位,得分 75。政府网站绩效的排名中等,为第四名,得分 86.58;而结案率仅为 2.20 分,仅仅好于苏州,位列第八位。这些结果显示,无锡的商务服务业发达,政府行政审批效率高,政府办事服务效率高,但司法体系中的结案率也存在较大的提升空间。

深圳一改商务环境和金融环境排名第一的绝对优势,其配套环境排名第四,低于平均值 0.11。其中,商务服务业占比偏低是拉低深圳配套环境的最主要指标,其得分仅为 12.50,排名第八位,仅高于杭州。结案率和办结率也不高,都排在第五位,得分分别为 32.28 和 91.92。但是,深圳的政府网站绩效具有非常大的优势,得分为 99.13,位列第二,仅次于青岛。以上显示,深圳配套环境处于中等水平,提升行政审批效率和司法部门的结案率是深圳接下来改善配套环境的两个方面。

南京配套环境低出平均值 0.14,位列第五位。纵观四个二级指标,结案率是南京配套环境的短板,得分仅有 13.98,排在第七位。办结率得分 77.89,排在第六位。政府网站绩效排在第五位,得分 85.71。然而,南京的商务服务业占比具有较强的优势,排在第三位,仅次于厦门和无锡。这些反映出,南京的配套环境处于中等偏上水平。

宁波配套环境同样低于平均值,得分仅为 13.19,位列第六位,说明宁波配套环境处于中等偏下水平。二级指标中,办结率低下是最主要的原因,得分为 0,排名为第九名。此外,政府网站绩效也非常不容乐观,排在第八位,仅高于大连。但是,宁波在结案率和商务服务业占比上具有一定的优势,尤其是结案率,得分为满分 100 分,位列第一。商务服务业也不甘落后,排在第四位。这就意味着,宁波提升商务配套环境,应该是在保持司法能力强的基础上,着力提高政务办结率和行政审批效率。

杭州的配套环境与其商务环境和金融环境不相匹配,配套环境排名第七,得分仅为 12.91,低于宁波和九个城市的平均值。造成杭州配套环境不良的主要原因与其落后的商务服务业占比密不可分,该项指标的得分值为 0。其次是低下的政府网站绩效,亦即政府办事能力、与民众和企业互动等方面存在明显的短板,该项指标的得分仅为 11.26,排在第七位,仅高于宁波和大连。然而,杭州的办结率和结案率具有较强的优势,两项指标的得分为 95.46 和 89.31,分别位居第四和第三。因此,提升商务服务业增加值占比和政府行政办事能力是杭州改善配套环境的主要方向。

苏州配套环境同样低于平均值,差距为2.73,排名第八位,仅高于大连,说明苏州配套环境偏差。从二级指标看来,结案率严重低下是苏州配套环境的短板,得分为0。商务服务业占比优势不明显,仅有31.70,排名第五。政府网站绩效有待提高,排在第六位,仅有67.10。但是,苏州的办结率优势非常明显,得99.00分,排在第二位。以上四个指标显示,苏州应改善与提升配套环境,司法结案率,政府行政服务能力、互动交流效果等政府网站绩效,甚至是商务服务业都是要纳入的主要工作内容。

大连配套环境排名最低,得分仅为9.78,与第一名青岛的差距有10.65,差距不小,提升空间还非常大。从细分指标来看,政府网站绩效是拉低大连配套环境得分的最主要因素,该项指标得分为0。商务服务业占比的得分也很低,仅为15.63,排在第七位。但是大连的办结率和结案率存在不小的优势,其中,办结率具有绝对优势,得分高达100。结案率也很强,排名第四,超过深圳、南京等地。由此得出,提高大连政府网站绩效和商务服务业占比迫在眉睫。

第三节　同类城市宜商环境建设的经验

一、完善商务环境的主要做法

(一)加强商务办公设施支持或建设力度

深圳城市总体规划明确了商业办公布局,有序推进深圳湾区商务办公设施建设,引导公司总部集聚。在办公用房支持上,深圳对新引进的大型项目,如果在福田区购置自用办公用房(不含附属和配套用房),按实际购房价格的10%,分三年给予扶持,累计金额不超过2000万元;如果在福田区租赁自用办公用房(不含附属和配套用房),则以房屋租赁指导租金为基础,参考市场价,三年内累计给予1000万元的支持;如果在福田区装修自用办公场地,装修费用按总装修费用20%的标准,给予最高500万元的支持。

(二)规划建设国际性商业街区或总部经济集聚区

杭州在其"十三五"规划建议中明确提出要提升国际化软硬环境,设立国际商事仲裁院,建立外籍人士咨询服务体系,打造国际化法治商务环境。坚持培育与引进相结合,建成若干个布局合理、功能配套的国际性商业街区、商务楼宇等,打造国际化的宜业环境。加快国际电子商务中心建设,建成国际领先的电子商务运营平台总部,成为全球电子商务引领区。加快建设跨境电子商务综合试验区,完善信息共享体系、金融服务体系、智能物流体系、电商信用体系、统计监测体系和风险防控体系、线上"单一窗口"平台和线下"综合园区"平台等"六体系两平台",打造全国跨境电子商务创业创新中心、服务中心和大数据中心,构建完整的跨境电子商务产业链和生态链,打开对外开放新通道。

厦门加大品牌培育力度,引进和壮大一批著名商务服务企业和机构,推动专业化、规模化、网络化发展。吸引国内外大型企业来厦门设立区域总部,以及运营中心、研发中心、管理中心、贸易结算中心、采购销售中心等职能型总部,发展壮大一批处于产业链关键环节、竞争力强、辐射带动作用大的总部企业,高标准规划建设总部集聚区。

大连加快发展总部经济和楼宇经济,重点发展金融、物流、软件信息、科技服务、文化创意等现代服务业,建设区域性现代服务业中心城市,增强大连对外综合服务功能。

(三)完善落实劳动者素质提升工程

深圳实施劳动者技能素质提升工程,完善现代技工教育和职业培训体系,推动校企合作办学和新型学徒制人才培养,有针对性地培养一批高技能人才。

南京推行终身职业技能培训制度,构建劳动者终身职业技能培训体系,开展就业技能培训、岗位技能提升培训,实施不同群体、不同层次的专项培训项目,促进培训与就业密切对接、技能提升与工作改善良性互动,培育适应产业转型升级发展的新型技能劳动大军。

青岛实施"技能青岛"工程,健全面向全体劳动者的终身职业技能培训制度,实施新生代农民工技能提升计划和名师带徒计划,开展贫困家庭子女、未升学初高中毕业生、农民工、失业人员和转岗职工、退役军人免费接受职业培训行动。

苏州强化终身职业培训,完善面向全体城乡劳动者的职业培训制度,积极开展城乡劳动者各类在岗培训、技能培训和创业培训。建立开展以登记失业人员和农村劳动者等就业困难人群为主的中短期技能培训、岗位技能提升培训、职业技能培训制度。加强外来务工人员职业教育培训,提高外来务工人员文化素质和工作技能。

无锡健全劳动者终身职业技能培训制度。实行职业技能培训普惠制,开展贫困家庭子女、未升学初高中毕业生、失业人员、农民工、转岗职工、退役士兵免费接受职业培训行动。实施技能振兴工程,推行工学结合、校企合作的技术工人培养模式,全面推行企业新型学徒制,提高技术工人待遇。开展企业职工岗位技能提升培训、高技能人才培养和创业培训,促进技能培训和就业创业岗位的有效对接。加强职业培训载体建设,重点支持高技能人才培训基地、公共实训基地建设。

二、完善金融环境的主要做法

(一)丰富完善金融支持体系

金融环境的优劣影响一个企业的资金可获得性。深圳在其"十三五"规划纲要中明确提出要升级创新型金融中心功能,丰富完善金融组织体系,支持传统金融机构跨行业整合资源,大力引进国际性金融机构,提升金融行业的国际化水平。支持民间资本发起或参与设立各类金融机构,大力发展金融租赁和消费金融。支持金融机构加快推进资产证券化业务,盘活存量资产。

杭州完善科技金融体系,大力发展天使、创业、产业投资,推进股权众筹融资,推动建立具有投融资功能的科技银行。建立从实验室、中试到生产的全过程科技创新融资模式。鼓励创业创新企业挂牌上市,开展资产并购重组。规划建设钱塘江金融港湾,以互联网金融、财富管理等为特色,加快发展各类新型金融机构,打造全国金融创新中心。

无锡鼓励社会资本参与金融机构改革,通过并购重组、增资扩股等方式控股或参股市属金融机构,推进市属金融机构体制机制改革。积极推进金融创新,规范发展新型金融组织,大力发展金融交易市场。发展普惠金融,加强对中小微企业、农村,特别是经济薄弱地区的金融服务。提高金融机构服务质量,降低企业融资成本。建设互联网金融资产交易中心,促进金融与产业资本、电子商务深度融合。

(二)探索新的融资模式

南京实施科技企业上市培育计划,支持符合条件的企业开展直接融资,探索知识产权质押和保险试点等融资模式。推进科技金融专营机构建设,开发专营产品。鼓励自然人开展天使投资,探索与国际知名创投机构联合设立天使投资基金,着力发展以"首投"为重点的创业投资、以"首贷"为重点的科技信贷、以"首保"为重点的科技保险,促进投、贷、保深度融合。提高科技创新创业金融服务中心运营水平,打通线上和线下金融服务快捷通道。

苏州健全省、市、区三级联动运行机制,形成政府、创投、银行、担保、保险、证券、租赁"七合一"协同支持创新发展的科技金融苏州模式。依托苏州综合金融服务平台、苏州地方企业征信系统、企业自主创新金融支持中心三大平台,充分发挥财政资金的激励、杠杆作用,充分调动金融机构同业合作、混业互补、传统和新型互动,自觉地把金融资源投放到实体经济,支持企业创新发展。促进互联网金融健康发展,鼓励民间资本发起设立民营银行、金融租赁公司等金融机构。

大连加快实施"育龙计划",通过股权投资、债权投资等方式,重点支持一批创新成长型和初创期中小企业加速发展。面向中小微企业搭建融资平台、公共技术服务平台、人才培训平台、信息共享平台,促进小微企业发展。支持有条件的民营企业发起或参与设立新型金融机构。鼓励高新区探索开展互联网股权众筹融资试点。发展科技银行、科技保险、科技租赁、科技担保等金融特色机构,积极推广科技金融产品与工具应用。

(三)支持地方准金融机构或平台发展

青岛着力打造"财富青岛",深化财富管理金融综合改革。引进培育证券投资基金、信托公司、资产管理公司、第三方理财等专业化财富管理结构,健全财富管理高端中介服务体系,完善财富管理交易、支付结算等基层功能。完善金融组织体系,壮大青岛银行、青岛农商银行、中路财险等法人金融机构,规范发展互联网金融从业机构,打造全业态金融机构集群。做优做强小额贷款公司、融资担保机构、民间资本管理公司等地方准金融机构。

厦门重点打造两岸金融合作平台,开展两岸货币清算和兑换、保险业务、财富管理、航运贸易金融等方面的合作。支持本地法人银行、证券期货、保险等金融机构做强做大,积极设立和引进再保险、汽车金融、消费金融、金融租赁等紧缺型、新型金融机构,发挥资本市场融资功能,引进大型产业投资基金,培育发展区域股权交易和大宗商品交易等金融要素市场。促进金融服务产品创新,推动绿色金融和普惠金融试点。加快自贸试验区金融创新,积极推动人民币跨境使用,拓展人民币双向资金池、境外发债等跨境融资业务,增强金融服务实体经济能力。

三、完善配套环境的主要做法

(一)积极推动生产性服务业转型升级

商务服务业占比一定程度上反映出一个城市的生产性服务业的规模与发达程度。深圳积极推动生产性服务业向专业化和价值链高端延伸,提升会计审计、法律服务、管理咨询、经纪代理、人力资源等专业服务业发展水平,大力发展工业设计和建筑设计,推动科技服务和信息服务市场化发展,实现服务业与制造业在更高水平上有机融合。重点发展电子商务、O2O等"互联网＋流通"模式,推动传统商业经营模式转变,鼓励绿色商贸流通。加快深圳国际会展中心和国际会议中心建设,提升会展专业化、品牌化和国际化水平。

杭州制定"G20后峰会"深化策略,推动西湖国际博览会转型升级,提升杭州·云栖大会、中国国际动漫节、文化创意产业博览会、电子商务博览会等展会国际化水平,着力培育和引进一批国际性机构、会展项目和会展企业。完善科技服务体系,大力发展科技服务业,加快建设创业创新开放式综合服务平台,推进科研设施和仪器设备开放共享,支持发展信息技术服务等第三方专业化服务。

厦门重点发展品牌展会、大型会展综合体、会展市场运营龙头企业,做大做强投洽会、石材展、佛事展、文博会、休博会、动漫节、工博会、游艇展、时尚周等品牌展会,建设海西产品展览展示交易中心,推动打造产品研发设计中心和质量标准策源地。积极发展法律、会计审计、税务、资产评估、认证认可、信用评估、知识产权、节能环保等专业服务。加快发展资产管理、兼并重组、财务顾问、广告服务等企业管理服务。重点培育商务咨询、检验检测、经纪代理等中介服务。

苏州大力推进中国(苏州)跨境电子商务综试区建设。进一步梳理和修改完善政策创新清单,并做好政策解读。上线运行苏州跨境电商综试区"单一窗口"平台,确定和培育线下园区、重点企业和重点项目,建立跨境电商重点企业库,加强跨境电子商务产业链招商,出台配套鼓励扶持政策,初步建立适应苏州跨境电子商务发展需求的通关、检验检疫、税务、结付汇、支付、物流、统计、信用、金融等监管服务体系和综合服务体系,加快培育新型产业贸易服务链,支撑苏州外贸优进优出和产业升级发展。积极参与中国(江苏)自贸区申报。

大连重点推进大宗商品交易平台、服务外包交易促进平台、国际展览和采购平台、跨境电子商务平台建设,增强对东北亚地区或全球商贸要素的吸引力。促进商务会展服务市场化、规模化、专业化、品牌化和信息化转型发展。完善科技中介服务环境。全面推进研发服务平台、科技融资平台、人才信息平台和创业孵化体系建设。按照市场化、专业化原则,加快推进技术评估、知识产权服务、第三方检验检测认证等机构改革。培育市场化新型研发组织、研发中介和研发服务外包新业态。

(二)持续推进行政审批制度改革

杭州加快政府职能转变,深化行政审批制度改革,健全"四张清单一张网"动态调整机制,完善政府绩效管理体系,形成规范高效的事中事后监管体系。稳步推进"大部制"改革。改革和完善行政执法体制,推动综合执法和执法力量下沉。设立大数据管理机构,实现跨层级、跨部门信息共享和业务协同,打破"信息孤岛"。在法治方面,杭州深入推进依法行政,健全行政决策机制和程序,规范行政执法行为,基本建成法治政府。落实司法体制改革各项任务,健全司法权力运作机制,强化执法司法保障,全面推进公正司法,为企业、人民合法权益保驾护航。

南京加大简政放权力度,持续推进行政审批制度改革,深化重点领域投资项目审批改革,减少涉及投资活动、生产经营、高技术服务等领域的审批事项,大幅缩减政府核准投资项目范围,切实落实企业投资自主权。健全政务服务平台,实现一口受理、限时办理、规范办理、透明办理,提升政务服务效能。推进行政审批标准化,最大程度减少自由裁量权。开展相对集中行政许可权试点,实现"一枚印章管审批"。深化商事制度改革。精简前置性审批事项,放宽市场主体住所(经营场所)登记条件,提高市场主体登记管理的规范化水平。完善工商营业执照、组织机构代码证和税务登记证"三证合一"登记制度。建立行政审批部门许可证管理与工商部门营业执照管理联动监管平台,坚持"谁审批,谁监管,谁主管,谁负责"监管原则,实现许可及监管同步,履职与尽责统一。

苏州深化行政审批制度改革。精简前置审批,简化行政审批流程,提高政府效率。推行审批标准化管理,深化跨部门"一窗受理、内部流转、并联审批"。深入推进政务信息公开。主动向社会公开行政审批事项目录清单、行政权力清单、行政事业性收费目录清单,推进公共资源配置、重大建设项目批准和实施、公共事业领域的办事流程等领域的政府信息公开。建立法官、检察官、行政执法人员、律师、基层法律服务工作者等以案释法制度。创新依法维权和化解纠纷机制,加强行业性、专业性人民调解组织建设,完善仲裁制度,健全行政裁决制度。

无锡推进简政放权。着力深化行政审批制度改革,全面提升涉企审批、监管和服务效率,开展相对集中行政许可权改革试点。规范行政审批中介服务,强化事中事后监管,推动市场监管重心下移。推进综合行政执法体制改革,建立权责统一、权威高效的行政执法体制。建立"线上线下、虚实一体"的综合政务服务平台,强化政务服务管理办公室、政务服务中心、公共资源交易中心、政府公共服务热线的受理中心功能,提高政务服务信息共享、业务协同、公开透明的效率和效能,规范政府权力运行。

青岛深化行政审批制度改革。最大限度地减少政府对企业的干预,最大程度缩减政府审批范围。整合行政审批业务系统,政务服务网上办理率达到70%以上,探索实施"同城通办"服务,实现审批事项全范围、全过程管理和电子监察。

(三)完善司法体制机制

南京推进司法体制机制改革。建立健全领导干部干预司法活动、插手具体案件处理的记录、通报和责任追究制度。推进以审判为中心的诉讼制度改革。探索建立检察机关提起公益诉讼制度。推进实施轻微刑事案件快速办理试点工作。深化司法公开。面向社会公开审判流程信息。加强裁判文书公开平台建设,强化文书公开处理、审查上传、分类检索等功能,加强法律文书释法说理。加强司法活动监督。依法规范司法人员与当事人、律师、特殊关系人、中介组织的接触交往行为,坚决查处司法领域的腐败行为。

无锡推动"阳光司法"建设,依法及时公开执法司法依据、程序、流程、结果和生效法律文书,完善办案信息查询系统。推进司法体制改革试点,尊重司法规律,促进司法公正,建立健全司法监督机制,落实平等司法保护。探索创新人民群众参与、监督、评判司法的途径和方式,推进人民陪审员制度改革,完善人民监督员制度。

厦门推行政府法律顾问制度,建立和完善以政府法制机构人员为主体、吸收专家和律师参加的法律顾问制度,完善政府立法咨询专家制度。建立健全行政执法与刑事司法衔接机制,完善案件移送标准和程序。全面落实行政执法责任制。完善和落实行政裁量权基准制度。加快推进网上行政执法平台建设、运用,逐步实现行政许可、行政处罚等主要行政执法事项全部进网办理。建立健全权力清单制度,建立办案质量终身负责制和错案责任倒查问责制,着力解决影响和制约司法公信力的深层次问题。统筹推进立案登记、轻微刑事案件快速办理和速裁程序改革试点、以审判为中心的诉讼制度改革、律师参与涉法涉诉信访等其他司法机制配套改革,不断提高司法效率和公信力。

(四)推进政府绩效管理

无锡推进政府绩效管理,加强过程监控、专项评估和综合评估,纠正单纯以经济增长速度评定政绩的偏向,更加注重考核评价经济发展的质量、结构和效益。深化政府机构改革,优化政府机构设置、职能配置、工作流程,完善决策权、执行权、监督权既相互制约又相互协调的行政运行机制。推进大部门制改革,整合优化职能相似或交叉的部门,理顺横向部门权责关系,界定纵向各级政府的职能范围。

青岛创新行政管理体制。深化政府机构改革,建立"大职能、宽领域、少机构"的大部门制管理体制。实施"互联网+"政务行动计划,建立跨部门、跨区域执法协作联动机制,推广随机抽查监管、职能监管。完善政府信息公开发布机制,强化政府绩效评估和行政问责制度。

第四节　优化宁波宜商环境的对策建议

宁波作为长三角城市群核心城市,具有重要的地位。在新形势下,宁波如何更好地搭乘"一带一路"倡议、长江经济带和自贸区建设等战略的快车,打造港口经济圈,建设"一带一路"倡议支点,优良宜商环境的打造是前提条件。借鉴同类城市优化宜商环境的经验,结合宁波自身特点,至少可从以下几个方面入手优化宁波宜商环境。

一、合理规划搭建高能级商务平台

规划可预先定位一个地区的发展方向和重点。优化宜商环境,载体亦即商务平台的搭建不可或缺。2015 年,宁波已提出打造"港口经济圈"融入"一带一路"倡议,跨境电商成为未来国际贸易的发展方向。因此,可依托梅山保税港区及其相邻区域,规划建设宁波梅山新区,进一步提升开放引领、先进制造、贸易物流、海洋科创等功能,建设国际经贸合作示范区、国际海洋科创中心、国家新兴产业发展先导区和义甬舟开放大通道核心功能区,成为更具全球影响力的国家级开放大平台。继续坚持线上单一窗口与线下综合园区有机融合的原则,加快建设国际邮件境内外电商共同参与、进出口并重、多种模式并存、线上线下融合的发展格局,推进"关、税、汇、检、商、物、融"一体化发展,多角度建设好中国(宁波)跨境电商综合试验区。依托已有优势,办好中国—中东欧国家投资贸易博览会、新加坡中国(宁波)商品展、墨西哥中国投资贸易交易会,以优质展会增加诸多商业机会。在商务楼宇方面,建议以南部商务区外贸特色楼宇和东部新城为重点,制定租赁、购置和装修办公用房的支持措施,打造宁波的新国际贸易总部基地和平台。此外,继续申报"宁波—舟山自贸区",进一步升级商务平台。

二、加强劳动者素质提升工程建设

构建劳动者终身职业培训体系,推进职业教育创新发展。实行职业技能培训普惠制,全面推行企业新型学徒制,打通中高职学生升入应用技术型本科高校通道,建立普通教育与职业教育、技工教育互通桥梁。开展企业职工岗位技能提升培训、高技能人才培养和创业培训,促进技能培训和就业创业岗位的有效对接。加强职业培训载体建设,重点支持高技能人才培训基地、公共实训基地建设。继续深化国家现代职业教育开放示范区建设,大力培养工程师、高级技工和高素质职业人才,提高劳动者素质。

三、创新金融投融资体制

大力引进各类金融总部机构,支持本地法人金融机构做大做强,鼓励民间资本发展各类金融机构和业态。开展普惠金融综合示范区建设,实现全面覆盖、重点渗透、满意度高的建设目标。创建国家保险创新综合试验区,加快发展现代保险服务业,建设保险创新产业园。健全多层次资本市场体系,支持企业上市挂牌融资,鼓励发展私募股权融资,提高直接融资比重。构建金融风险防范体系,规范发展民间借贷和互联网金融,依法严厉打击非法金融活动,营造良好金融生态。

深化投融资体制改革。落实国家新型城镇化综合试点任务,推动投资向投融资有机结合转变,建立多元化可持续投融资机制。积极推广 PPP 模式,建立完善工作推进机制,发挥政府各类资金、专项建设基金引导作用,吸引境内外各类资本参与重大项目建设运营。争取开发性和政策性金融机构支持,加大低成本中长期贷款支持。

四、推动生产性服务业转型升级

优先发展生产性服务业。坚持专业化、高端化方向,大力推动贸易物流、现代金融、电子商务、创意设计等优势生产性服务业发展,积极培育科技服务、商务中介、服务外包、能源贸易等新兴服务业,形成服务经济核心竞争力。深化国家电子商务示范城市建设,推进国家电子商务示范基地和电子商务园区建设,拓展跨境电商、社区电商、农村电商。加快和丰创意广场、宁波市大学科技园、数字科技园等园区发展,打造"设计强市"。依托城市功能区和制造业集聚区,强化生产性服务业集聚平台和公共服务平台建设。

大力引进国内外知名服务企业来甬设立地区总部、采购总部和研发总部,引进外资发展现代金融、贸易物流、创意设计等现代服务业。给予生产性服务业企业与制造业企业同等土地、水、电、气价格政策。加大服务业品牌培育力度,鼓励企业牵头制定行业标准。

五、提高政府服务效率

首先,深化政府自身改革。落实大部制改革,转变职能、简政放权、整合资源、理顺关系,推进政府治理体系和治理能力现代化。加快事业单位分类改革,加大承担行政职能事业单位"还政予政"和生产经营类事业单位转企改革力度。推进审批中介机构市场化改革,逐步实现与政府部门脱钩。建立以改革创新、质量效益、治理能力为导向的考核制度。扶持各类智库发展,提高服务政府科学决策能力。

其次,深化审批制度改革。深化"四张清单一张网"改革,继续依法精简审批事项,推进行政审批标准化,加大政务信息公开力度。打通部门间、层级间体制阻隔,实现跨部门、跨层级审批协同。推进工商登记前置审批事项改为后置审批,推行一址多照、集群注册等工商管理便利化措施,加强事中事后监管,实现监管部门间协同监管、依法监管。整合建立统一的公共资源交易平台,基本实现公共资源交易全电子化。推动信息平台共建共享,构建实体大厅与网上大厅相结合、城乡一体化的第三代政务服务体系,实现95%审批服务事项网上受理、30%事项网上办理,基本实现行政审批方式现代化。

最后,深化司法体制改革。确保依法独立公正行使司法审判权和检察权,全面提升司法高效性、权威性和公信力。确立专家陪审制度,实行办案严格规范司法行为,健全案件受理、办理、管理工作机制,探索建立专家陪审制度,实行办案质量终身负责制和错案责任倒查问责制。完善法律援助制度,健全司法救助体系,健全依法维权机制。

第四章　城市创新环境评价与比较研究

本章首先对城市创新环境的含义、构成要素及其对经济发展的作用机制进行界定和探讨,在此基础上构建城市创新环境评价指标体系,利用 2014 年相关统计数据对宁波及 8 个同类城市的创新环境进行实证评价和对比,并通过梳理同类城市在创新环境建设上的主要措施总结其经验,最后针对宁波创新环境的不足提出优化对策建议。

第一节　城市创新环境内涵及作用机制

本节在对国内外相关理论文献进行回顾的基础上,综合运用技术创新学、城市经济学等理论,对城市创新环境的含义、构成要素及其对经济发展的作用机制进行界定和探讨,为构建城市创新环境评价指标体系奠定理论基础。

一、城市创新环境的内涵

(一)城市创新环境的含义

现有文献大多从制度、文化、惯例等角度切入,将创新环境定义为一种网络系统。Storper(1997)认为创新环境涉及区域性制度、规则和惯例等,是指区域中的行为主体为促进创新而形成的复杂网络关系。Conway 和 Steward(1998)认为创新环境是指创新行为主体的知识、思维模式、信息的接受和传播、技能等要素的复杂组合。Tosty(2001)认为创新环境就是创新主体在社会化、系统化和网络化的过程中所处的复杂网络氛围。王缉慈(1999)认为创新环境是指区域内行为主体通过长期的合作、沟通、交流形成的相对稳定的系统,从狭义上讲也就是我们常说的社会文化环境。盖文启(2002)认为创新环境既包括促进区域内行为主体不断创新的静态的环境,也包括区域环境自身随着周围客观条件的变化,不断改变创新模式和改进创新机制的动态环境。王郁蓉和师萍(2014)认为城市创新环境是一种网络系统,是多元主体参与,有多种创新资源流动的开放性创新系统。城市创新环境由影响创新的公共和私有部门及机构组成,通过各行为主体的制度安排及相互作用,旨在经济地创造、引入、改进和扩散新的知识和技术,使科技创新取得更好的绩效,并将创新作为变革和发展关键动力的相对稳定的开放网络系统。

上述文献对创新环境所下的定义是从狭义角度展开的,创新环境不仅包括制度(体制机制、惯例、社会文化等)这种软要素,还包括创新资源充裕度、创新人才可获得性等硬要素。因此,在对上述学者的观点进行借鉴的基础上,本文将城市创新环境定义为城市空间范围内影响创新主体开展创新活动的制度因素和资源因素的有机组合。

(二)城市创新环境的构成要素

贾亚南(2001)将创新环境区分为由外到内四个层次网络,分别包括基础、信息、文化、组织。蔡秀玲(2004)认为区域创新环境主要由基础设施环境、社会文化环境、区域制度环境、区域学习环境四部分构成。黄桥庆等(2004)将创新环境的基本构成划分为四个方面的内容:基础设施环境、创新资源环境、政策与制度环境、社会文化环境。对于创新环境概念界定比较全面的是《中国区域创新能力报告》,在该报告中区域创新环境包括市场需求、劳动者素质、金融环境以及创业水平、基础设施五个方面。

根据熊彼特(J. A. Schumpeter)的定义,创新是"一种新的生产函数的建立"。因此,城市创新环境的构成要素可根据其影响"生产函数"的何种环节划分为创新投入、创新产出、创新载体三大部分。创新投入主要包括全社会研发经费投入、地方教育经费投入、地方财政科技经费投入、人才投入、全社会 R&D 人员投入等;创新产出主要包括授权专利、有效注册商标、高技术产业产值等;创新载体主要包括省级以上重点实验室和重点工程中心、国家级科技企业孵化器、国家级高新技术企业等。

二、城市创新环境对城市经济发展的作用

从长期来看,一个城市的竞争力取决于其创新能力,而创新能力的强弱很大程度上源自创新环境的优劣。城市创新环境对于吸引创新人才、孕育新技术新产业、促进城市经济可持续发展具有决定性作用。

(一)城市创新环境是吸引创新人才的基本条件

创新的第一要素在于人才,集聚足够数量的创新人才是城市保持竞争力的关键。城市之间的相互竞争尽管表现在资金、人才、政策等诸多领域,但归根结底最核心的是人才竞争,优秀创新人才集聚到哪个城市,资源便会跟到哪个城市。优异的城市创新环境对于创新人才具有天然的吸引力,为了充分发挥出自身的创新潜能,获取最大化创新收益,创新人才会积极搜寻并前往利于开展创新活动的环境。通过不断优化城市创新环境来吸引和集聚优秀创新人才,才能持续增强城市创新能力,推动城市经济实现高水平发展。

(二)城市创新环境是孕育新技术新产业的根本支撑

良好的创新环境是研发新技术、发展新产业的必备沃土。只有在适宜的创新环境下,新技术才得以研发、成熟,新产业才得以发展、壮大,并适应激烈的市场竞争。城市创新环境优化可以增强城市经济增长的原动力,充分发挥城市科技创新行为组织(包括大学、企业、政府、科研机构、金融机构和中介机构等)的科技创新积极性,高效配置创新资本,将创新构想转化为新产品、新工艺等。

(三)城市创新环境是城市经济持续发展的重要保障

良好的城市创新环境有助于孕育经济发展新动力,推动城市经济实现可持续发展。区域创新的过程其实就是协同作用得以发挥的过程,城市创新环境营造有利于创新的有形和无形氛围,市场环境会影响企业在销售竞争中模仿学习的能力,配套设施信息服务可以改善企业和其他行为主体的合作关系。具体来说,域内各种资源相互结合,引导企业和其他主体达成合作,并扩大它们的共同利益,由此产生了企业和其他主体之间相互依赖,共同发展。而这种相互依赖共同发展的同盟模式反过来又有利于改善各种要素优化各种资源,使创新主体所处的环境更加优良。中心城市为创新活动提供了场所,提供有利于企业进行地区和国际经济交换的种种资源。中心城市的各种组织可以实现相互协调组

合,吸引区域外的合作者进入创新网络。

三、城市创新环境促进城市经济发展的机制

城市创新环境对城市创新水平产生决定性影响,进而影响城市产业发展和升级。在技术创新作用下,要素自身使用效率提高、要素间组合配置效率提高、技术扩散和技术模仿盛行,这些都能带动城市经济增长方式转换,进而推动经济增长。

(一)良好的创新环境促进技术创新,推动产业结构升级

创新环境通过影响技术创新水平,进而推动城市产业结构升级,促进经济增长。当某一项技术产生后,它往往会被运用到相应的经济个体当中去,这个个体在经济市场中通常是以企业为单位出现的。单个的企业与其他相关的企业相联系组成产业部门,这样通过此产业部门的作用又进而会对整个产业链条产生作用,发挥前向和后向联系,并以此推动产业结构的调整。科技创新对产业结构的调整主要体现在以下几个方面:首先技术创新推动增长极的增长,使原先增长极的发展突破瓶颈,得到新的飞跃,并且通过区域增长极的扩散效用带动周边地区的经济发展。其次技术创新可以改造传统产业,加速旧产业的衰亡,使落后的产业在经济发展中被淘汰出局。最后技术创新产生新的增长极,技术创新可以推动新兴产业部门的出现和成长,从而引发主导产业的更替,或者使产业跳过普通产业,转移入高附加值产业成为可能。

在区域技术创新作用下,区域产品结构发生调整、需求结构和就业结构发生变化,生产要素投入中技术与非技术因素的比例结构发生了变化,同时区域经济要素组合与运行方式逐步优化,这会促使区域经济结构优化,从而推动区域经济增长。

(二)良好的创新环境促进制度创新,强化经济增长动力

良好的创新环境不仅能够促进新技术的产生与应用,它还会对区域内原有的制度、生产要素等发生作用,通过它们的作用进而促进区域经济的增长。新制度经济学的代表人物诺斯认为,在决定一个国家经济增长和社会发展方面,制度具有决定性的作用。良好的制度不仅在成本方面可以减少交易成本,而且它在提高资源配置效率方面也会产生重大作用,让稀缺的资源运用到效率更高的部门中去。而技术创新不仅带来了物质上的重大进步,也会相应地影响到精神领域。作为精神领域的制度,因为人们观念认识的改变,它也会发生相应的

调整,使其向有利于技术创新的方向发展,进而为生产力的发展铺平道路。新制度经济学通常认为产权制度是促进经济增长的最有效的制度。

创新在促进劳动者素质提高和生产过程中技术与物质要素投入比例改变的同时,也有助于企业管理水平的提高,从而能以更有效率的方式实现生产过程中要素间组合配置,经济增长效率得以提升,经济增长方式从粗放型向集约型转变。在集约型增长方式带动下,该区域能以更高的效率、更快的速度实现经济增长。

第二节   城市创新环境指数测算及比较

根据第一节对城市创新环境构成要素所进行的分析,按照创新投入、创新产出、创新载体三个一级指标,以及对应的若干个二级指标和三级指标构建城市创新环境评价指标体系。选取深圳、厦门、青岛、大连四个计划单列市,以及杭州、南京、苏州、无锡四个长三角城市群核心城市作为宁波的同类城市,分别测算其城市创新环境指数,通过对比找出宁波与先进城市之间的差距。

一、城市创新环境评价指标体系构建

城市创新环境评价指标体系是认识和科学评价城市创新环境状况、系统分析影响因素的重要工具,也是企业根据城市创新环境正确制定创新发展战略的重要依据。城市创新环境是多层次的系统,涉及因素众多、结构复杂,只有从多个角度和层面来设计指标体系,才能准确地反映真实的城市创新环境水平。因此,为保证评价结果的全面、准确、客观,城市创新环境评价指标体系的设计应遵循科学性、层面性与系统性、可比性、定性与定量相结合和有效性的原则。

根据本章第一节对城市创新环境构成要素所进行的分析,按照创新投入、创新产出、创新载体三个一级指标以及对应的若干个二级指标来构建城市创新环境评价指标体系。

(一)创新投入

创新投入是指投入创新活动中的各种资源总和,主要包括资金投入和人员投入。创新投入的规模和质量代表了一个城市的创新资源动员能力,是衡量城市创新环境的重要方面。创新投入评价指标主要设置全社会研发经费投入占GDP 比重、地方教育经费投入占 GDP 比重、地方财政科技经费投入占 GDP 比重、每万人人才数、全社会 R&D 人员全时当量、每万人普通高校在校大学生数、风投指数等。

(二)创新产出

创新产出是指由创新活动直接或间接导致的经济福利改善,包括有形产出和无形产出。创新产出的规模反映了一个城市将创新资源转化成经济福利的能力,体现出创新的活跃程度。创新产出指标主要设置年度授权专利数、有效注册商标数、高技术产业产值占工业总产值比重等。

(三)创新载体

创新载体是指按照特定组织方式对创新资源进行高密度运用,将创新投入有效转化成创新产出的平台,是集聚创新资源的组织形态和空间形态,主要包括孵化器、大型实验室、技术中心、技术创新联盟、公共技术服务平台等。创新载体的数量和规模大小可以反映出一个城市有效组织创新活动的能力,体现创新活动的集约化水平。创新载体指标主要设置省级以上重点实验室和重点工程中心数、国家级科技企业孵化器指数、国家级高新技术企业数等。城市创新环境评价指标体系如表 4-1 所示。

表 4-1　城市创新环境评价指标体系

一级指标	二级指标				
	序号	指标	单位	备注	
创新投入	1	全社会研发经费投入占 GDP 比重	%	—	
	2	地方教育经费投入占 GDP 比重	%	—	
	3	地方财政科技经费投入占 GDP 比重	%	—	
	4	每万人人才数	人	—	
	5	全社会 R&D 人员全时当量	人/年	—	
	6	每万人普通高校在校大学生数	人	—	
	7	风投指数		创业风险投资机构数,数据来源《中国创业风险投资发展报告 2014》	

续表

一级指标	二级指标			
	序号	指标	单位	备注
创新产出	1	年度授权专利数	件	—
	2	有效注册商标数	个	—
	3	高技术产业产值占工业总产值比重	％	—
创新载体	1	省级以上重点实验室和重点工程中心数	家	—
	2	国家级科技企业孵化器指数	家	—
	3	国家级高新技术企业数	家	为国家级高新区企业数

二、城市创新环境指数测算

选取深圳、厦门、青岛、大连四个计划单列市,以及杭州、南京、苏州、无锡四个长三角城市群区域核心城市作为宁波的同类城市,分别测算其城市创新环境指数。测算所用原始数据来自《中国城市统计年鉴 2015》。

(一)指标数据标准化

运用第一章确定的指标标准化的方法和公式进行计算,得到标准化的数据,如表 4-2 所示。

表 4-2　2014 年九城创新环境指标标准化后的数据

一级指标	二级指标	深圳	厦门	青岛	大连	杭州	南京	苏州	无锡	宁波
创新投入	全社会研发经费投入占 GDP 比重	100	51.8	46.0	0.0	53.6	53.6	37.5	42.4	23.7
	地方教育经费投入占 GDP 比重	51.9	100	57.8	0.0	45.2	13.3	8.1	0.7	54.1
	地方财政科技经费投入占 GDP 比重	100	78.6	0.0	89.3	92.9	71.4	85.7	42.9	89.3
	每万人人才数	100	32.6	11.9	23.7	25.9	36.8	44.2	9.1	0.0
	全社会 R&D 人员全时当量	100	3.5	10.0	0.0	46.8	37.0	70.7	22.3	32.8
	每万人普通高校在校大学生数	0.0	37.2	29.5	36.5	50.3	100	12.9	10.5	12.4
	风投指数	15.4	0.0	26.9	8.6	94.3	21.7	100	13.7	3.4

一级指标	二级指标	深圳	厦门	青岛	大连	杭州	南京	苏州	无锡	宁波
创新产出	年度授权专利数	97.9	6.3	17.0	0.0	56.7	34.7	100	45.2	76.6
	有效注册商标数	100	17.2	12.5	0.0	55.5	14.7	29.6	11.8	26.6
	高技术产业产值占工业总产值比重	100	65.8	3.7	0.0	15.3	34.3	58.9	18.3	4.5
创新载体	省级以上重点实验室和重点工程中心数	66.1	32.9	11.2	29.0	100	24.8	9.4	0.0	6.3
	国家级科技企业孵化器指数	24.1	0.0	27.6	20.7	58.6	62.1	100	44.8	0.0
	国家级高新技术企业数	65.8	12.2	0.0	31.2	89.0	8.6	100	68.3	10.7

(二)指标权重设置

采用熵值确定指标客观权重,采用层次分析法(AHP)决定指标主观权重。设 W_j 为第 j 个指标的组合权数,w_j 为第 j 个指标的客观权系数,ω_j 为第 j 个指标的主观权系数,第 j 个指标的组合权数计算公式为

$$W_j = \alpha w_j + \beta \omega_j, j = 1,2,\cdots,n$$

式中 α 和 β 为主、客观赋权方法的相对重要程度,满足 $0 \leqslant \alpha,\beta \leqslant 1$。

城市创新环境评价指标权重如表 4-3 所示。

表 4-3　城市创新环境评价指标权重

一级指标	一级指标权重	二级指标	客观权重	主观权重	综合权重
创新投入	0.410	全社会研发经费投入占 GDP 比重	0.039	0.063	0.051
		地方教育经费投入占 GDP 比重	0.088	0.022	0.055
		地方财政科技经费投入占 GDP 比重	0.028	0.041	0.035
		每万人人才数	0.072	0.054	0.063
		全社会 R&D 人员全时当量	0.081	0.116	0.098
		每万人普通高校在校大学生数	0.075	0.016	0.046
		风投指标数	0.117	0.008	0.062
创新产出	0.403	年度授权专利数	0.066	0.287	0.176
		有效注册商标数	0.083	0.054	0.069
		高技术产业产值占工业总产值比重	0.099	0.217	0.158

续表

一级指标	一级指标权重	二级指标	客观权重	主观权重	综合权重
创新载体	0.187	省级以上重点实验室和重点工程中心数	0.092	0.023	0.057
		国家级科技企业孵化器指数	0.078	0.019	0.049
		国家级高新技术企业数	0.081	0.080	0.081

(三)指数的合成

在标准化数据和指标权重确定之后,采用加权综合评分法计算得出城市创新环境指数,如表 4-4 所示。

表 4-4　2014 年九城创新环境指标指数

	深圳	厦门	青岛	大连	杭州	南京	苏州	无锡	宁波
创新投入	**28.50**	**14.99**	**10.29**	**6.83**	**22.85**	**17.86**	**21.86**	**7.79**	**11.31**
全社会研发经费投入占GDP 比重	5.10	2.64	2.35	0.00	2.73	2.73	1.91	2.16	1.21
地方教育经费投入占 GDP 比重	2.85	5.50	3.18	0.00	2.49	0.73	0.45	0.04	2.98
地方财政科技经费投入占GDP 比重	3.50	2.75	0.00	3.13	3.25	2.50	3.00	1.50	3.13
每万人人才数	6.30	2.05	0.75	1.49	1.63	2.32	2.78	0.57	0.00
全社会 R&D 人员全时当量	9.80	0.34	0.98	0.00	4.59	3.63	6.93	2.19	3.21
每万人普通高校在校大学生数	0.00	1.71	1.36	1.68	2.31	4.60	0.59	0.48	0.57
风投指数	0.95	0.00	1.67	0.53	5.85	1.35	6.20	0.85	0.21
创新产出	**39.93**	**12.69**	**4.44**	**0.00**	**16.23**	**12.54**	**28.95**	**11.66**	**16.03**
年度授权专利数	17.23	1.11	2.99	0.00	9.98	6.11	17.60	7.96	13.48
有效注册商标数	6.90	1.19	0.86	0.00	3.83	1.01	2.04	0.81	1.84
高技术产业产值占工业总产值比重	15.80	10.40	0.58	0.00	2.42	5.42	9.31	2.89	0.71
创新载体	**10.28**	**2.87**	**1.99**	**5.19**	**15.78**	**5.15**	**13.54**	**7.73**	**1.23**
省级以上重点实验室和重点工程中心数	3.77	1.88	0.64	1.65	5.70	1.41	0.54	0.00	0.36
国家级科技企业孵化器指数	1.18	0.00	1.35	1.01	2.87	3.04	4.90	2.20	0.00
国家级高新技术企业数	5.33	0.99	0.00	2.53	7.21	0.70	8.10	5.53	0.87
创新环境	**78.71**	**30.55**	**16.72**	**12.02**	**54.86**	**35.55**	**64.35**	**27.18**	**28.57**

三、城市创新环境比较分析

(一)城市创新环境总体比较

从综合评价来看,九个城市的创新环境指数存在较大差距(见表4-5)。最高分为深圳市,78.71分,最低分为大连市,得分为12.02,两者相差66.69分。九个城市的平均得分为38.72,高于平均分的有深圳、苏州、杭州三个城市,低于平均得分的有南京、厦门、宁波、无锡、青岛、大连六个城市。

表4-5　2014年九城创新环境指数排名

城市	创新环境		创新投入		创新产出		创新载体	
	指数	排名	指数	排名	指数	排名	指数	排名
深圳	78.71	1	28.50	1	39.93	1	10.28	3
苏州	64.35	2	21.86	3	28.95	2	13.54	2
杭州	54.86	3	22.85	2	16.23	3	15.78	1
南京	35.55	4	17.86	4	12.54	6	5.15	6
厦门	30.55	5	14.99	5	12.69	5	2.87	7
宁波	28.57	6	11.31	6	16.03	4	1.23	9
无锡	27.18	7	7.79	8	11.66	7	7.73	4
青岛	16.72	8	10.29	7	4.44	8	1.99	8
大连	12.02	9	6.83	9	0.00	9	5.19	5
平均	38.72	—	15.81	—	15.83	—	7.08	—

9个城市大致分化成了四个梯队。如图4-1所示,城市创新环境第一梯队由深圳单独组成,第二梯队由苏州和杭州组成,第三梯队由南京、厦门、宁波和无锡组成,第四梯队由青岛和大连组成。

第一梯队的深圳,其城市创新环境综合指数接近80,显著领先于其他城市。比第二名苏州高14.36,比第三名杭州高23.85,比平均水平高出39.99。创新产出、创新投入的优势尤其明显。

第二梯队的苏州和杭州,其城市创新环境指数位于55～65,为创新环境较好的区域,虽然与深圳存在较大差距,但又明显优于其余城市。苏州的创新产出、杭州的创新投入和创新载体优势比较明显。

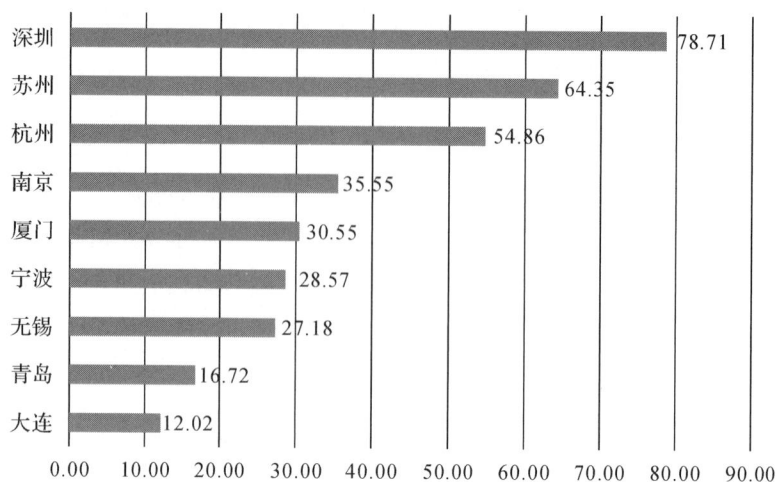

图 4-1　2014 年九城创新环境综合指数

　　第三梯队的南京、厦门、宁波、无锡,其城市创新环境指数位于 25～40 之间,属于创新环境一般的城市,四个城市的得分均低于平均水平。

　　第四梯队的青岛和大连,其城市创新环境指数位于 20 以下,属于创新环境较差的城市。大连的创新产出劣势尤其突出。

　　图 4-2 为 2014 年九城创新环境分项指数雷达图。

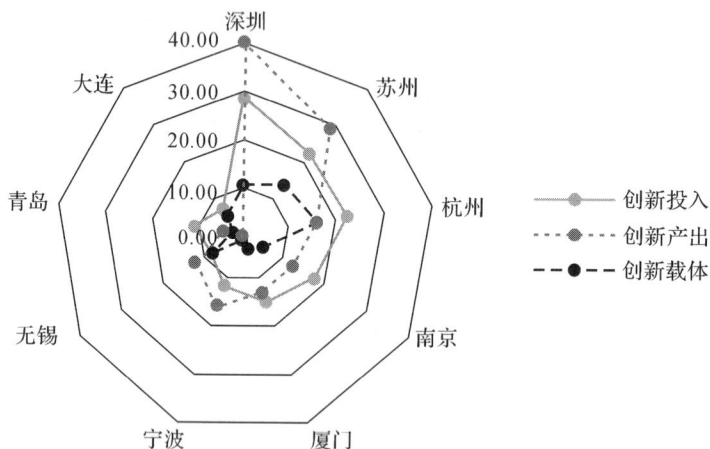

图 4-2　2014 年九城创新环境分项指数雷达图

(二)创新投入比较

创新投入指数最高的是深圳,得分为 28.50,最低的是大连,得分为 6.83。

具体情况如图 4-3 所示。

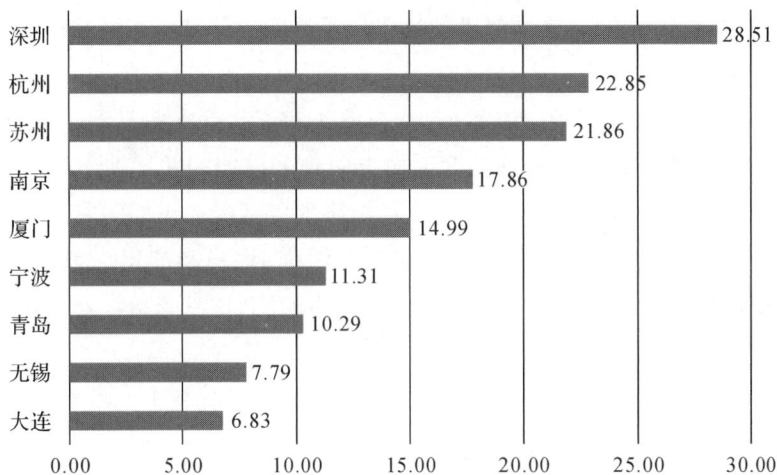

图 4-3　2014 年九城创新投入指数

深圳的创新投入指数最高,关键因素在于其全社会研发经费投入占 GDP 比重、地方财政科技经费投入占 GDP 比重、每万人人才数、全社会 R&D 人员全时当量等评价指标在九大城市中均位列第一。其短板在于地方教育尚显薄弱,地方教育经费投入占 GDP 比重在九个城市中排名第四位,每万人普通高校在校大学生数排名倒数第一,这意味着深圳的创新人才必须依靠外部引进。此外,深圳的风投指数排名也较为靠后,反映出其风投行业发展稍显薄弱,未能给创新企业提供足够支撑。

杭州的创新投入指数排在第二位,稍微领先于苏州。杭州位居前列的关键因素在于其风投指数、地方财政科技经费投入占 GDP 比重两大指标在九个城市中居于领先水平,并且全社会研发经费投入占 GDP 比重、每万人普通高校在校大学生数、全社会 R&D 人员全时当量等评价指标也位居前列。杭州的城市创新投入评价指标不存在明显的短板,但地方教育经费投入占 GDP 比重、每万人人才数等指标排名较为靠后,这反映出杭州在教育投入和人才引进方面仍需要重点加以提升。

苏州的创新投入指数排在第三位,大致可与杭州并驾齐驱。苏州能够排在前三的关键在于其风投指数领衔九大城市,并且其地方财政科技经费投入占 GDP 比重、全社会 R&D 人员全时当量、每万人人才数三大指标也排名前列。但是,相比于杭州,苏州在创新投入方面存在明显短板,其全社会研发经费投入占 GDP 比重、每万人普通高校在校大学生数、地方教育经费投入占 GDP 比重等指标排名均较为靠后,这反映出苏州在高等学校教育投入和研发强度方面需要进一步强化。

南京的创新投入指数排在第四位,与杭州和苏州存在明显差距,但相比于厦门也有显著优势。南京能够在九大城市中排名前四的关键在于其每万人普通高校在校大学生数位居第一,并且全社会研发经费投入占 GDP 比重、每万人人才数两大指标也排名前列。但是,相比于深圳、杭州和苏州,南京在全社会 R&D 人员全时当量、地方财政科技经费投入占 GDP 比重等指标对比中均存在明显劣势。

厦门的创新投入指数排在第五位,落后于南京,并且处于平均水平之下,但相比于宁波、青岛、无锡、大连具有明显优势。厦门的关键优势在于其地方教育经费投入占 GDP 比重在九大城市中位居第一,并且其全社会研发经费投入占 GDP 比重、每万人普通高校在校大学生数、每万人人才数三大指标也排名前列。因此,教育和人才是厦门的优势所在。但是,在全社会 R&D 人员全时当量、风投指数等指标对比中,厦门存在明显短板。

宁波的创新投入指数排在第六位。逐项对比来看,宁波在各个单项指标中均不存在优势,只有地方教育经费投入占 GDP 比重、地方财政科技经费投入占 GDP 比重两项指标在九个城市中能够排进前三名,其他指标均位居后列。并且,宁波存在明显短板,其每万人人才数位居倒数第一,且全社会研发经费投入占 GDP 比重、每万人普通高校在校大学生数、风投指数等指标的排名也较为靠后。这反映出宁波的高等教育发展大幅度落后于其他城市,在人才引进和研发强度方面需要奋起直追。

青岛的创新投入指数排在第七位。逐项对比来看,青岛在各个单项指标中均存在明显劣势,尤其是地方财政科技经费投入占 GDP 比重排名倒数第一,全社会 R&D 人员全时当量也位居倒数行列。相比之下,劣势较小的仅有地方教育经费投入占 GDP 比重以及风投指数两项指标。这反映出青岛的创新投入缺乏足够保障,与先进地区存在巨大差距。

无锡的创新投入指数排在第八位,稍微领先于大连。逐项对比来看,无锡在各个单项指标中均存在明显劣势。较为突出的是,无锡的地方教育经费投入占 GDP 比重、每万人普通高校在校大学生数、每万人人才数三个指标在九大城市中均位居倒数第二。这反映出无锡的高等教育发展严重落后于其他城市,人才储备十分薄弱。

大连的创新投入指数排在倒数第一。逐项对比来看,大连在各个单项指标中几乎全面处于下风。较为突出的是,大连的全社会研发经费投入占 GDP 比重、地方教育经费投入占 GDP 比重、全社会 R&D 人员全时当量三个指标在九大城市中均位居倒数第一。这反映出大连的创新投入保障严重不足。

(三)创新产出比较

创新产出指数最高的是深圳,得分为 39.93,最低的是大连,得分为 0,详见表 4-4。

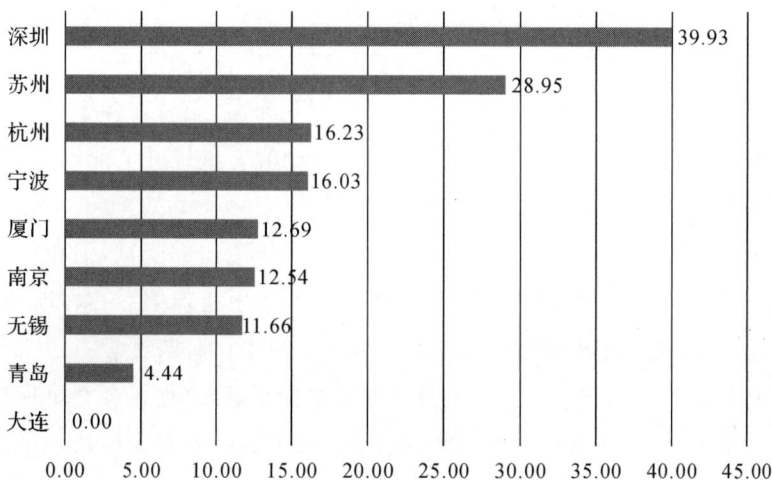

图 4-4　2014 年九城创新产出指数

深圳的创新产出指数最高,遥遥领先于其他城市。关键因素在于,深圳的有效注册商标数、高技术产业产值占工业总产值比重两大评价指标在九大城市中均位列第一。并且其年度授权专利数位居第二,与位居第一的苏州差距很小,不存在明显短板。

苏州的创新产出指数排在第二位,尽管与深圳相比存在明显差距,但相比于第三名杭州具有显著优势。苏州能够排在第二名的关键在于其年度授权专利数在九大城市中位居第一,并且其有效注册商标数、高技术产业产值占工业总产值比重两大评价指标均排名第三。

杭州的创新产出指数排在第三位,稍微领先于宁波。杭州能够排在第三名的关键在于其有效注册商标数在九大城市中位居第二,并且其年度授权专利数也位居前列。但是,杭州的创新产出存在明显短板,其高技术产业产值占工业总产值比重在九个城市中仅排名第六。

宁波的创新产出指数排在第四位,与杭州差距不大。宁波能够位居前列的关键在于其年度授权专利数在九大城市中位居第三,并且其有效注册商标数也位居前列。但是,宁波的创新产出也存在明显短板,其高技术产业产值占工业总产值比重在九个城市中排名倒数第三。

厦门的创新产出指数排在第五位,略微领先于南京,并且处于平均水平之下。厦门能够位居前五的关键在于其高技术产业产值占工业总产值比重在九大城市中位居第二,并且其有效注册商标数也位居第五。但是,厦门的创新产出也存在明显短板,其年度授权专利数在九个城市中排名倒数第二。

南京的创新产出指数排在第六位。逐项对比来看,南京在各个单项指标中均不存在优势,只有高技术产业产值占工业总产值比重排进了前四,其年度授权专利数和有效注册商标数均排在第六位。

无锡的创新产出指数排在第七位,稍微落后于厦门和南京,但相比青岛和大连具有明显优势。逐项对比来看,无锡在各个单项指标中均存在明显劣势。较为突出的是,无锡的有效注册商标数在九大城市中位居倒数第二。

青岛的创新产出指数排在第八位。逐项对比来看,青岛在各个单项指标中均存在明显劣势,其年度授权专利数和有效注册商标数在九大城市中位居倒数第三,高技术产业产值占工业总产值比重位居倒数第二。

大连的创新产出指数排在倒数第一。逐项对比来看,大连在各个单项指标中均位居倒数第一。

(四)创新载体比较

创新载体指数最高的是杭州,得分为 15.78,最低的是宁波,得分为 1.23(见图 4-5)。

杭州的创新载体指数排在第一名,与第二名苏州相比具有一定优势。杭州在创新载体评价中能够高居第一名,关键在于其省级以上重点实验室和重点工程中心数在九大城市中位居第一,并且其国家级科技企业孵化器指数和国家级高新技术企业数均位居第二。

苏州的创新载体指数排在第二位,相比于第三名深圳具有显著优势。苏州能够排在第二名的关键在于,其国家级科技企业孵化器指数和国家级高新技

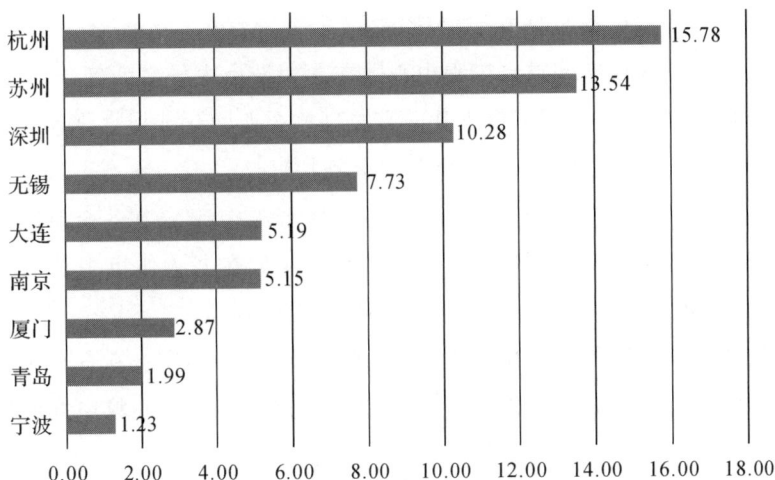

图 4-5　2014 年九城创新载体指数

企业数在九大城市中均位居第一。但苏州在创新载体方面存在明显短板,其省级以上重点实验室和重点工程中心数在九大城市中排名倒数第三。

深圳的创新载体指数排在第三位,尽管相比于杭州、苏州具有一定差距,但与其他城市相比则具有显著优势。深圳能够排在第三名的关键在于,其省级以上重点实验室和重点工程中心数在九大城市中位居第二,其国家级高新技术企业数排名第四。但深圳在创新载体方面也存在明显短板,其国家级科技企业孵化器指数在九大城市中排名倒数第四。

无锡的创新载体指数排在第四位。无锡能够排在第四名的关键在于,其国家级高新技术企业数在九大城市中位居第三,其国家级科技企业孵化器指数排名第四。但无锡在创新载体方面也存在严重短板,其省级以上重点实验室和重点工程中心数在九大城市中排名倒数第一。

大连的创新载体指数排在第五位,稍微领先于南京,但处于平均水平之下。大连能够排在第五名的关键在于其省级以上重点实验室和重点工程中心数在九大城市中排名第四,并且其国家级高新技术企业数排名第五。相比之下,大连较为薄弱的一项指标是国家级科技企业孵化器指数,排名倒数第三。

南京的创新载体指数排在第六位。就二级指标进行对比来看,南京的国家级科技企业孵化器指数在九大城市中排名第二,其省级以上重点实验室和重点工程中心数排名第五。但是,由于其国家级高新技术企业数排名倒数第二,导致其创新载体整体排名被拉低。

　　厦门的创新载体指数排在第七位,略微领先于青岛。逐项对比来看,厦门的省级以上重点实验室和重点工程中心数在九大城市中排名第三,国家级高新技术企业数排名第六。但是,由于其国家级科技企业孵化器指数排名与宁波一起并列倒数第一,导致其创新载体整体排名被拉低。

　　青岛的创新载体指数排在第八位。逐项对比来看,青岛在各个单项指标中均存在明显劣势,尤其是其国家级高新技术企业数在九大城市中位居倒数第一,导致其排名靠后。

　　宁波的创新载体指数排在倒数第一。逐项对比来看,宁波在各个单项指标中均位居倒数行列。其省级以上重点实验室和重点工程中心数在九大城市中排名倒数第二,国家级高新技术企业数排名倒数第三。最为突出的是,其国家级科技企业孵化器指数排名与厦门一起并列倒数第一。

第三节　同类城市创新环境建设的经验

　　本节在上一节定量分析的基础上进行经验总结分析,梳理深圳、苏州、杭州等先进城市在夯实创新投入、提升创新产出、优化创新载体等方面的主要措施,并总结其经验,为宁波优化自身创新环境提供借鉴和参考。

一、夯实创新投入的主要做法

(一)改革财政科技资金投入方式,建立多元化投入机制

　　深圳开展财政科技资金投入方式改革,建立无偿与有偿并行、事前与事后相结合的财政科技多元化投入机制。通过银政企合作、科技保险、天使投资引导、股权投资等支持方式,撬动银行、保险、证券、创投等资本市场各种要素资源投向科技创新。设立规模为300亿~500亿元的重大产业发展基金,以参股、并购、重组等市场化运作方式支持重大产业项目落地建设。设立规模为100亿元的市级中小微企业发展基金,重点支持符合深圳产业导向的种子期、初创期成长型中小微企业发展。

　　苏州加大财政科技投入,确保全市各级财政对科技投入的增长比例高于同级财政经常性收入增长比例,且占财政支出比例逐年增长。通过企业股权交

易、技术产权交易,重点在股权流动性、专利技术、专有技术、软件著作权等方面,为科技型中小企业和科技成果转化提供包括私募融资、股权流动等综合金融服务。积极实施高新技术企业、科技型中小企业上市培育计划,推进一批企业在创业板、主板和中小企业板上市。

杭州加快科技与金融结合试点,落实科技银行、科技保险扶持政策,引导金融机构增加对高新技术产业、科技型企业、科技园区建设等的贷款支持;在国家级高新区、省级经济开发区、国家大学科技园等载体内,推进成立一批科技小额贷款公司,为科技型中小企业开展科技贷款和投资业务。设立科技创业投资引导基金,引导国外资本、民间资本和风险投资开展直接股权投资、种子(天使)基金投资,全方位、多层次促进科技创业风险投资体系建设。继续探索建立有效的科技担保机制,为科技企业科技成果产业化和科技型中小企业发展提供资金支持。

(二)实施普惠性创新券制度,激发创新积极性

创新券是政府为推动企业加大科技投入,提升科技创新能力而设计的一种激励措施。深圳实施科技创新券制度,以普惠性政策提高全社会的创新积极性,满足中小微企业和创客个人购买科技服务的资金和技术需求,确保财政资金的高效、合理使用。进一步完善产学研紧密合作的创新机制,共同推动科技创新和成果转化。

苏州推进建立市场主导、政府支持的公共服务体系,市级每年安排 1 亿元左右的科技创新券支持中小科技企业购买研发过程中的检验检测、科技保险等服务。鼓励创业人员、企业使用共享服务平台入网仪器开展研发活动,根据使用费用给予最高 20% 的使用补贴,每年最高 30 万元。[1]

杭州市自 2012 年起便依托科技创新服务平台推行创新券制度。创新券用于企业向高校、科研院所、相关科技平台购买科技服务、科技成果以及实施科技成果转化项目的相关科技创新支出。企业和创业者利用云服务平台的创新券运行系统,可以查询、在线预约开放共享的科研基础设施、仪器设备和技术服务,大大降低企业和创业者的研发成本。通过云服务平台发放创新券,有效推进了科技经费使用方向的改革,实现了由支持一个项目向支持整个市场、由点

---

[1]　苏州市人民政府印发的《苏州市关于实施创客天堂行动发展众创空间的若干政策意见》。

上支持向面上支持的转变,让中小企业和创业者找到了创新要素,降低创新创业成本,也推动了科技服务业的发展。

(三)拓宽创业创新投融资渠道,加大创业资金扶持力度

深圳建立中小微企业贷款风险补偿机制。对银行向无抵押、无担保和没有取得过贷款的中小微企业发放信用贷款、首笔贷款所形成的坏账损失给予一定补偿。大力发展动产融资。考虑到绝大部分小微企业很少有不动产但有大量应收账款和存货等动产的情况,支持银行向中小微企业开展应收账款和存货抵押质押融资业务,对所形成的坏账损失给予一定补偿。试行中小微企业融资担保风险补偿。对符合条件的融资担保公司以小微企业作为担保对象的,按照不超过代偿金额的一定比例进行风险补偿。优化完善再担保运行机制,拓展业务范围,扩大中小企业信用再担保业务规模。①

杭州运用财税政策,支持风险投资、创业投资、天使投资等发展。发挥多层次资本市场作用,引导社会资本和金融资本支持创业活动。发展壮大创业投资引导基金,成立成长型大学生创业引导基金,促进大众创业。通过蒲公英天使引导基金入股的方式,与社会资本共同建立众创投资基金。探索开展股权众筹融资试点工作。由担保机构提供担保的创业担保贷款,由创业担保贷款风险基金、担保机构、经办银行分别承担30%、50%、20%的贷款损失;其他由创业担保贷款风险基金按照贷款损失的80%给予经办银行补偿。经办银行开办小微企业创业担保贷款业务发生的呆坏账损失,由创业担保贷款风险基金按照贴息部分贷款本金净损失的10%给予补偿(市、区创业担保贷款风险基金各承担50%)。

二、提升创新产出的主要做法

(一)优化科技资金管理,提升科技创新效率

深圳推动高等院校、科研机构探索建立理事会、董事会等形式的法人治理结构,健全现代科研管理体系。制定科研机构创新绩效分类评价办法,定期对科研机构组织第三方评价,评价结果作为财政支持的重要依据。推行科研机构绩效拨款试点,建立以绩效为导向的财政支持制度。完善全市科研设施与仪器

---

① 中共深圳市委、深圳市人民政府实施的《关于促进科技创新的若干措施》。

开放共享管理体系。建立以用为主、用户参与的评估监督体系,健全科研设施与仪器向社会服务的数量、质量与利益补偿、后续支持相结合的奖惩机制。

(二)强化创新成果激励,激发创新人员活力

深圳下放科技成果使用、处置和收益权。将财政资金支持形成的,不涉及国防、国家安全、国家利益、重大社会公共利益的科技成果使用、处置和收益权,下放给符合条件的项目承担单位。单位主管部门和财政部门对科技成果在境内的使用、处置不再审批或备案,转移转化所得收入全部留归项目承担单位,处置收入不上缴国库。允许市属高等院校、科研机构协议确定科技成果交易、作价入股的价格。提高科研人员成果转化收益比例。市属高等院校和科研机构职务发明转让收益可以在重要贡献人员、所属单位之间合理分配,提高科研负责人、骨干技术人员等重要贡献人员和团队的收益比例至70%以上。推动转制科研院所、高新技术企业、科技服务型企业实施管理层和核心骨干持股,持股比例上限放宽至30%。试行奖励支出和学科带头人、核心研发人员薪酬在企业预算中予以单列。加大创新成效考核权重,在国有企业年度经营业绩考核中,设立科技创新专项奖。在国有企业领导任期考核中,加大对创新工作专项考核力度。支持高端知识产权服务机构落户,发挥专利创新激励作用,对国内发明专利维持时间达到7年以上或境外发明专利授权量达到10件以上的企业给予奖励。

苏州开展股权与分红激励改革试点,鼓励高校、科研院所和国有企业科研人员的职务科技成果就地转化或作价入股。完善高校和科研院所科研人员评价和奖励制度,在职称评定、技术转让、人才计划选拔等方面给予倾斜。强化对R&D支出占GDP比重、高新技术产品增加值、发明专利申请数等与自主创新、科技创业有关指标的考核,把科技指标纳入对区、县、开发区领导班子年度绩效考核。转变政府职能,发挥人大、政协对科技工作的监督和检查作用,形成党委政府齐抓、多部门协同、共同推进科技工作的良好局面。

杭州支持高校和企业科技人才双向交流,设立企业科技人员高校访问学者补助资金,对设立企业科技人员访问学者岗位的高校给予经费补助,支持企业科技人员到高校访问。制定科技创新分配政策、保障政策和奖励政策,鼓励高校和科研院所的科技人员到企业兼职、离岗创办科技型企业和转化科技成果。为引进人才切实解决住房、落户、子女入学、配偶就业、社会保障等实际问题。

三、优化创新载体的主要做法

(一)完善产学研合作机制，为科技创新提供技术支撑

深圳鼓励龙头骨干企业建设众创空间。支持围绕主营业务方向，优化配置技术、装备、资本、市场等创新资源，实现与创新型中小微企业、高等院校、科研机构和各类创客群体有机结合、形成规模。鼓励高等院校、科研机构建设众创空间。支持优势专业领域，以科技人员为核心、以成果转移转化为主要内容，提供有效源头技术供给。鼓励行业组织在重点产业领域建设众创空间，支持围绕新兴产业需求和行业共性技术难点，发展低成本、全方位、专业化、开放式的众创空间。通过优化企业技术创新环境，大力支持企业开展技术转让、技术咨询、技术服务、技术开发、产学研合作基地和战略联盟建立等多种形式的产学研合作，创新合作方式，引导和支持创新要素向企业集聚，让科研院所、高校的科研成果与企业更好更快对接，加快先进技术和科技成果向企业转移和应用，促进企业不断开发具有自主知识产权的产品，增强核心竞争能力。

苏州在充分释放高校和科研院所资源的基础上，推动国家级科技资源在苏州布局，扩大与国内高校、科研院所的合作，与企业建立起长期稳定的合作关系。大力引进世界500强和中国500强企业在苏州设立研发机构，推动开展联合研发和产学研合作，实现资源开放共享；鼓励企业在海外设立研发机构或产业化基地，扩大高新技术及其产品的输出。鼓励企业、高校和科研院所积极主动参与国际大科学工程和国际学术组织和国际标准制定。

(二)打造创业创新平台，集聚创新资源

深圳集中优势资源、整合各类办学力量，建设世界一流大学和高水平重点学科。对大学的科研条件平台和基础研究予以相对稳定的科研经费支持。举办"中国(深圳)创新创业大赛"，对创业大赛优胜者给予创业资助，打造创新创业的投融资平台，聚集创新资源、推动创新创业。优化综合创新生态体系，积极探索新型科研机构建设模式，依托孔雀团队，围绕科学前沿方向和战略需求，组建研究院，努力打造集基础研究、应用研究和产业化于一体的国际化、专业化、开放性、公益性的企业化运作的新型科研机构。

杭州加快创业平台建设。鼓励采取多种方式建设大学生创业园，鼓励以政府购买服务的方式，引入第三方机构经营管理政府主办的创业孵化园，符合条

件的可享受运营经费补贴。创业园提供创业孵化服务的,可按实际孵化成功企业数享受补贴。

(三)推进特色小镇建设,加快创新要素集聚

杭州主动适应和引领发展新常态,在全市加快规划建设一批产业特色鲜明、功能集成完善、示范效应明显的特色小镇。特色小镇坚持企业主体、政府引导、市场化运作的模式,鼓励以社会资本为主投资建设。杭州市级特色小镇范围内的建设项目整体打包列入年度市重点项目,所含子项目可享受市重点项目优惠政策;对符合产业导向的战略性新兴产业、先进制造业、信息经济产业等属于优先发展且用地集约的工业用地项目,按不低于所在地土地等别对应工业用地出让最低限价标准的70%确定土地出让起价;市级特色小镇在创建期间及验收命名后,其规划空间范围内的新增财政收入上交市财政部分,前3年全额返还,后2年减半返还给当地财政。

(四)深化科技体制改革,为科技创新创业提供动力支撑

苏州着力于吸引、整合和优化配置创新资源,打破条块分割,建立科技资源统筹协调和共享机制,促进科技资源集聚和优化配置。组建产业技术研究开发机构,支持产学研技术创新战略联盟的建立,积极支持科技中介服务机构的发展。

杭州鼓励各区、县(市)政府和大江东产业集聚区管委会、杭州经济开发区管委会创新特色小镇建设、管理的体制机制,通过综合运用财税政策、打造高效便利的公共服务体系、集聚低成本全要素的创新资源、举办国际国内有影响力的行业大会或论坛等手段,加大对高端产业项目和人才的招引力度;通过引入各类基金、发行债券以及运用PPP等建设模式,发挥间接融资与直接融资协同作用,拓宽融资渠道,以市场化机制带动社会资本投资特色小镇建设。

第四节　优化宁波创新环境的对策建议

在第二节的测算对比分析以及第三节的同类城市经验总结之基础上,厘清宁波城市创新环境存在的缺陷,结合宁波的城市定位、发展战略和目标规划,提出优化宁波创新环境的对策建议。

一、宁波创新环境劣势分析

(一)创新人才匮乏,高等教育发展大幅落后

在参评的九个城市中,宁波的创新投入指数排在第六位。逐项对比来看,宁波在各个单项指标中均不存在优势,只有地方教育经费投入占 GDP 比重、地方财政科技经费投入占 GDP 比重两项指标在九个城市中能够排进前三名,其他指标均位居后列。并且,宁波存在明显短板,其每万人人才数位居倒数第一,且全社会研发经费投入占 GDP 比重、每万人普通高校在校大学生数、风投指数等指标的排名也较为靠后。这反映出宁波的高等教育发展大幅度落后于其他城市,在人才引进和研发强度方面需要奋起直追。

(二)创新产出缺乏实效,创新成果转化不足

在参评的九个城市中,宁波的创新产出指数排在第四位,与杭州差距不大。宁波能够位居前列的关键在于其年度授权专利数在九大城市中位居第三,并且其有效注册商标数也位居前列。但是,宁波的创新产出也存在明显短板,其高技术产业产值占工业总产值比重在九个城市中排名倒数第三。这反映出宁波的创新成果转化率低,授权专利等科技成果未能有效转化成经济产出,急需打通转化链条。

(三)创新载体建设滞后,创新活动集约化水平低

在参评的九个城市中,宁波的创新载体指数排在倒数第一。逐项对比来看,宁波在各个单项指标中均位居倒数行列。其省级以上重点实验室和重点工程中心数在九大城市中排名倒数第二,国家级高新技术企业数排名倒数第三。最为突出的是,宁波的国家级科技企业孵化器指数排名与厦门一起并列倒数第一。这反映出宁波的创新载体建设已经大幅度落后于同类城市,创新资源未能得到有效组织和整合,难以发挥出协同效应。

二、对策建议

(一)坚持深化改革,破除阻碍创新的体制机制

发挥市场配置资源的决定性作用,更好地发挥政府的组织和调控作用,着力以开放促改革,破除制约创新的思想障碍和制度藩篱,全面激发各类创新主

体的创新动力和创造活力,营造大众创业、万众创新的良好氛围,让一切创造社
会财富的源泉充分涌流。企业直接面对市场、参与市场竞争,对市场需求最了
解,对市场变化最敏感。只有让企业成为自主创新体系的主体,才能使产、学、
研、用真正结合,使技术创新符合市场需求,更快更好地推进创新发展。

(二)营造一流人居环境,集聚创业创新高端人才

人才是科技创新体系的第一要素,提升创新能力的关键在于吸引优秀创业
创新人才。以聚集科技创新活动为出发点,实现从建设科技人才队伍向切实营
造吸引创新型人才的城市环境的重大转换。加强海外高层次人才引进力度,对
引进的团队、研究机构、院校、专业、创新平台等各种创新资源,力求与产业发展
基础和导向高度融合,确保创新资源利用的有效性和最大化。

不追求对科技人才本身的"属地化",而是吸引科技人才在宁波从事科技创
新活动,把吸引科技人才的工作重心放在切实营造科技人才宜聚宜业宜居的城
市环境上。为此,需要创新人才引进模式,注重提供科技人才和科技企业所需
要的环境支持。遵循人才活动规律,适应全球化和知识经济时代人才多元化需
求的特点,努力提升人才公共服务水平,既要注意搭建专业化的创新创业平台,
又要努力创造高品质的生活休闲条件,营造良好生活环境。构建层次分明、覆
盖广泛的人才政策法规体系,切实落实创新人才安居工程。建立培养、吸纳和
任用国内外人才的机制,建立一批世界级研发大学和特色学院,建成国际大学
园,鼓励境外知名高校、科研机构前来办学,设立研究机构和产学研基地,为各
类尖端项目的深化研究提供服务平台。鼓励高校、科研机构承办国际学术交流
活动,打造人才需要的学术交流平台。

(三)打通成果转化链条,优化科技成果转化体系

建立以企业为主体、市场为导向、产业化为目标,"政、产、学、研、金、介"六
位一体相结合的科技成果转化体系。充分发挥企业在技术创新中作为决策、投
入、组织及应用主体的作用,发挥市场配置资源和政府引导集聚资源的作用,将
高校科研院所的应用基础研究优势与企业的工业化开发优势相结合,建立高校
科研院所适合市场需求的科技成果转移机制,形成产业的创新优势;将高校科
研院所的前沿技术难点攻克能力,与中介机构的行业动态信息捕捉力、企业的
生产和营销能力相结合,形成产品的技术优势和市场优势;将政府政策的引导
和调节优势,与金融机构的资本运作经验相结合,形成成果转化和产业化的环

境优势。

鼓励骨干企业、高校、科研院所联合申报国家科技重大专项、国家重点研发计划等国家重点科技计划项目,鼓励科技型企业申报国家政策性引导类计划项目,支持企业牵头组织实施重大科技成果产业化项目,提升研发水平、抢占行业技术制高点,全面提升宁波市产业发展的质量和效益。支持行业骨干企业与高校、科研机构联合建设研发平台和组建产业技术创新战略联盟,深化联盟机构间在人才培养与输送、协同创新基地共建、利益与风险匹配机制方面的合作,加强聚合效应,加强企业标准化建设,有效提升运营水平。加强产业链上下游企业合作,开展产业共性关键技术的联合攻关,探讨联盟股份制运营机制,加强创新战略联盟市场化运作。

尊重科技创新和科技成果产业化规律,构建多要素联动、多领域协同的综合创新生态体系,加快推动创新从单一技术创新向技术、产业、金融、管理、商业模式等综合创新转变,促进政、产、学、研、资、用紧密结合,对内可循环、可持续,对外形成强大的资源集聚效应。

(四)加强创新载体建设,优化创新生态体系

加强创新载体建设的投入力度,建立以政府投入为引导、社会投入为支撑的多渠道持续投入体系。对符合发展需要的公益性或准公益性创新载体,通过政府购买服务形式,推动其正常运转。对按非营利性机构运行和管理的创新载体,加强仪器设备更新投入。积极推动社会力量参与创新载体建设,形成共建共享的新格局。针对不同创新载体的运行特点,建立和完善绩效评价指标体系和科学规范的评估评价制度,引入社会化评价机制,形成社会监管与内部自律相统一的评价模式,实现动态管理、滚动发展。推动各创新载体以合作研究、开放课题、学术交流、委托试验、人才培训等多种形式开展良性互动,加大面向社会的开放力度,实现资源共享。鼓励社会各方遵照市场经济和科技发展规律要求,结合各地产业发展现状、科技资源状况以及人文环境等,进一步探索科技创新创业的组织形式、体制和运行机制,不断促进创新要素的集成、互动,提升创新效率,推动高新技术产业发展。

第五章 城市基础设施环境评价
与比较研究

城市基础设施环境是城市经济发展环境的重要组成部分,对城市经济发展有着至关重要的影响,在一定程度上决定着城市的综合竞争力水平。本章在界定城市基础设施环境内涵和作用机制的基础上,分析了宁波城市基础设施环境的现状,构建了城市基础设施指标体系,并对其进行了测算,比较分析了同类城市基础设施环境的得分情况,总结了同类城市在优化城市基础设施环境上的经验,对宁波优化城市基础设施环境提出了对策建议。

第一节 城市基础设施环境内涵及作用机制

科学界定城市基础设施环境的内涵,分析城市基础设施环境对城市经济发展的重大作用,辨析其作用的机制与路径,对改善城市经济发展环境有重要意义。

一、城市基础设施环境的内涵

(一)城市基础设施

基础设施是指直接为生产部门、流通部门和人民生活提供共同条件和公共服务的设施。城市基础设施是城市区域范围内的基础设施,是城市中为顺利进行各种经济活动和其他社会活动而建设的各类设施的总称,是城市正常运行和健康发展的物质基础,主要包括工程性基础设施和社会性基础设施。工程性基础设施一般指能源系统、给排水系统、交通系统、通信系统、环境系统、防灾系统等工程设施。社会性基础设施则指行政管理、文化教育、医疗卫生、商业服务、金融保险、社会福利等设施。在我国,城市基础设施一般多指工程性基础设施。

我国对基础设施的研究始于 20 世纪 80 年代初期,针对我国基础设施建设的滞后问题,研究热点集中在基础设施的"瓶颈"制约的原因及对策等方面;还有一些学者对基础设施投资对社会其他部门及产业产生的影响,以及基础设施与区域经济发展的关系进行了研究。金凤君阐述了基础设施与区域经济发展之间的关系并对我国已形成的基础设施进行了归纳总结,其研究认为,基础设施发展与经济增长是相伴而生的,基础设施既是区域发展的条件,也是区域发展的结果。吴建楠等用定量与定性相结合的方法对基础设施与区域经济发展进行了协调性的评价,发现各省市基础设施综合发展水平与区域经济综合发展水平之间存在着显著的等级相关关系。

由于城市基础设施涉及范围广泛,门类众多,供电等领域各城市差别较小,比较意义不大,故本文重点在交通基础设施、信息基础设施、新型市政设施等三大领域进行比较和研究。

(二)城市基础设施环境

城市基础设施环境是城市经济发展环境的重要组成部分,是城市基础设施与城市经济社会发展适应情况的总称。城市基础设施环境直接影响城市经济社会的发展,与城市经济社会发展相适应的城市基础设施环境能够促进城市经济社会的进一步发展,并强化城市功能,增强城市对各类资源的集聚和辐射能力,增强对城市经济的综合支撑能力;与城市经济社会发展不相适应的城市基础设施环境能够阻碍城市经济社会的进一步发展,影响城市功能的发挥,不能有效支撑城市经济的发展。

二、城市基础设施环境对城市经济发展的作用

(一)城市基础设施是城市经济正常运转的物质条件

城市基础设施中的很大一部分以社会方式直接参与了生产企业的生产,其中,供水、排水、道路、交通、能源、信息等设施以各自特殊的方式,直接进入了物质生产部门的产品生产全过程。在社会化大生产的城市经济中,几乎所有的生

产企业都以电力为动力,以水为生产手段或原料,把道路交通设施作为生产企业投资和产出的基础物质条件。城市基础设施中有一部分并不直接参与企业的生产活动,但也间接地影响企业经济效益,从而影响城市经济的正常运转,提高整个城市的运行效率。如杭州湾大桥的建成通车,大大缩短了宁波与上海的陆上交通距离和时间成本,降低了企业交易和运输成本。城市轨道交通的通车和地面主干道绿波带设置大大提升了人们的通勤效率。

(二)城市基础设施为城市产生聚集效益提供动力

城市聚集效益的产生是由于众多的社会经济单位集合于城市这个空间内既实现高度专业化分工,又形成经济实体、社会实体和物质实体三者的有机结构,从而提高劳动生产率,产生整体性高效益的结果。地域上的聚集会产生互补利益,人口、企业及相关社会经济活动的空间集中,大大便利了信息交换和技术扩散,同时也刺激着新知识、新观念、新理论的产生。高度的专业化分工与经济实体、社会实体和物质实体的综合统一,要求有精密分工和广泛紧密的协作,使城市成为高度社会化的有机整体,这种社会化是建立在完善而良好的城市基础设施之上的。完善而良好的城市基础设施可以使城市各社会经济单位更好地分工协作、加强联系,城市基础设施的各个方面迅速传导着人流、物流和信息流,把城市地域内各社会经济要素紧密地聚合在一起,大大提高城市所有部门的经济效益、城市社会效益和城市生态环境效益。

(三)城市基础设施是决定一个城市竞争力的关键因素

一个城市竞争力的提高依赖于高质量的基础设施。合理的基础设施空间配置方式可以为地区经济发展创造良好环境,为本市企业或产业创造更多机会,从而会成为推动区域经济增长的积极因素,或对某些新兴行业起"孵化"作用。比如高铁、地铁、信息基础设施等建设,可以形成大量的市场需求,从而可以引进或培育大量相关的高科技产品,配套研发更多的自主核心技术,带动更多的企业进行升级换代,进而促进整个城市产业结构的优化和升级。宁波轨道交通的建设,使宁波顺利引进了中车集团,培育发展了轨道交通产业,并带动了感应门、自动扶梯等相关配套产业的发展。智慧城市的建设,成功培育引进了众多软件和信息服务企业,使宁波软件和信息服务业连续多年保持在30%以上的增长速度。相反,如果一个企业不能获得良好的基础设施,被迫去寻求高成本的替代方案,结果会对产品的盈利性和生产水平产生不利影响,从而降低这些行业或地区的竞争力。

(四)城市基础设施为发挥城市的辐射能力提供物质保障

基础设施空间网络化引起以其为基础的公共服务系统的不断完善,导致空间与时间关系的转变,成为某些产业,如那些对时间效益要求较高的产业发展的刺激因素,促进经济活动的空间一体化。时间效益与经济效益间的相互作用,引起腹地范围内的社会经济空间形态发生规律性变化,增强大城市对周边城市的辐射能力。当中心城市发展到一定阶段,其产业将逐步向外扩散,一般情况下向交通条件较优越的地域扩散,如临近干线的交通方便地区。这种扩散,一方面加速交通产业带的形成,另一方面又反过来刺激城市基础设施的进一步完善强化。

(五)城市基础设施建设对于稳增长具有重要意义

当前,全球经济疲软,贸易保护主义抬头,我国出口受阻,呈现下滑态势。消费在短期内难以成为经济发展的主要动力,我国和各地稳增长的压力陡然加大。在此情况下,加强基础设施建设,加大基础设施项目投资成为促进国家和城市经济的重要选择。重大基础设施建设,会对钢铁、水泥、建材等产品形成巨大的需求,促使部门产业主动创新,提高企业生产的稳定性和竞争力,带动城市就业,使城市经济保持平稳适速增长。

(六)基础设施对城市产业创新有引导和促进作用

基础设施,尤其是信息基础设施对城市产业创新的引导和促进作用,远比历史上的能源、交通基础设施要强大。过去铁路和能源基础设施导致了市场与生产的巨大变化,但近几十年这种作用被"信息革命"的作用所掩盖了。信息技术、互联网和信息资源成为推动产业创新和产业发展的主要动力,在互联网和信息技术推动下,新产业、新模式、新业态不断涌现,对传统产业产生了颠覆式的影响,成就了迅速发展的信息经济。比如,信息技术的广泛应用,使电子商务、互联网金融、智慧物流、智慧健康、新型智能终端快速发展。杭州、深圳等城市借助信息经济的助力,成为我国经济发展最为迅速的城市。

三、城市基础设施环境促进城市经济发展的作用机制

(一)基础设施的增加导致总产出直接增加

一方面,基础设施作为国民经济的一个组成部分,其产出的增加将引起总

产出的提高。随着经济发展，基础设施建设在国民经济活动总量中所占份额越来越大，对经济增长的直接贡献也不断上升；另一方面，基础设施投资的增加有助于拉动需求，带动经济总量快速扩张。由于基础设施的特性，基础设施投资是政府支出的重要组成部分，按照投资乘数原理，加大对基础设施的投资可以创造大量有效需求。

(二)基础设施通过提高生产率来促进经济增长

基础设施主要从三方面影响经济增长。第一，基础设施服务，如运输、供水、电力、信息等，是生产的中间投入，具有规模经济效应，投入使用后，在一定的产出范围内，会减轻基础设施使用者的成本。这种服务成本投入的减少意味着使用者利润的增加，从而带来总产出、收入和就业的增长。第二，基础设施服务的改善会间接提高其他生产要素(劳动力和资本)的产出率。例如，基础设施保障了生产从手工向机械化的转变，减少了工人的通信时间，促进了信息交流的进步等。基础设施被看作生产的免酬因素(未付报酬因素)，它通过提高劳动力和资本的边际收益来发挥作用，有很高的投资回报率，从而能够"挤进"私人投资。具体而言，基础设施可视为一种能够降低中间投入品固定生产成本的技术，随着分工和中间投入品的数量的拓展，经济获得内生增长动力。第三，某一地区基础设施的存在会导致资源的流入，这可以减少此地区生产要素的投入成本和交易成本，使生产环境变得相对优越、生产效率得到提高或生产的经济效益得到发挥。

(三)基础设施通过自身配置影响产业结构转换

基础设施的变动不仅是产业结构得以顺利成长的基础，而且它的变动有利于协调产业间关系。首先，基础设施的合理配置能促进需求多样化和需求结构变动。一方面，它的变动有助于深化产业加工，丰富产业结构。另一方面，它的变动有助于扩充市场需求，影响不同产业的发展速度。其次，基础设施投资能带动提供基础设施建设供给品产业的发展，促进产业结构转换。再次，基础设施本身是产业结构的构成部分，增加基础设施投资，会增加服务业产值，改善第一、二、三产业比例关系，推进产业结构升级。

(四)基础设施通过集聚人才促进经济发展

基础设施的好坏不仅影响企业的经济行为和活动结果，而且影响经济的另一微观主体——个人。因为基础设施服务如清洁水、运输、通信、医疗等是人类健康的基本需要,具备这些最基本的基础设施是社会福利的基本标准。缺乏基础设施会对人类的健康、劳动生产率和生活质量产生很大的影响。另外,基础设施如交通运输、电话通信、网络服务等,能够为人们提供就业、教育和消费其他商品和服务的机会。因此,基础设施环境的优化有利于增加人们真实收入和消费水平,提高劳动生产率,从而吸引更多人才到此城市来创业就业,逐步发展成为区域性的人才发展高地。在人才成为第一生产要素、第一生产力的背景下,人才的集聚意味着创新创业的活跃,意味着创新成果的大量产出,意味着新兴产业的快速发展,并最终促进城市经济的快速发展。

第二节　宁波城市基础设施环境的现状

从交通基础设施、信息基础设施、市政设施等角度全面梳理宁波城市基础设施环境的现状,集中展现近年来宁波基础设施建设取得的重大成效。

一、交通基础设施

(一)公路铁路快速发展

公路方面,2015 年末全市公路总里程达到 11182.8 公里,其中高速公路495.8 公里,公路网密度达 114.7 公里/百平方公里,达到中等发达国家水平,形成了"一环六射"的高速公路网络,建成了杭州湾跨海大桥和象山港大桥,中心城区内高架快速路通车里程约 30 公里。铁路上面,建成杭甬客运专线、甬台温铁路、萧甬铁路等主干线,中心城区的火车客运站主要有宁波站和庄桥站,宁波火车站站台规模为 8 台 16 线,每天发送客运列车 200 余车次。

(二)机场能级不断提升

宁波栎社机场由 4D 级升格到 4E 级,每周航班总量 1180 班次。宁波的国际地区航班航线达到 26 条,通航航点已覆盖港、澳、台地区,济州、仁川、大阪、静冈、名古屋等日韩城市及曼谷、新加坡、芽庄等东南亚主要旅游目的地。2015年,宁波机场旅客吞吐量直逼 700 万人次,出入境旅客突破 100 万人次,全国排名第 13 位,国际客流不论是占比还是总量都远远超过许多国内千万级机场。宁波空港运行的全货机航线达到 8 条,其中国际(地区)航线 4 条,货邮吞吐量约 8 万吨。

（三）港口设施全球领先

建成万吨级码头总数达 105 个，现共拥有航线 236 条，其中远洋干线 118 条，近洋支线 66 条，内支线 20 条，内贸线 32 条。2015 年宁波舟山港货物吞吐量 8.9 亿吨，居全球港口首位，其中宁波港货物吞吐量 5.1 亿吨。宁波港全年完成铁矿石吞吐量 9489.7 万吨，煤炭吞吐量 6102.0 万吨，原油吞吐量 6498.6 万吨。全年宁波舟山港集装箱吞吐量 2063 万标箱，跃居全球第四，其中宁波港集装箱吞吐量 1982.4 万标箱，增长 6.0%。

（四）市内公共交通设施不断完善

2015 年全市新增公交标准运营车辆 1167 标台，年末共有 8635 标台；运营线路 1058 条，比上年增长 51.6%。轨道交通 1 号线、2 号线一期工程开通运营，轨道交通总里程达到 75 公里。全年轨道交通进站客流 3775.7 万人次，旅客周转量 10928.6 万人公里，日均客流约 20 万人次/天。全市共建成公共自行车网点 1259 个，投放公共自行车 33278 辆；日均租车量 10.2 万辆次，增长 43.0%。年末全市共有出租车 6420 辆，其中油、气双燃料车辆 4078 辆。

二、信息基础设施

（一）固定网络服务能力大幅提升

截至 2015 年底，覆盖宁波城乡的高速光网全部建成，市民上网已实现高速宽带化，全市光网覆盖扩大至 334 万户，光网覆盖率达到 95% 以上。城区和农村平均接入能力分别达 50Mbps 和 20 Mbps，互联网宽带接入用户达 380 万户，互联网城域出口带宽 2900G，通信网络基础设施走在全国前列。新开通电信、移动、联通国际互联网出口直达专用通道，三家带宽总和达到 140G。

（二）3G/4G 移动网络快速推进

目前，中国电信 4G 网建设项目、宁波移动 TD－LTE 和 TD－SCDMA 项目、宁波联通无线网扩容工程进展顺利，已累计开通 4G 站点 13300 多个，乡镇以上城镇区域实现 4G 网全覆盖。完成全市移动通信基站铁塔统一建设管理工作，市铁塔公司共接收 10800 座铁塔和新建 1600 座铁塔，共有基站铁塔 12400 座。移动电话用户数为 1400 万户，开通使用移动数据业务的用户数为 760 万户,3G 用户数为 465 万户,4G 用户数为 295 万户。

(三)全市公共场所免费 Wi-Fi 上网覆盖范围进一步扩大

全市由各类主体建设的公共场所免费 Wi-Fi 热点数量达到了 1580 个,AP (无线访问接入点)12231 个,基本实现了县级及以上中心城区的火车(汽车)站、机场、地铁、医疗机构、图书馆、行政服务办事大厅、公园、广场、热点旅游景区等公共场所和区域免费 Wi-Fi 的广泛覆盖和免费开放。其中接入 iNingbo 平台统一运营的有 585 个热点,5254 个 AP,平台注册用户累计已达 80.9 万,每天访问量突破 7 万。

三、市政基础设施

(一)水源设施进一步完善

2015 年年底,宁波已建成大型水库 6 座,总库容 6.85 亿立方米,中型水库 25 座,总库容 7.45 亿立方米;小型水库 388 座,总库容 3.56 亿立方米。全市水源工程总供水能力已达到 27 亿立方米,已形成以白溪、横山、皎口等水库水为主的原水供应系统,优质原水供应率达 100%。建成各类水闸 1000 余座,修筑江堤、海塘 900 多公里,疏浚整治河道 5000 多公里,发展机电排灌动力 18.5 万千瓦等,宁波已初步形成了供水、防洪、挡潮、除涝、灌溉、发电、旅游等多功能的水利体系。

(二)优质供水能力处于全国前列

至 2015 年年底,宁波中心城区已建有 4 个制水厂,总设计供水能力 150 万吨/日,最高日供水量 136.9 万吨,供水范围覆盖宁波市属 6 区,拥有 DN1600 以上引水管道及隧洞 229 公里,DN100 以上供水管道 3500 公里,供水面积约 1200 平方公里,供水人口 420 万,用户总数 124.04 万户,市区供水普及率达 100%,管网水质综合合格率达到 99.9%以上。建成了全国首创的城市大口径供水环网工程,实现了多水源联调、多水厂联网、多水管联供的宁波城市现代化供水体系,覆盖中心城区的城乡一体化供水格局基本形成,供水保障能力大幅提升,供水水质和社会服务水平显著提高,走在了全国同类城市优质供水的前列。

(三)供排水管理能力明显提高

在供水方面,宁波加快生产调度系统与供水管网 GIS 系统、营业服务系统的融合进程,形成了以制水工艺为先导、供水管网 GIS 系统为基础,管网模型为核心的智慧供水体系,实现城市供水生产自动化、水质水量监测现代化、信息资源共享化、管理决策智能化,切实增强城市供水综合调度和应急响应能力。在排水方面,宁波加大信息技术应用,相继建成了数字防汛、智慧水利信息平台、水雨情遥测系统和重要水利工程监控系统,完善健全了防汛防台工作预案、基层防汛防台体系,已基本形成了集监测、预报、预警、防汛指挥和应急抢险等的综合防洪减灾非工程体系,防汛防灾的社会管理水平也有了明显提高。

(四)海绵城市建设探索先行

宁波高度重视海绵城市建设,在全国开展海绵城市建设试点之前,宁波在城市建设中已多处、多点,采用海绵城市"渗、滞、蓄、净、用、排"措施,进行了海绵城市工程实践。其中,江北慈城新区 2004 年起已采用了澳大利亚水敏感城市设计理念,对雨水径流污染进行净化、回收、利用,取得了良好的效果;东部新城生态走廊综合了地形、水文和植被等特点,构建了一条长约 3.3 公里的"水体过滤器",形成了可持续的生态基质。2016 年 4 月,宁波成功入选全国海绵城市试点,将在城市新区、各类园区、成片开发区全面推进海绵城市建设。但总的来看,宁波海绵城市建设还处于起步探索阶段,大规模推广实施还未实现。

(五)天然气设施不断完善

宁波天然气管网已经全面覆盖中心城区。已建成投用镇海、北仑、滨海三座天然气门站,建成 11 座高中压调压站、8 座出租车加气站、2 座公交车加气站。在国内率先建成天然气绕城高压环网,城区管线的供气能力大幅提升,拥有城市高压天然气管道 110 公里、城市中低压天然气管道 3016 公里,供气区域面积达 2461 平方公里,供气人口约 229 万人,管道天然气终端用户数近 70 万户。

(六)新能源汽车基础设施滞后于发展需求

宁波新能源汽车基础设施建设起步较早,早在几年前,就建立了 1 座电动汽车换电站、68 个充电桩,2 座高速服务区换电站。但由于技术标准不统一,造成原来宁波市区的 68 个充电桩使用率过低,几近闲置。至 2015 年年底,沈海高速段已经实现直流快速充电桩的全覆盖。杭州湾大桥南岸、慈城、奉化、宁海 4 个服务区,双向共有 8 个充电站,共计建成充电桩 114 个。但总的来看,宁波充电设施尤其是充电桩的建设远远跟不上新能源汽车发展需要,存在安装不便、供不应求的局面。

(七)新能源发电设施快速增加

在风力发电领域,2015 年,宁波已经建成杭州湾风电场、穿山半岛风电场、北仑福泉山风电场、涂茨风电场、炮台山风电场、茶山风电场、一市风电场、白岩山等 9 座风电场,总装机容量超过 40 万千瓦。在太阳能光伏发电领域,宁波积极鼓励企业充分利用厂房闲置屋顶,建设分布式光伏发电系统,并提供资金补助,取得了较好的成效,实现了从无到有的巨大跨越。截至 2015 年 11 月,全市分布式光伏发电项目备案 48.3 万千瓦,并网 10.7 万千瓦。

第三节　城市基础设施环境指数测算及比较

结合城市基础设施环境的内涵界定,构建具有时代特点的城市基础设施环境评价指标体系,测算指标权重和城市基础设施环境指数,并对宁波等九城的基础设施环境得分进行比较分析。

一、城市基础设施环境评价指标设置

目前,国内学者对城市基础设施评价已开展了一定的研究,总结了多种评价方法。在指标体系上,最具影响力的是浙江省建设厅提出的浙江省城市基础设施现代化指标体系,该指标体系将六大系统细分为 53 个分指标,并参考国外评价标准,提出了各指标的推荐值,在国内被广泛引用和借鉴。在城市基础设施评价上,金建清、范克危等人用最大关联法综合评价了中国主要城市的基础设施水平;蔡龙和章波等人用主成分分析法评价了中国 19 个城市基础设施的现代化水平;黄金川等采用加权平均和标准分等方法,对中国 287 个地级及以上城市的基础设施建设水平从发展排序、等级划分、空间分异和统计分布等方面进行了评价研究。总的来看,这些研究从理论框架向实际应用迈出了重要一步,但是评价的指标体系要么相对陈旧,不能反映时代特点;要么反映不出城市的差别,如供电率、供水率,每个城市几乎没有差别。

在本节城市基础设施指标体系上,主要从交通基础设施、信息基础设施、新型市政设施等三个维度进行构建(见表 5-1)。在具体构建时,一方面,尽可能多地使用相对指标,少使用绝对指标;另一方面,考虑到数据的可得性和可比性,用部分非基础设施但能反映基础设施总体情况的指标对基础设施指标进行了替代,如用机场旅客吞吐量反映机场规模和现代化程度。

(一)交通基础设施

交通基础设施是城市基础设施的最重要组成部分,将重点在港口、公路、铁路、航空、公共交通等领域设置指标。交通基础设施主要设置以下指标:港口货物吞吐量、港口集装箱吞吐量、机场旅客吞吐量、每万人火车车次、高速公路节点数、轨道交通密度、城市道路面积率等指标。

(二)信息基础设施

信息基础设施是城市的神经系统,在各地争相建设智慧城市的背景下,近年来各城市信息基础设施在突飞猛进的发展。信息基础设施主要设置以下指标:每万人互联网城域出口带宽、城区固网平均速度、光纤入户覆盖率、每万人国际互联网用户数、每万人 4G 用户数量、政务云和行业云建设及应用情况等指标。

(三)市政基础设施

市政基础设施包含范围很大。由于常规市政设施,比如供电供水,各城市差别较小,故不再设置指标进行测算比较;而是主要对近年来新出现的设施进行比较,比如天然气管网、新能源汽车充电桩、海绵城市等新型设施。测算比较的主要指标有天然气管网覆盖率、每万人充电桩数量、海绵城市建设情况。

表 5-1　城市基础设施环境指标体系及说明

一级指标	序号	二级指标	单位	备注
交通基础设施	1	港口货物吞吐量	亿吨	
	2	港口集装箱吞吐量	万标箱	
	3	机场旅客吞吐量	万人	
	4	每万人火车车次	次/万人	每天火车站总车次/城市常住人口
	5	高速公路节点数		国道得分为1,省道得分为0.5,累加
	6	轨道交通密度	公里/百平方公里	轨道交通长度/建成区面积
	7	城市道路面积率	万平方米/百平方公里	城区道路总面积/建成区面积

续表

一级指标	序号	二级指标	单位	备注
信息基础设施	8	每万人互联网城域出口带宽	G/万人	互联网城域出口带宽/城市常住人口
	9	城区固网平均速度	Mbit/s	
	10	光纤入户覆盖率	%	光纤覆盖用户/城区总户数
	11	每万人国际互联网用户数	户	国际互联网用户(固网)/城市常住人口
	12	每万人 4G 用户数量	户	4G用户数/城市常住人口
	13	政务云和行业云设施及应用情况	1	刚刚启动建设为 0~0.3,在部分领域较大规模应用为 0.3~0.7,在多领域普遍应用为 0.7~1
新型市政设施	14	天然气管网覆盖率	%	天然气管网覆盖用户/城区总用户
	15	每万人充电桩数量	个	充电桩数/城市总人口
	16	海绵城市建设情况	1	刚刚起步为 0~0.3,列为试点城市或出台政策文件 0.3~0.7,大面积建设为 0.7~1

二、城市基础设施环境指数测算

在数据标准化、确定指标权重的基础上,采用加权综合评分法测算城市基础设施环境指数,并对结果进行比较分析。

(一)指标数据的标准化

采用直线型方法中的临界值法(也叫阈值法),对数据进行标准化处理。处理后的结果如表 5-2 所示。

表 5-2 2014 年九城基础设施环境指标标准化后的数据

领域	指标	深圳	南京	青岛	宁波	苏州	厦门	无锡	杭州	大连
交通基础设施	港口货物吞吐量	28.9	28.2	85.7	100.0	89.0	24.6	25.8	0.0	77.0
	港口集装箱吞吐量	100.0	11.4	69.2	77.8	18.5	35.6	2.1	0.0	42.1
	机场旅客吞吐量	100.0	44.9	45.2	17.5	0.0	57.5	11.5	70.4	37.4
	每万人火车车次	62.5	103.1	0.0	15.6	42.2	100.0	71.9	62.5	20.3
	高速公路节点数	63.6	100.0	72.7	54.5	36.4	27.3	9.1	72.7	0.0
	轨道交通密度	60.5	72.1	11.6	55.8	39.5	0.0	39.5	39.5	100.0
	城市道路面积率	37.5	94.1	69.9	0.0	95.0	25.8	100.0	30.5	16.9
信息基础设施	每万人互联网城域出口带宽	29.2	45.9	16.7	48.2	37.4	11.5	100.0	3.9	0.0
	城区固网平均速度	0.0	17.4	14.1	14.1	23.7	15.1	16.9	15.1	16.7
	光纤入户覆盖率	0.0	100.0	80.0	90.0	100.0	72.0	100.0	90.0	92.0
	每万人国际互联网用户数	100.0	39.4	38.4	77.2	40.6	87.9	20.9	56.3	0.0
	每万人4G用户数量	100.0	0.0	25.3	2.5	62.7	41.5	45.5	28.3	32.3
	政务云和行业云建设及应用情况	100.0	91.4	80.0	85.7	14.3	71.4	42.9	85.7	0.0

续表

领域	指标	深圳	南京	青岛	宁波	苏州	厦门	无锡	杭州	大连
新型市政设施	天然气管网覆盖率	0.0	5.7	100.0	85.9	81.7	20.9	19.8	34.4	5.4
	每万人充电桩数量	100.0	6.2	0.9	0.0	1.9	5.8	1.2	0.8	2.0
	海绵城市建设情况	42.9	14.3	71.4	42.9	0.0	100.0	14.3	14.3	71.4

(二)指标权重测算

采取主客观组合赋权法,利用熵值确定指标客观权重,采用层次分析法(AHP)确定指标主观权重。设 W_j 为第 j 个指标的组合权数,w_j 为第 j 个指标的客观权系数,v_j 为第 j 个指标的主观权系数,第 j 个指标组合权数计算公式如下:

$$W_j = \alpha w_j + \beta v_j, j = 1, 2, \cdots, n$$

α 和 β 表示主、客观赋权方法的相对重要程度,满足 $0 \leqslant \alpha, \beta \leqslant 1$(一般取 $\alpha = \beta = 0.5$)。

城市基础设施环境指标体系权重如表 5-3 所示。

表 5-3　城市基础设施环境指标体系权重

一级指标		二级指标			
名称	权重	名称	熵值法权重	层次分析法权重	综合权重
交通基础设施	0.4879	港口货物吞吐量	0.0472	0.0356	0.0414
		港口集装箱吞吐量	0.0722	0.0842	0.0782
		机场旅客吞吐量	0.0483	0.1176	0.0830
		每万人火车车次	0.0457	0.0974	0.0716
		高速公路节点数	0.0455	0.1115	0.0785
		轨道交通密度	0.0412	0.0864	0.0638
		城市道路面积率	0.0490	0.0939	0.0715

续表

一级指标		二级指标			
名称	权重	名称	熵值法权重	层次分析法权重	综合权重
信息基础设施	0.2639	每万人互联网城域出口宽带	0.0701	0.0431	0.0566
		城区固网平均速度	0.0231	0.0487	0.0359
		光纤入户覆盖率	0.0215	0.1022	0.0619
		每万人国际互联网用户数	0.0386	0.019	0.0288
		每万人 4G 用户数量	0.0584	0.0497	0.0541
		政务云和行业云建设及应用情况	0.0363	0.0171	0.0267
新型市政设施	0.2482	天然气管网覆盖率	0.0825	0.0556	0.0691
		每万人充电桩数量	0.2618	0.0233	0.1426
		海绵城市建设情况	0.0585	0.0147	0.0366

(三)基础设施环境指数的测算

依据上述标准化后的指标数据和权重,采用加权综合评分法得到基础设施环境指数(见表 5-4)。

表 5-4　2014 年九城基础设施环境指标指数

指标	深圳	南京	青岛	宁波	苏州	厦门	无锡	杭州	大连
交通基础设施	**33.32**	**32.33**	**24.15**	**20.63**	**20.32**	**19.71**	**17.70**	**20.72**	**18.62**
港口货物吞吐量	1.20	1.17	3.55	4.14	3.68	1.02	1.07	0.00	3.19
港口集装箱吞吐量	7.82	0.89	5.41	6.08	1.45	2.78	0.16	0.00	3.29
机场旅客吞吐量	8.30	3.72	3.75	1.45	0.00	4.77	0.95	5.84	3.10
每万人火车车次	4.47	7.38	0.00	1.12	3.02	7.16	5.14	4.47	1.45
高速公路节点数	4.99	7.85	5.71	4.28	2.86	2.14	0.71	5.71	0.00
轨道交通密度	3.86	4.60	0.74	3.56	2.52	0.00	2.52	2.52	6.38
城市道路面积率	2.68	6.72	4.99	0.00	6.79	1.84	7.15	2.18	1.21
信息基础设施	**12.61**	**12.98**	**11.03**	**13.46**	**14.10**	**12.32**	**16.67**	**11.77**	**8.04**
光纤入户覆盖率	0.00	6.19	4.95	5.57	6.19	4.45	6.19	5.57	5.69
每万人互联网城域出口带宽	1.65	2.60	0.95	2.73	2.12	0.65	5.66	0.22	0.00

续表

指标	深圳	南京	青岛	宁波	苏州	厦门	无锡	杭州	大连
城区固网平均速度	0.00	0.62	0.51	0.51	0.85	0.54	0.61	0.54	0.60
每万人国际互联网用户数	2.88	1.13	1.11	2.22	1.17	2.53	0.60	1.62	0.00
每万人4G用户数量	5.41	0.00	1.37	0.14	3.39	2.24	2.46	1.53	1.75
政务云和行业云建设及应用情况	2.67	2.44	2.14	2.29	0.38	1.91	1.15	2.29	0.00
新型市政设施	**15.83**	**1.79**	**9.65**	**7.50**	**5.91**	**5.93**	**2.06**	**3.01**	**3.27**
天然气管网覆盖率	0.00	0.39	6.91	5.93	5.64	1.44	1.37	2.38	0.37
每万人充电桩数量	14.26	0.88	0.13	0.00	0.27	0.83	0.17	0.11	0.29
海绵城市建设情况	1.57	0.52	2.61	1.57	0.00	3.66	0.52	0.52	2.61
总指数	61.76	47.10	44.83	41.59	40.33	37.96	36.43	35.50	29.93

三、城市基础设施环境比较分析

(一)城市基础设施环境总体比较

根据前面确定的各指标权重和标准化数据,计算得到各城市基础设施环境的综合指数,具体如表5-5所示。

表5-5　2014年九城基础设施环境指数及排名

城市	基础设施		交通基础设施		信息基础设施		新型市政设施	
	指数	排名	指数	排名	指数	排名	指数	排名
深圳	61.76	1	33.32	1	12.61	5	15.83	1
南京	47.10	2	32.33	2	12.98	4	1.79	9
青岛	44.83	3	24.15	3	11.03	8	9.65	2
宁波	41.59	4	20.63	5	13.46	3	7.50	3
苏州	40.33	5	20.32	6	14.10	2	5.91	5

续表

城市	基础设施		交通基础设施		信息基础设施		新型市政设施	
	指数	排名	指数	排名	指数	排名	指数	排名
厦门	37.96	6	19.71	7	12.32	6	5.93	4
无锡	36.43	7	17.70	9	16.67	1	2.06	8
杭州	35.50	8	20.72	4	11.77	7	3.01	7
大连	29.93	9	18.62	8	8.04	9	3.27	6
平均值	41.71	—	23.06	—	12.55	—	6.11	—

总体上看,九个城市的基础设施环境综合指数分化较大(见图 5-1),最高分为深圳市,为 61.76,最低分为大连市,得分为 29.93,两者相差 31.83。九个城市的平均得分为 41.71,高于平均分的有深圳、南京、青岛三个城市,低于平均得分的有宁波、苏州、厦门、无锡、杭州、大连六个城市。

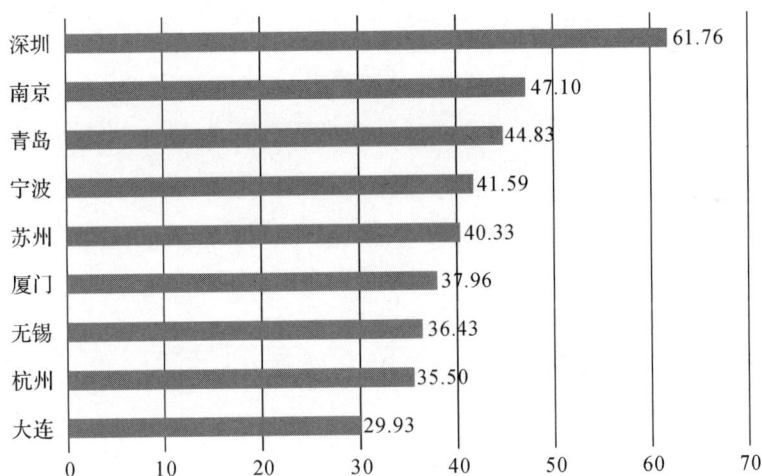

图 5-1　2014 年九城基础设施环境指数

南京、青岛、宁波、苏州 4 城市得分在 40～48,为基础设施环境较好的区域,虽然与深圳存在较大差距,但又明显好于厦门、无锡、杭州等城市。其中,南京得分为 47.10,比深圳低 14.66,比宁波高 5.51,比平均得分高 5.39,是高于平均得分的仅有的三个城市之一。青岛排名第三位,得分为 44.83,比宁波高 3.24,比平均得分高 3.12。宁波在九个城市中处于中上水平,排名第四位,得分与平均分基本持平,比平均分略低 0.12。苏州与宁波较为接近,两者相差 1.26。

厦门、无锡、杭州三城市得分在 35～38 之间,为基础设施环境一般或不太好的城市,三城市得分均低于平均得分,与平均得分相差 3～7 分。与宁波相比,三城市基础设施环境均相对较差一些。大连得分最低,为 29.93,明显低于其他城市,为九城市中基础设施环境最差的城市。分析原因,在一定程度上与大连的地理位置有关,由于地处辽东半岛顶端,基本属于交通末梢,导致火车车次、高速公路通达性相对较差,使得交通基础设施得分明显较低,进而拉低了总指数。

分城市看,深圳城市基础设施环境综合指数最高,遥遥领先于其他城市,与深圳作为一线城市的身份是比较吻合的。深圳比第二名南京高 14.66,比宁波高 20.17,比平均分高 20.05 分,明显拉高了平均分。深圳得分领先与指标"每万人充电桩数量"密切相关,由于该指标利用熵值法客观赋权明显高于其他指标,权重是其他指标的 3～4 倍,导致该指标的综合权重较高,达到 0.1426,大大高于其他指标。此一项指标为深圳贡献了 14.26,占总得分的 23%。从大项指标看,深圳在城市交通基础设施指数和新型市政设施指数均为第一,说明深圳交通设施和新型市政设施处于各城市领先水平。

图 5-2 为 2014 年九城市基础设施环境指数雷达图。

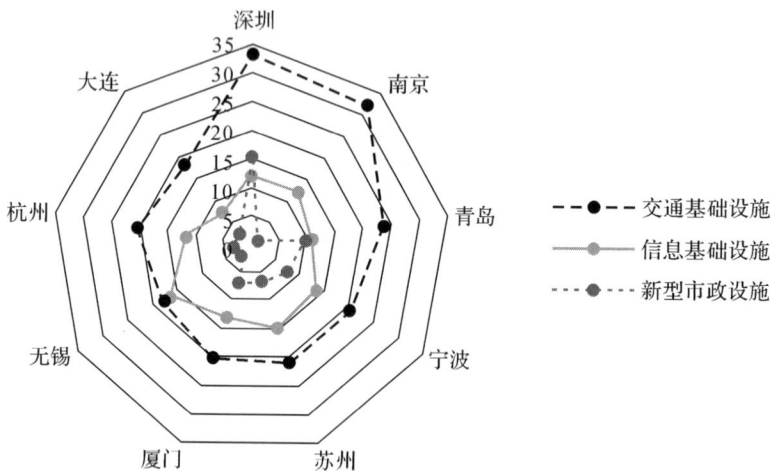

图 5-2　2014 年九城基础设施环境指数雷达图

(二)交通基础设施比较

交通基础设施是城市基础设施最重要的组成部分,总权重达到 0.4879,接近一半。在交通基础设施中,深圳、南京排名为第一、二位,在 30 以上,说明两城市交通基础设施完善,在九城市中处于领先水平;青岛、杭州、宁波、苏州交通基础设施指数在 20～25 之间,说明四城市交通基础设施总体上较好,但与先进城市存在差距,基本处于中间水平;厦门、大连、无锡交通基础设施指数在 20 以下,说明三城市交通基础设施总体水平较差,存在较大的提升空间(见图 5-3)。

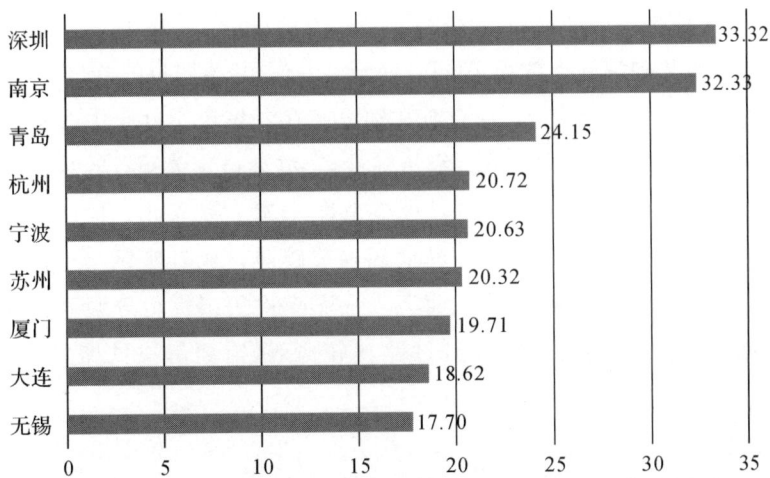

深圳　33.32
南京　32.33
青岛　24.15
杭州　20.72
宁波　20.63
苏州　20.32
厦门　19.71
大连　18.62
无锡　17.70

图 5-3　2014 年九城交通基础设施指数

分城市来看,深圳交通基础设施指数得分最高,达到 33.32,比得分最低的无锡高 15.62,差距明显。从二级指标看,深圳集装箱吞吐量、机场旅客吞吐量得分大幅领先,说明深圳拥有完善的港口和机场设施。此外,深圳高速公路节点数、每万人火车车次、轨道交通密度等指标得分较高,说明深圳铁路、轨道交通、高速公路通达性较好。

南京交通基础设施指数为 32.33,与深圳较为接近,处于第二位。从二级指标看,南京高速公路节点数、每万人火车车次、城市道路面积率等指标得分明显领先,说明南京对外交通与对内交通都较为发达,设施完善。而港口集装箱吞吐量等指标得分较低,这与南京内河港定位及地理位置有关。

青岛交通基础设施指数为 24.15,处于第三位,比第二位的南京低 8.18,差距明显;比第四位的杭州高 3.43,亦有明显领先。从二级指标看,港口集装箱吞吐量、高速公路节点数、城市道路面积率等指标得分较好,说明青岛的港口、高速公路、城市道路等设施完善。而每万人火车车次、轨道交通密度得分明显低于其他城市,尤其是每万人火车车次在九个城市中最低,属于青岛交通基础设施的薄弱环节。

杭州交通基础设施指数为 20.72,处于第四位,与第三位的青岛有明显差距,但与第五、第六位的宁波、苏州较为接近。从二级指标看,杭州高速公路节点数、机场旅客吞吐量、每万人火车车次等指标得分较为领先,说明杭州高速公路、机场、铁路等对外交通设施发达。而港口货物吞吐量、港口集装箱吞吐量得分最低,说明杭州内河港设施较为落后。

宁波交通基础设施指数为 20.63,处于第五位,与第四位的杭州和第六位的苏州较为接近。总体上看,宁波交通基础设施在九城市中处于中等水平,与先进城市相比,提升空间较大。从二级指标看,宁波港口集装箱吞吐量、港口货物吞吐量等指标较高,说明宁波的港口设施完善,比较优势突出。同时,宁波高速公路节点数得分相对较高,说明宁波的高速公路建设成效明显,公路对外交通通达性较好。而城市道路面积率、每万人火车车次等指标得分明显偏低,说明宁波市内道路建设有待提速,对外铁路比较薄弱,需要解决铁路"卡脖子"的问题。

苏州交通基础设施指数为 20.32,处于第六位,与第五位宁波、第七位厦门较为接近,差距不大。总体上看,苏州交通基础设施在九城市中处于中等偏下水平。从二级指标看,苏州城市道路面积率得分较为领先,说明苏州城市道路设施完善,市内交通通达性高。同时,苏州港口货物吞吐量、每万人火车车次等指标相对较好,说明苏州的港口设施和铁路设施通达性较好。而在机场旅客吞吐量方面,苏州由于没有独立的机场,得分最低。

厦门交通基础设施指数为 19.71,处于第七位。总体上看,厦门交通基础设施在 9 个城市中处于中等偏下水平。从二级指标看,厦门每万人火车车次、机场旅客吞吐量等指标得分较为领先,说明厦门火车、飞机等对外交通设施完善,对自身人口的适应度较高。而由于厦门轨道交通尚未建成通车,拉低了厦门的交通基础设施指数。

大连交通基础设施指数为 18.62,处于第八位。总体上看,大连交通基础设施在九城市中处于较差水平。从二级指标看,大连轨道交通密度得分在城市中遥遥领先,说明大连对轨道交通重视力度大,建设成效好,与城市自身规模的适应度高。而高速公路节点数、每万人火车车次等指标却较低,说明大连受制于自身地理位置,对外交通设施相对落后。

无锡交通基础设施指数为 17.70,处于最后一位。总体上看,无锡交通基础设施在九城市中处于较差水平。从二级指标看,无锡城市道路面积率、每万人火车车次等指标得分明显较高,说明无锡重视城市道路建设,注重解决市内交通难题,并且由于地处京沪高铁、沪宁城际等铁路干线,铁路设施发达。而机场旅客吞吐量、高速公路节点数等指标得分却明显偏低,说明无锡机场的规模、等级以及高速公路的对外通达性有待提升,同时受制于地理位置,无锡的港口货物吞吐量、港口集装箱吞吐量相对较小。

(三)信息基础设施比较

在信息基础设施中,各城市分化相对较小。无锡得分最高,得分在 16 以上,明显领先于其他城市;苏州、宁波、南京、深圳、厦门处于第二层次,得分在 12～15 之间,属于信息基础设施较为发达的城市;杭州、青岛、大连处于第三层次,得分在 12 以下,是信息基础设施较为薄弱的城市,尤其是大连,与其他城市差距明显(见图 5-4)。

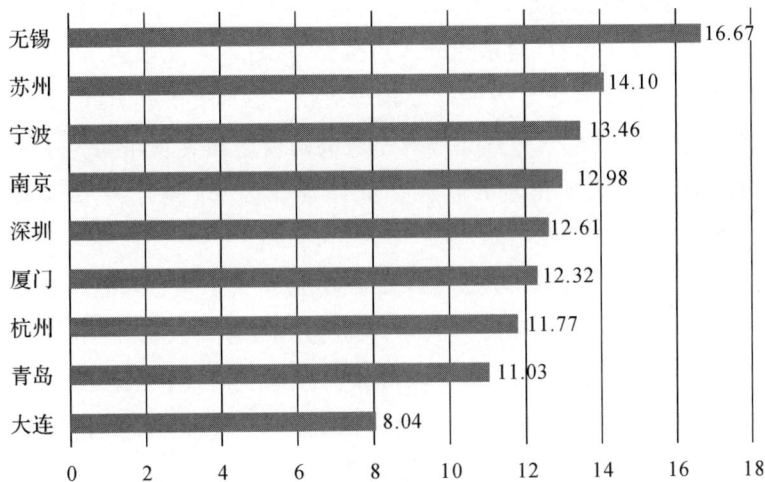

图 5-4　2014 年九城信息基础设施指数

分城市来看,无锡信息基础设施指数得分最高,达到 16.67,比得分最低的大连高 8.63,是九个城市中信息基础设施环境最好的城市。从二级指标看,无锡每万人互联网城域出口带宽、光纤入户覆盖率、每万人 4G 用户数量等指标得分较高,反映出无锡近年来大力开展智慧城市建设,成效逐步显现,信息基础设施已较为完善。不足之处是每万人国际互联网用户得分较低。其他指标得分则相对平稳,与其他城市得分基本一致。

苏州信息基础设施指数为 14.10,仅次于无锡,处于第二位,但比无锡低 2.57。总体上看,苏州信息基础设施是九个城市中明显较好的城市。从二级指标看,苏州与无锡较为类似,光纤入户覆盖率、每万人 4G 用户数量、每万人互联网城域出口带宽等指标得分较高,说明苏州光网宽带和移动网络设施建设力度大,设施先进,覆盖范围大。而政务云和行业云建设情况得分相对较低,说明苏州在云平台建设上相对落后,有待加大力度。

宁波信息基础设施指数为 13.46,处于第三位,属于 9 个城市中信息基础设施明显较好的城市。从二级指标看,宁波光纤入户覆盖率、每万人互联网城域出口带宽、每万人国际互联网用户数、政务云和行业云建设情况等指标得分较为突出,处于领先水平,说明宁波得益于智慧城市建设,信息基础设施建设推进力度大,总体设施水平较高。而每万人 4G 用户数得分相对较低,说明宁波移动网络设施建设和 4G 推广滞后于其他先进城市。

南京信息基础设施指数为 12.98,处于第四位,是九城市中信息基础设施较好的城市。从二级指标看,南京光纤入户覆盖率、每万人互联网城域出口带宽、政务云和行业云建设情况等指标得分较为突出,处于领先水平,说明南京信息基础设施建设推进力度大,总体设施水平较高。与宁波类似,南京每万人 4G 用户数得分相对较低,说明南京移动网络设施建设和 4G 推广滞后于其他先进城市。

深圳信息基础设施指数为 12.61,处于第五位,属于信息基础设施建设较好的城市。从二级指标看,深圳每万人 4G 用户数量、每万人国际互联网用户数、政务云和行业云建设情况等指标明显得分较高,处于各城市领先水平,说明深圳移动网络、云平台等新型信息基础设施推进力度大,同时基础固定网络覆盖范围大。而光纤入户覆盖率、城区固网平均速度等指标却大幅落后于其他城市,说明深圳信息基础设施的质量有待进一步提升。

厦门信息基础设施指数为 12.32,处于第六位,属于信息基础设施较好的城市。从二级指标看,光纤入户覆盖率、每万人国际互联网用户数、每万人 4G 用户数等指标得分较高,说明厦门新型网络设施建设推进力度大,建设成效好。而每万人互联网城域出口带宽指标得分较低,存在较大的提升空间。

杭州信息基础设施指数为 11.77,处于第七位,属于信息基础设施相对较为薄弱的城市。从二级指标看,杭州光纤入户覆盖率、政务云和行业云建设情况等指标得分较为领先,说明杭州新型信息基础设施建设应用成效明显。而每万人互联网城域出口带宽等指标得分明显较低,说明杭州的互联网城域出口带宽与城市人口规模还不相适应,与城市需求存在供需矛盾。

青岛信息基础设施指数为11.03,处于第八位,属于信息基础设施相对较为薄弱的城市。从二级指标看,青岛光纤入户覆盖率、政务云和行业云建设情况等指标得分较高,说明青岛新型信息基础设施建设应用成效明显。而其他指标虽然不是九城市中最差的,但总体上比较平淡,缺乏亮点,处于靠后的位置,存在较大的提升空间。

大连信息基础设施指数为8.04,处于最后一位,与其他城市差距明显,属于信息基础设施较差的城市。从二级指标看,大连除光纤入户覆盖率得分较高外,每万人互联网城域出口带宽、每万人国际互联网用户数、政务云和行业云建设情况等指标大幅落后,为九城市中得分最低,说明大连信息基础设施质量不高,急需提升完善。

(四)新型市政设施比较

在新型市政设施中,各城市分化较大。深圳得分最高,得分在15.83,独领风骚,比第二位的青岛高6.18,是最后一位南京的8.84倍,大幅领先于其他城市;青岛、宁波、厦门、苏州处于第二层次,得分在5~10,属于新型市政设施较为发达的城市;大连、杭州处于第三层次,得分在3~5,是信息基础设施较为薄弱的城市;无锡、南京处于第四层次,得分在1~3之间,与其他城市差距明显,为信息基础设施较为落后的城市(见图5-5)。

分城市来看,深圳新型市政设施指数得分最高,是9个城市新型市政设施最好的城市。正如上文提到的,这与指标"每万人充电桩数量"的客观赋权较高有关,该指标的客观权重达到0.2618,与主观权重加权汇总后的综合权重也有0.1426,大大高于其他指标。同时,深圳该指标的原始数据较大,达到14.26个/万人,而其他城市都在1个/万人以内,差距非常悬殊。此一项指标为深圳新型市政设施贡献了14.26,贡献度达到90%。说明深圳对充电桩建设力度很大,推进成效很好。从其他指标看,深圳的天然气管网密度得分最低,说明天然气管网较为薄弱,需要进一步加大建设力度。

青岛新型市政设施指数为9.65,仅次于深圳,处于第二位,为新型市政设施发达的城市。从二级指标看,青岛天然气管网密度得分最高,说明青岛重视天然气等清洁能源设施的建设,且建设成效突出。同时,青岛海绵城市建设情况

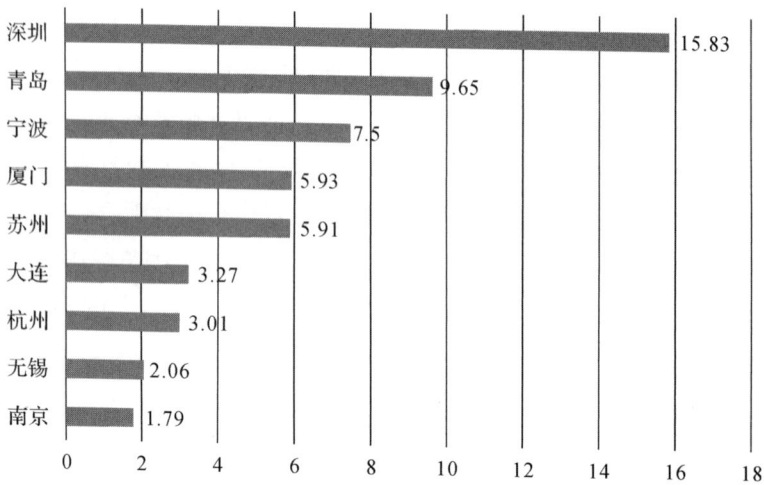

图 5-5   2014 年九城新型市政设施指数

得分较高,已经陆续出台了推进海绵城市建设的政策文件和建设方案,并列入第二批全国海绵城市建设试点城市。而青岛每万人充电桩数量则相对较少,推进力度急需加大。

宁波新型市政设施指数为 7.50,处于第三位,属于新型市政设施较为发达的城市。从二级指标看,宁波天然气管网密度得分较高,说明宁波天然气等清洁能源设施完善。同时,宁波海绵城市建设情况得分处于中上水平,已经列入第二批全国海绵城市建设试点城市,在部分区域率先开展试点示范。在每万人充电桩数量方面,宁波与青岛类似,是 9 个城市中每万人充电桩数量最少的城市,总体推进缓慢,亟须创新建设模式,加大建设力度。

厦门新型市政设施指数为 5.93,处于第四位,属于新型市政设施较为发达的城市。从二级指标看,厦门海绵城市建设情况得分最高,是 9 个城市中唯一一个列入第一批全国海绵城市建设试点城市,已经陆续出台了推进海绵城市建设的政策文件和建设方案,在部分区域率先开展试点示范。同时,每万人充电桩数量、天然气管网密度等指标得分处于中间水平,既不领先,亦不明显落后。

苏州新型市政设施指数为 5.91,处于第五位,属于新型市政设施较为发达的城市。从二级指标看,苏州天然气管网密度得分较高,说明苏州天然气设施完善,覆盖范围大。而苏州海绵城市建设情况、每万人充电桩数量得分较低,尤其是海绵城市建设暂处于起步阶段,未被列入全国试点城市,充电桩数量相对较少。

大连新型市政设施指数为 3.27,处于第六位,属于新型市政设施较为薄弱的城市。从二级指标看,大连海绵城市建设情况得分较高,已经陆续出台了推进海绵城市建设的政策文件和建设方案,并列入第二批全国海绵城市建设试点城市,在部分区域率先开展试点示范。而每万人充电桩数量、天然气管网密度等指标处于得分较低的水平,总体处于比较靠后的位置,需要加大力度建设。

杭州新型市政设施指数为 3.01,处于第七位,属于新型市政设施较为薄弱的城市。从二级指标看,杭州天然气管网密度得分相对较高,说明杭州天然气设施比较完善,但与先进城市相比,仍有提升空间。在海绵城市建设情况、每万人充电桩数量上得分相对较低,杭州市政府虽然出台了海绵城市的相关政策文件,但没有被列入全国试点城市。充电桩建设相对滞后,与城市人口规模和需求不相适应。

无锡新型市政设施指数为 2.06,处于第八位,属于新型市政设施较差的城市。从二级指标看,无锡三项指标总体表现平淡,没有特别突出之处,充电桩和海绵城市建设明显滞后于多数城市,提升空间巨大。

南京新型市政设施指数为 1.79,处于最后一位,属于新型市政设施较差的城市。从二级指标看,南京每万人充电桩数量得分相对较高,仅次于深圳,虽然与深圳差距巨大,但明显领先于其他城市。而天然气管网密度、海绵城市建设等指标得分明显落后于其他城市,需要加快推进力度,提升设施总体水平。

第四节 同类城市优化基础设施环境的经验

总结深圳、杭州、南京等同类城市在优化基础设施环境方面的先进做法,为宁波城市基础设施完善提供经验借鉴和参考。

一、完善交通基础设施的主要做法

(一)积极建设快速路

深圳在国内率先建设了介于高速公路和城市主干道之间的城市快速路,建成了由北环大道和滨海大道等道路组成的快速路系统。以快速路为基础形成的交通系统,为当时经济特区内罗湖、福田、南山的开发建设打下了坚实基础,奠定了经济特区内城市的基本格局。

杭州大力加强城市快速路建设。近年来杭州市快速路网及配套主次干道建设强势推进,"一环一绕三纵五横"快速路网建成,城乡一体新的交通道路格局初步形成。秋石快速路(二期)高架主线,九堡大桥及北接线高架主体,彩虹快速路(萧山段)东入城口整治工程等相继建成通车;德胜快速路西延落地、九堡大桥南接线、风情大道南延伸等在建工程全面推进。

青岛大力推进快速、主次干路建设。全市"十二五"期间建成快速路达40公里、主干路154公里、次干路及支路700余公里,区域对外辐射能力显著增强,城区道路交通条件明显改善。青岛积极谋划高速铁路建设。开通运营了胶济客专、青荣(青岛—烟台—威海—荣成)铁路,济青高铁(济南—青岛)、青连铁路(青岛—连云港)全面开工。

苏州建成了由内环、中环及绕城高速组成的三个快速环路,并以独墅湖大道等多条快速放射线加以串联,构成苏州中心城市对外辐射的快速路网体系。

(二)创新交通设施建设投融资模式

深圳地铁一期实行以政府财政投资为主导的投融资模式,二期开始探索实行"地铁＋物业"投融资模式,并在前海车辆段等尝试实践,三期全面实行"地铁＋物业"投融资模式。深圳地铁三期工程包含6、7、8、9、11号线,目前开工建设的7、9、11号线总投资812亿元,政府与企业分别负担50％投资,政府投资主要来源为轨道交通上盖物业及沿线土地出让收益,在土地收益不能满足需求时由市财政资金投入。同时通过BT模式引入大型央企参与建设,融资规模达495亿元,由中标央企按照合同规定在深圳注册成立项目公司,负责BT项目的融资及建设地铁,解决土地资源开发变现与地铁建设资金需求时间差问题。

杭州以政府出资、银行融资为基础,通过多元化融资,全方位筹措建设资金。积极争取金融机构的支持,综合利用贷款、中票、短融、融资租赁等融资方式,促进融资模式多元化。市地铁集团要成立相应的专业团队,探索BT、BOT、PPP等多元化投资、建设和运营模式。杭州引导社会资本参与基础设施建设。杭州市政府出台鼓励和引导社会资本参与基础设施建设的实施方案,首批推出91个项目,总投资2074亿元,拟引入的社会资本总额达1468亿元。首批推出的实施项目包括轨道交通、公路及城市道路(含桥梁、隧道)、综合交通枢纽和公交场站等七大领域。公交场站等领域,是首次向社会资本开放。

青岛以多元化融资方式建设新区道路及市政设施等项目。青岛西海岸新区与北京市政建设集团有限责任公司等 4 家单位签署合作协议,以"组合融资"方式建设新区道路及市政设施等项目。签约的 4 个"组合融资"项目占总投资额约 49 亿元。青岛西海岸新区与中交投资基金管理有限公司共同发起设立总规模为 200 亿元的青岛西海岸基础设施投资基金,用于新区交通、市政道路、地下管廊等基础设施和教育卫生、保障性住房等社会公益性项目建设。除"组合融资"模式、基金投资模式外,青岛西海岸新区还将采用 PPP(政府和社会资本合作)等多种项目投融资模式。

厦门引入社会资本参与公共基础设施建设,厦门市与中国铁建股份有限公司签约,由双方出资组建的项目公司实施厦门市首个管廊 PPP 项目——厦门翔安新机场片区地下综合管廊 PPP 项目。项目合作期 20 年,包括建设期 4 年(含分段运营期 2 年)和全线运营期 16 年,项目合同额达 14.77 亿元。厦门管廊公司出资 3000 万元,占股 10%;负责项目实施的中国铁建中铁海峡建设集团出资 2.7 亿元,占股 90%。双方出资组建的项目公司负责实施项目的设计、投融资、建设、运营、维护等。政府则主要负责社会资本采购、项目协议签署和后续监管。每一年,相关部门对项目公司的运营情况进行一次考核。只有项目达标,项目公司才能得到可行性缺口补助和跨年度财政预算。不达标的必须按要求进行整改。工程完工管线入廊后,项目公司收取入廊费和日常维护费用作为回报。

苏州积极利用保险资金。险资在苏州基础设施债权投资计划首次超过无担保债券,成为保险资金在江苏最大的投资品种。国寿股份、国寿集团、国寿财险、苏州国发创业、东吴证券签署《国寿(苏州)城市发展产业投资企业(有限合伙)之合伙协议》,共同投资成立国寿(苏州)城市发展产业投资企业(有限合伙)。其中,国发创投出资 30 亿元,为普通合伙人及执行事务合伙人;国寿股份、国寿集团、国寿财险和东吴证券分别出资 50 亿元、5 亿元、5 亿元和 10 亿元,为有限合伙人。拟投资项目实施主体及项目运营区域均在苏州市范围内,投资范围锁定在政府投资的城市基础设施建设投资项目及城市发展产业项目等。除中国人寿外,中国太平已经成功投资 11 亿元参与苏州工业园区内区镇一体化项目建设;太平洋保险在苏州的初步投资额为 8 亿元,已经划款;"人保—苏州轨道交通债权投资计划"已全部完成划款,募集资金 30 亿元,计划期限 7 年,投向苏州市重点交通基础设施项目轨道交通二号线。

(三)积极发展公共交通

深圳打造"路中式快速—路侧式干线—路侧式局域"三级公交网络。通过给予公交路权优先,实现公交提速。最终实现市民公交全程出行(即包含步行至公交站、候车、乘车、步行至目的地)时间为小汽车1.5倍以内,从而提高市民公交出行的比重。为提升公交服务,全市优化公交线网规划布局,新增、优化公交线路,积极建设公交专用通道。截至2015年年底,深圳公交专用道里程达到990车道公里,较2014年年底增加了170车道公里。

杭州重视城市公共交通建设。2010年杭州市委市政府就出台了《关于深入实施公共交通优先发展战略打造"品质公交"的实施意见》,实施"公交优先"战略,构筑以轨道交通为骨干,公共汽(电)车为主体,出租汽车、水上巴士(的士)、免费单车(公共自行车)为补充的"五位一体"城市大公共交通营运结构,打造立体化、多层次、便捷换乘的"公交优先"城市。目前杭州市已初步形成了以轨道交通、快速公交、出租车辆、免费自行车、水上巴士组成的公共交通系统。

大连公共交通出行方式实现多元化,实施公交优先发展战略,建地铁、修快轨,设置公交专用道,"十二五"期间,地铁1、2号线一期工程顺利通车试运营,全市轨道交通运营里程达到143公里,将中心城区的大型住宅区、商务区、产业园区、重要交通枢纽等有机串联起来。共新开、延伸、延时公交线路96条,增设和调整317处公交站点,更新公交车辆3556台。创新开通定制商务快线、巴士快线、社区巴士、夏季旅游线路等多种公共交通出行方式。到"十二五"末,公交线网长度533公里,公交站点500米覆盖率为93%,万人拥有公交车23.8标台/万人,公交出行分担率45%,公交出行分担率和万人拥有公交车数均列辽宁省第一。

青岛加快建设公共交通基础设施,加快建设地铁3号线和地铁2号线一期工程以及蓝色硅谷城际轨道交通工程(R1),加快推进地铁1号线、4号线、6号线及西海岸城际轨道交通工程(R3)前期工作。发展以公共汽(电)车为主体的地面公共交通,合理规划建设现代有轨电车等大容量地面公共交通系统;推进换乘枢纽、充换电站(桩)、加气站、调度中心、保养场以及公交停车场等配套服务设施建设,将其纳入旧城改造和新城建设规划同步实施。

苏州全力推进公交都市建设。"十二五"期间,轨道交通1号线和2号线、有轨电车1号线建成通车,公交车线路也从五年前的255条增加到2015年年底的 332 条。轨交 2 号线延伸线、4 号线及支线都已实现全线"轨通",分别于 2016 年下半年和 2017 年上半年开通试运营。有轨电车 2 号线计划于 2017 年上半年开通。

(四)加大交通设施投资力度

深圳高度重视交通基础设施建设,一直保持高位投资的态势。2011 年完成交通建设投资 275.05 亿元,2012 年完成交通建设投资 181.12 亿元,2013 年全市交通建设完成总投资 254.11 亿元,2014 年完成交通建设投资 232.02 亿元。2015 年仅地铁 7、9、11 号线就完成投资 166 亿元。2016 年深圳又掀起交通基础设施建设新高潮,将在五年内投入 1580 亿元开展"东进拓展、中轴提升、西部优化"三大交通基础设施建设大会战。

青岛加快交通基础设施投资。据统计,2012—2014 年,青岛市交通运输、仓储和邮政业完成投资 815.8 亿元,年均增长 15.3%,占三年以来全市基础设施投资的 32.8%。2014 年,青岛市计划总投资 10 亿元以上的交通大项目 12 个,完成投资 163.7 亿元,占全市亿元以上交通运输业项目投资的 61.5%。青荣城际铁路、海青铁路、铁路青岛北站、地铁 2 号线、地铁 3 号线等轨道交通类项目完成投资 77.6 亿元,占全市 10 亿元以上交通类大项目投资额的 47.4%。集中供热、市政设施、公共交通和园林绿化等城市建设水平彰显省内龙头地位。

南京和苏州保持交通基础设施高位投资态势。2015 年南京城建计划总投资为 357.5 亿元,其中,交通基础设施建设和共用基础设施建设是"大头",占到全市城建总盘子的 62.3%。苏州 2013 年共完成投资 126 亿元,超年度计划 12.3%。2014 年苏州市交通基础设施投资初步计划为 136.1 亿元。

(五)大力打通断头路

深圳高度重视城市交通瓶颈破解,积极推进断头路建设。2012 年以来,不少断头路被依次打通。2013 年打通 10 条断头路。2014 年打通 9 条断头路。2015 年打通断头路 12 条,新建停车泊位 50156 个。2015 年深圳加大了断头路建设的力度,市政府专门出台《深圳市打通断头路三年行动计划(2015—2017)》,计划在三年内打通 129 条断头路。

青岛加强城市道路养护,减少"拉链马路"现象。合理制订年度掘路计划,规范掘路行为,按照适度超前原则,做好地下管线容量预测,加强道路掘路时地下管线的预埋、预留,推广地下管线非开挖施工技术,减少重复掘路和"拉链马路"现象。

南京针对断头路、瓶颈点、畸形路口较多，部分道路越级连接，支路系统性不强，严重影响交通通达性，导致交通负荷分布不均等问题，推进模范西路改造、纬七路东进、石杨路西延、红山南路东延、安德门大街拓宽改造等城市道路建设重点项目，进一步完善城市综合路网体系建设。

(六)加快建设停车设施

青岛市为缓解道路拥堵，积极解决停车难问题。"十二五"期间，青岛建成了栈桥奥特莱斯、海伦广场、香港西路一号、动物园西门、保儿小学等多个大型公共停车场和临时停车场，2011年至2014年累计建设公共停车泊位约3.9万个。青岛安排专项资金2000万元用于对各区公共停车场建设奖补，引导各区挖掘停车潜力，市北区、李沧区利用多处拆迁空地、闲置土地等建设停车场。与此同时，积极鼓励社会企事业单位将自有停车场向社会开放，每年增加公共停车泊位约1万个；对部分现有地面停车场将进行立体化改造，增加停车泊位。

南京加大停车场建设。建设马群综合换乘中心，建成康盛花园、安怀东路等地下停车场，续建瑞金北村小学、春江学校等地下停车场，建设儿童医院南侧停车场、百子亭地下停车场、马高路地面停车场等一批停车场(库)，逐步缓解城区停车难问题。

(七)提升交通设施管理运行效率

深圳创新基础设施智慧化管理模式。运用新一代信息通信技术和互联网技术，梳理交通基础设施从规划、设计、建设、运营、维护到再利用的全生命周期，对实物数据进行单元化、模块化、数字化采集，对管理行为进行流程化、标准化、智能化再造，建设交通基础设施智慧化管理平台，对全市9108条、总里程6375公里、总面积110平方公里的道路设施进行大数据管理，全面提升管理效能。强化出租车、道路客运车、危货车、泥头车等运行监测，日均超速次数下降32.5%。优化完善"e行网"网站和交委政务微博，推出"交通在手4.1"版及微信公众号，搭建"交委—市民"双向信息沟通平台。杭州推进智慧交通建设，加强综合交通信息资源整合，完成综合交通信息指挥中心升级改造，市直部门之间以及与民航、铁路等部门的交通信息资源共享初见成效。大连推进智能交通建设，启动大连市公共交通智能化应用示范工程，建设两条电子站牌示范线路，安装车载终端2459台、BRT线路电子站牌43个。建设出租汽车服务管理系统,完成数据中心、指挥中心、呼叫中心等三个中心建设。96126 手机打车软件、公交线路查询、大连掌上公交等手机 APP 投入运行。

二、完善信息基础设施的主要做法

(一)创新管理模式推进信息基础设施建设

深圳政府积极推进政府职能转变,继续深化行政审批制度改革,创新管理模式,加快城市通信基础设施建设并进行专题研究,协调解决深圳铁塔及移动、电信、联通等通信运营企业在建设过程中遇到的问题,为通信基础设施建设开辟绿色通道,加速深圳市成为首批国家新型智慧城市标杆市。深圳市政府对深圳市召开专门会议,研究加快城市通信基础设施问题,在充分听取各部门和通信运营企业意见的基础上,出台了《深圳市关于加强城市通信基础设施的意见》,明确任务和目标,进一步规范和指导政府各部门、各通信运营企业的行为。针对铁塔公司遇到的问题,深圳市政府各部门研究提出了"一文申报、并行审查、同步建设、风险自担、事后补齐"的原则,即铁塔公司的请示文件可同时向政府相关部门报送,各部门接到文件后只提出本部门的行业审查意见,建设企业在拿到报文回执的同时可同步进行施工,但可能面临审查未通过的风险,损失要由企业自担。企业在取得各部门审查意见的基础上,年底前一次性申请纳入当年城市建设规划,并办理相关产权手续。

(二)大力建设网络基础设施

深圳政府高度重视宽带网络基础设施建设,将宽带网络基础设施建设近三年连续列为市政府重点工作和民生实事加以督办和推进,印发了《深圳市加快推进"宽带中国"示范城市建设工作方案(2014—2015 年)》。市经贸信息委大力推进"全光网城市"建设,普查深圳既有住宅区和住宅建筑宽带接入情况,在现有政策落实内对光纤用户发展实施扶持,推进通信基础设施"最后一公里"共建共享,联合市住房建设局、通信管理局大力推进光纤到户国家标准的贯彻落实,印发深圳市通信接入基础设施规范。下发《关于加快推进信息基础设施建设的通知》,提出 2016 年光纤入户率将提升至 80%,到 2017 年年底,主要宽带指标位居全国先进行列,新建住宅建筑、商务建筑及办公楼宇全面实现光纤到户,全面实现 4G 网络全覆盖。

南京高度重视新一代信息基础设施建设。南京市政府继 2015 年上半年发布全市信息通信基础设施建设重点任务之后,于下半年再度印发《市政府关于进一步推进信息基础设施建设的意见》。提出到 2020 年,总体建成"宽带、融合、泛在、共享、安全"的新一代信息基础设施,4G 网络实现城乡全覆盖。南京市政府从规划引领、组织协调、政策扶持等方面提出了保障措施。一是要求相关部门将通信基础设施规划统一纳入城市控制性详细规划;二是要求市信息通信基础设施建设领导小组各成员单位协助铁塔公司解决基站选址问题;三是加大信息基础设施与其他基本建设项目的同步规划及建设推进力度,引导各类住宅小区、商务楼宇、地铁、车站等建设项目同步规划建设基站、管线和室分系统等通信配套设施。

无锡通过智慧城市建设提升信息基础设施水平。作为智慧城市的排头兵,无锡已连续四年被评为中国智慧城市发展评估第一名,在建设智慧城市方面已逐渐形成独特的"无锡模式"。无锡正式出台《智慧无锡建设三年行动纲要(2014—2016 年)》,为智慧城市建设工作构建总体框架,明确推进思路。2015年无锡率先建成了全免费 Wi-Fi 城市,率先成为省内首个全光网城市,率先在省内开通了微信城市服务入口,率先基本建成了城市大数据中心和四大平台,智慧教育、智慧安防、智慧养老等一批应用提升工程取得实质性进展。无锡市信息基础设施已跻身国内一流水平。

(三)把信息基础设施建设纳入城市总体规划

大连出台《关于进一步推进城市智慧化建设工作的意见》,将信息通信基础设施建设专项规划纳入城市经济社会发展规划、土地利用总体规划、城乡道路规划等综合性和专项规划中,同步安排通信光缆、管道、基站、机房等信息通信基础设施建设内容。为推动通信基础设施建设专项规划纳入城市总体规划,大连市通信管理局组织各基础电信企业、铁塔公司先后召开了大连地区通信行业专项规划研讨会十余次,要求各企业汇总管线、基站、机房等信息开展规划编制工作。同时,积极与市规划局协调纳入城市总体规划具体工作事宜,并向市政府申请信息通信基础设施建设规划编制专项资金。

三、完善新型市政设施的主要做法

(一)大力推进海绵城市建设

杭州出台《关于推进海绵城市建设的实施意见》,提出到 2020 年实现城市建成区 20％以上面积达到目标要求,到 2030 年达到 80％以上。

大连专门成立了海绵城市建设管理工作领导小组,重新修订了《城市总体规划》,将海绵城市建设内容纳入其中,并根据总体规划,启动了《大连市海绵城市建设工作方案》《大连市海绵城市专项规划》的编制工作。大连入围全国第二批海绵城市建设试点城市。自 2016 年起,大连市新区、各类园区、成片开发区要全面落实海绵城市建设要求,新建城区硬化地面可渗透面积要达到 40％以上。

青岛高度重视海绵城市建设。青岛发布实施《青岛市人行道绿带技术导则》,规范了人行道绿带的建设质量、统筹规划,要求合理布局、因地制宜地营造安全、生态、环保、美观的人行空间,进一步推动生态文明建设。青岛市印发《关于加快推进海绵城市建设的实施意见》,要求"十三五"期间科学规划和统筹实施建筑与小区、道路与广场、城市水系统建设,加强规划建设管理,推广低影响开发建设模式,到 2020 年城市建成区 25％以上的面积达到目标要求,实现75％的雨水就地消纳利用目标,努力建设自然积存、自然渗透、自然净化的"海绵青岛"。

厦门自被确立为首批国家海绵城市建设试点以来,已编制完成《美丽厦门·共同缔造——厦门市海绵城市建设试点城市实施方案》,目前海沧马銮湾试点片区和翔安新城试点片区是厦门市两大海绵城市建设试点区域,总面积达35.44 平方公里。翔安新城将新建包括水库公园等 19 个海绵城市项目,总投资超过 2 亿元。马銮湾也正式确定了 59 个项目。至此,厦门岛外共确定了 78 个海绵项目,总投资近 58 亿元。

(二)高标准建设排水系统

青岛以高标准设计建设城市排水系统。青岛重视排水系统建设,排水重现期的设计明显高于国家标准。目前重现期国家标准是 0.5~3 年,青岛主干道排水重现期一般是 3~5 年,部分暗渠甚至达到 10~20 年的标准。此外,青岛市借鉴德国排水管道建设的先进经验,实行雨污分流,不仅避免了污水对近海海洋水质的影响,而且提高了对雨水排放网络的管理水平和效率,有利于城市排涝。

(三)鼓励支持新能源汽车充电桩建设

杭州出台《杭州市推进新能源电动汽车充电基础设施建设实施办法》,大刀阔斧地推进新能源汽车充电基础设施建设,计划到 2020 年,基本建成适度超前、车桩相宜、智能高效的充电基础设施体系,确保满足新能源电动汽车充电服务需求。制定新一轮充电桩建设补助办法,对 2015 年 12 月 31 日后在杭投资建成的充电桩项目,按照实际投资额给予财政补助。2015 年杭州投入使用新能源汽车 11053 辆,累计达 22131 辆,总量居全国城市第三。

青岛出台并实施《青岛市新能源汽车推广应用示范财政扶持专项资金管理暂行办法》,对充电设施建设企业建设公共充电桩进行设备投资额(不含土建工程及其他支出)30％的财政补助。创新社会车辆推广模式,提出"以充带车、车充同步"的推广思路。依托政府机关、科技园区及高校、大型企业、具备条件的居民小区开展了充电设施建设布点工作和推广活动,有效带动全市新能源汽车推广应用。充电设施建设呈现快速增长态势。全市已建成换电站 7 座、充电站109 个,建成及在建交直流充电终端 12000 余个,累计充电 1.15 亿千瓦时。2014 年之前,共建成公共充电终端 291 个,2015 年 6 月底达到 823 个,11 月底达到 1666 个,12 月底在建和建成超过 9000 个。全市逐步构建了以公交充换电站、公共停车场、政府机关、科技园区及高校、企业和具备条件的居民小区为主体的公共充换电服务网络。青岛新能源车辆推广已呈快速增长势态,已推广各类新能源汽车 12884 辆,其中公交车 2350 辆,投放 50 余条公交线路上,建成和在建充电终端 12000 余个,"车桩互动"局面已基本形成。

(四)创新新能源汽车充电桩建设模式

早在 2010 年,深圳供电局便与深圳市政府签订了《加快电动汽车充电设施建设战略合作框架协议》,截至 2015 年年底,深圳共建成集中式充电站 135 个,快速充电桩 3136 个,慢速充电桩 15134 个,初步形成了覆盖深圳的充电设施网络。但建设成效远远未达预期,到 2015 年也只完成了当初目标的十分之一。从 2015 年 8 月开始,深圳发改委制定了《深圳市新能源汽车充电设施运营商备案管理办法》,打破了电网建设充电桩"单枪匹马"的局面,民营企业大举进军充电桩建设,由深圳市发改委负责新能源汽车充电设施运营商的备案管理和集中式充电设施的认定,对承诺完成较好、实力较强的企业可以转变为特许经营,没有实现承诺的资质将被取消。同时,政府对获得备案的企业充电设备给予投资额 30％的财政补贴。目前,已有比亚迪、中兴通讯、聚电新能源、科士达等 23 家充电桩企业获得备案资质,其中大部分为民营企业。根据 23 家充电桩企业的承诺,到 2016 年年底,深圳将再建成 18.4 万千瓦的充电设施,相当于约 23000 台充电桩。

南京鼓励采取"众筹建桩"等模式,加快充电桩建设步伐。"众筹建桩"成为推动南京充电桩建设的主打模式。所谓众筹建桩,即政府和电力部门给予政策引导和支持,机关、商业大厦等提供车位资源,充电设备方提供供电设备,运营管理方提供后期服务。四方共同建设,拿出各自的资源,充电桩建成后各自获得应有的经济收益。南京要求每个小区每个车位都要预留充电桩的建设条件,并作为小区建设前规划审批的条件之一。简化审批程序,在政务服务中心开设专门的充电桩建设的受理窗口,开辟"绿色通道",所有的审批流程在一个窗口完成。

(五)加快燃气基础设施建设

青岛加快推进燃气基础设施建设,实施多气源并举战略,加大中石化管输天然气供应量,发挥山东 LNG 液化天然气接转能力,完成中石油泰—青—威天然气管线建设,建成环胶州湾及至四市的天然气高压管道、中低压天然气管网,建设市区汽车用加气站等气源、气网建设项目。2015 年全市天然气供应量达到 16 亿立方米,新增储气能力 3200 万立方米。

第五节　优化宁波城市基础设施环境的对策建议

结合宁波市基础设施环境得分现状和同类城市的经验做法,从加强规划引导、科学制定建设标准等角度提出优化宁波城市基础设施环境的对策建议。

一、加强规划引导

规划是城市建设的龙头,也是提高城市建设品位的先决条件。一是建立统一的城市规划管理体制,将中心城区建设规划控制区扩大到市六区范围,并由市规划局统一制定区域内的各项规划,使得各项规划之间做到充分衔接。二是建立市政府主要领导挂帅,相关职能部门负责人和专家组成的规划委员会,规划的审批和调整事先都要充分征求委员会的意见,从而加强规划工作的权威性和科学性。三是抓紧编制智慧城市、商贸城市总体规划以及近期的实施计划,把宁波打造成国内智慧交通、智慧物流、智慧环保、智慧水务等样板城市,实现城市建设的跨越式发展。四是修订公园广场管理条例。合理规划城市公园和广场的空间布局和占地面积,提升其生态功能、防灾避险能力和人性化服务水平,同时规范管理各类商业营销活动,充分发挥城市公园广场在改善城市生态环境与提供居民游憩空间方面的功能。

二、科学制定城市建设标准

城市建设标准的制定有利于从根本上提高建筑质量和城市景观。一是立足高起点,制定规范化的重大基础设施建设标准,有效提高城市建筑质量和建设品质,特别是那些对城市形象影响较大的重要窗口地段,如港口、车站、城市主干道和主要商业区等,建设标准要具有一定的前瞻性,争取打造更多的高质量精品工程。二是根据"和谐、美观、舒适"的标准,以及从保护文化和地域特色的要求出发,制定城市建筑景观设计标准。建筑景观设计标准要对中心城区的建筑高度、城市景观带、视线通廊、天际轮廓线、城市色彩等做出明确规定,对商业中心、滨水地带、主要街道等重要区块还要制定具体的量化指标。三是提高城市地下排水系统建设标准,目前宁波市雨水排水系统设计标准过低,排涝能力较弱。要高于国家标准地建设城市排水系统,提高城市的排水系统设计重现期,建议重要干道、重要地区或短期积水即能引起较严重后果的地区,排水系统设计重现期应采用 3～5 年,特别重要地区可采用 10 年或以上,防止遇到暴雨时城市受淹。

三、优化城市管理

基础设施立体配置模式是未来现代化城市发展的一种趋势,特别是交通网络的布局采用立体配置模式,基础设施的管理是其发挥效率效益的重要因素。要始终坚持把城市管理纳入城市建设和发展总体规划之中。一是要坚持建管并重,疏导结合,以市容市貌、城区污染、交通秩序为重点,不断加大综合治理力度。二是要不断健全城市管理长效机制,从制度、考核、体制上着手,形成严密的管理网络和监督体系,实现城市管理规范化、制度化、法制化。三是扎实推进智慧城市数字化管理。要强力推进城市管理数字化、网格化新模式。要有效整合各类资源,充分利用 GIS(地理信息系统)、GPS(全球定位系统)、云计算、大数据、"互联网＋"等现代信息技术,构建起城市管理公共信息网络服务平台,将城市管理的各项事务及管理责任落实到网格单元,做到无缝隙覆盖、全方位监管,实现城市管理区域精细化、内容数字化、查处精准化。

四、积极创新建设模式

基础设施建设资金需求巨大,回收周期长,必须创新建设模式,以多种融资渠道方式来解决基础设施建设所需资金。一是引导社会资本参与基础设施建设。要正确处理好政府与市场的关系,充分发挥市场在资源配置中的作用,通过深化改革,政府由城市管理的直接投资者转变为引导投资者。要积极推进政府与社会资本合作建设(PPP)和建设—移交(BT)模式,以及投资主体多元化的形式,推进城市基础设施建设。通过制定出台一些优惠政策,吸引社会资金投入城市建设管理之中,促进城市基础设施的建设与维护。建议在城市停车场、新能源汽车充电桩等领域率先推行市场化运作,逐步扩展到城市管理其他领域。二是推进多元化融资建设。有选择地将政府资金从经营性城市基础设施项目中退出,集中投向非经营性城市基础设施项目,进一步加快城市基础设施建设。综合利用贷款、中票、短融、融资租赁、保险资金、基金等融资方式,促进融资模式多元化。借鉴深圳经验,探索实施"地铁＋物业"的投融资模式。

五、强化发展公共交通

要解决城市交通压力,必须加大城市交通设施的建设,完善城市交通体系。一是加快重大铁路项目建设,建设甬金铁路,提升甬台温铁路服务能力,规划甬舟铁路、沪甬铁路和沿海货运通道,加强与舟山、上海、中西部腹地的联系,提升港口铁路集疏运能力。引入城际铁路网,规划杭甬城际铁路、甬台温城际铁路,预留沪甬城际铁路通道,加强与周边都市区和沿线主要县市联系,提升中心城市地位。二是加快城区快速路和主、次干道建设。构建以快速路网为骨架、主次干道网为主体、支路网为补充,级配合理的城市路网系统。加快建成"四横五纵九联"的快速路网,其中"四横"为北外环路、通途路、环城南路、鄞州大道;"五纵"为甬金高速连接线—广元路、机场路、广德湖路—九龙湖大道、世纪大道—望海大道、东外环路;"九联"为北外环路东延、通途路东延、夏禹路、环城南路东延—富春江路、望海大道北延、余北快速路、泰山路—镇浦路、沿海中线、大海线。现状建成区通过打通断头路、整治背街小巷,完善支路网体系。三是解决城市停车难问题。结合人防设施建设要求,规划新建部分停车场。督促业主在新建项目中必须建设地下停车场。探索多种合作模式,加快推进停车设施建设。积极盘活存量,深入挖掘潜力,鼓励现有富余停车资源的单位开放共享、有效利用,提升停车信息化水平。四是发展公共交通。构筑以轨道交通为骨干、中运量公交和常规公交为主体、出租车为补充、公共自行车为延伸的多模式、一体化的公共交通体系,打造国际水平的公交都市。建成栎社国际机场三期扩建工程和轨道交通 2 号线、4 号线、3 号线一期,推进杭甬城际铁路项目和轨道交通 5 号线一期、6 号线。

第六章　城市经济发展区域背景评价
与比较研究

本章以区域经济学、发展经济学、城市经济学、城市规划学等理论为指导，在界定城市发展区域背景内涵与外延的基础上，分析区域背景与城市经济发展的关系及其作用机制。在科学构建评价区域背景指标体系的基础上，对宁波及8个同类城市进行评价比较。通过分析比较同类城市在区域经济发展、城市规模与城镇结构、区域文化等方面得失，形成经验借鉴，进而提出优化宁波城市经济发展区域背景的对策建议。

第一节　城市经济发展区域背景内涵及其作用机制

城市是区域的中心，区域是城市的域面，城市是城市经济的空间载体。区域经济发展水平、城市规模与城镇化水平、区域社会文化水平等区域背景会对城市经济的发展带来基础性的影响。本节在界定城市经济发展区域背景内涵和外延的基础上，分析了区域背景对城市经济发展的作用，并进一步分析了区域背景促进城市经济发展的作用机制。

一、城市经济发展区域背景的内涵与外延

（一）城市经济发展区域背景的内涵

21世纪，世界发展进入全球化和知识经济时代。经济全球化条件下，城市

尤其是中心型大城市既是独立于区域的个体,又是区域的节点。知识经济时代,城市是产业结构与产品结构扩散的高地,也是组织管理、社会文化和意识形态的中心。因此,新时期,城市的功能性和区域的整体性是城市与区域关系的核心,其地域空间形态表现为城市区域化和区域一体化。在经济和人口的集聚与扩散运动中,多极多层次世界城市网络逐渐形成。显然,区域的发展需要依赖并通过中心城市作为窗口和纽带融入世界经济体系;同时,城市也需要依赖区域获得竞争力进入世界城市网络。另一方面,随着全球化进程的加快与知识经济时代的到来,城市与区域的发展速度加快。城市逐渐发展为城市区域,而区域也日益成为城市化的区域,城市与区域的边界趋于模糊。

首先,经济社会发展和科学技术进步,尤其是信息、交通网络的快速拓展,以各种"流"的形式形成的城市与外围区域之间、城市之间、区域之间的联系日益密切,城市在区域中的地位达到前所未有的高度,城市与区域地理单元走向交织缠绕和相互融合。特别是随着城市实体地域与功能地域的空间扩展,城市网络、区域城市、城市区域,不知不觉、有意无意地使城市与区域走向了交织缠绕甚至融合。

其次,城市自身地域空间向外扩展,形成城市区域。全球化、郊区化背景下,工业社会逐渐转型为服务型社会,城市向心增长与离心增长的动力机制相结合很快形成快速增长的城市化地区,以大城市为核心的巨型城市区成为一种新型的城市空间结构。我国城市发展处于集聚与扩散同时进行的阶段。城市范围进一步向郊区扩展,城市加速走向区域,并由圈层蔓延走向轴向拓展,从紧凑团块走向分散组团,从大城市模式转向大都市区模式。同时,在中心城市极化过程中,城市之间时空间距离缩短趋势明显。随着城市自身规模的不断扩大,区域内城市与城市之间的联系进一步加强,从空间上看,城市间的边界逐渐变得模糊不清,进而形成城市密集区和城市群组。其内部空间结构进一步向低密度网络城市空间结构转变[1]。

城市是区域的中心,区域是城市的域面,城市是城市经济的空间载体。区域背景实际上构成了城市及城市经济发展的比较优势或比较劣势,城市总是在一定的区域背景环境中生长与发展,也是在这样的一种环境中相互展开竞争[2]。

① 姜丽丽,王士君,朱光明.城市与区域关系演化过程及新时代特征[J].经济地理,2009(8).
② 徐康宁.文明与繁荣:中外城市经济发展环境比较研究[M].南京:东南大学出版社,2003:48.

因此,本课题认为区域背景是城市经济发展环境中的基础性因素,是一个城市在未来更长一段时间内提升城市竞争力和保障城市经济可持续发展的经济、空间、社会文化等基础性影响因素总和,同时,它也对城市经济发展的宜居环境、宜商环境、创新环境、基础设施环境等建设具有支撑性和制约性的作用。

(二)城市经济发展区域背景的外延

按以上城市经济发展区域背景的内涵,本课题将城市经济发展区域背景的外延界定为区域经济发展水平、城市规模与城市化水平以及区域社会文化水平。

从经济支撑视角来看,一般情况下,区域经济发展水平越高,城市竞争力越强,城市的辐射范围越大。区域经济发展水平决定了城市经济发展的经济基础。区域经济发展水平是指一个区域经济发展的规模、速度和所达到的水准,是衡量一个区域经济发展状态、潜力的标志。

从空间拓展视角来看,城市规模与城镇化水平决定了城市经济发展的空间潜力环境。城市规模是衡量城市大小的数量概念,包括城市人口规模与城市地域规模两种指标。通常人口规模是衡量城市规模的决定性指标(因为城市地域规模会随着人口规模的变化而变化)。

从社会文化视角来看,社会文化环境是由社会传统和文化因素构成的城市特有的软环境,它在很大程度上独立于单个企业和政府的行为,是单个企业和政府决策的外生性变量,但它会有力地影响城市政府的政策取向、企业发展和人们的行为习惯。对于企业来说,企业必须尊重和承认这一环境,挖掘有利资源,或是获取当地社会文化支持,才能生存和发展。

二、区域背景对城市经济发展的作用

依据城市经济发展区域背景的内涵与外延,区域经济发展水平、城市规模与城镇化水平、区域社会文化水平是城市经济发展的区域背景。其中区域经济发展水平为城市经济发展提供了强大的经济支撑基础;城市规模与城镇化水平为城市经济发展提供了坚实的空间发展潜力基础;区域社会文化水平为城市经济发展提供了坚强的精神动力和智力支持。

区域经济发展水平为城市经济发展提供了强大的经济支撑基础。宜居、宜商、创新、基础设施等环境建设均需要政府投入大量的城市建设经费、招商引资

（产业资金引导）经费、公共技术平台建设经费，以及公共基础设施建设经费。因此，一个城市的区域经济发展水平既是该城市经济发展阶段的重要标志，也决定了所在城市政府是否有相应的财力作城市经济发展环境建设投入保障；当地居民是否有时间、有经济实力享受宜居的环境；当地企业是否有基础有实力进行创新。只有区域经济发展到了一定水平，城市经济发展环境的改善才有条件和可能。

城市规模与城镇化水平为城市经济发展提供了坚实的发展潜力基础。城市经济以城镇为空间载体，城市规模、城市体系等城市发展状况，是城市经济发展的基础。城市规模的增长会带来各种生产要素的集聚，从而产生集聚经济效应，集聚经济效应提升了城市效率，而城市效率提升最直接的表现是城市经济的增长。不同等级的城镇是各自对应区域的中心，区域的经济特征影响着城镇发展的潜力。

区域社会文化水平为城市经济发展提供了精神动力和智力支持。宜居、宜商、创新、基础设施等环境的建设层次，一方面与所在城市经济发展环境提供者的建设理念相关，与所在城市经济发展环境需求者的消费理念相关，更重要的是与所在城市的区域社会文化水平相关。城市经济发展环境提供者和需求者的主体都是人，而作为决策主体的人受区域社会文化的影响很大。因此，区域社会文化对城市、城市经济的发展均具有重要的、潜在的影响。

三、区域背景促进城市经济发展的机制

（一）区域经济发展水平对城市经济发展的影响

城市是经济社会发展到一定阶段的产物，城市作为区域的中心，其兴起和发展的前提条件不在城市的内部，而在于城市所在区域的经济发展水平[①]。

经济规模对城市经济的影响。在全球范围内，GDP都是一个通行的统计方法。它反映的是一个国家或者地区经济增长最直观、最基础的指标。无法想象，如果没有 GDP 核算制度，人类根本没有办法掌握经济运行的实时状态，更没有办法实现对经济政策的数字管理，宏观调控将重新回到混沌与蒙昧的洪荒之态。所以，GDP 仍然非常重要，它仍然是反映一个地区经济运行状态的第一

---

① 汤茂林，姚士谋.论城市发展与区域的关系[J].现代城市研究，2000(2):33-35.

指标①。从先进发达国家的城市经济发展的历史来看,城市经济发展水平与经济规模存在着很强的正相关关系。由于经济发展使经济收入增加,人们的需求层次也随之提高,人们更多地倾向于对制造业产品和服务业的需求。即收入增长会带来需求结构的改变,而需求结构的改变会带来投入结构和产业结构的改变,进而导致人口大规模向第三产业转移,导致资本和人口在空间的高度集聚,并因此加快城市经济的发展。

产业结构对城市经济的影响。城市是第三产业存在和发展的载体,第三产业的发达程度和第三产业内部结构的完善程度会提高为城市经济服务的专业化程度,从而降低生产成本,提升城市经济效率,促进城市经济发展。首先,第三产业影响城市的投资环境。良好的城市基础设施、便捷的交通和通信,优美的生活环境将对投资者产生强大的吸引力。同时,完善的第三产业,可以降低投资的成本,提高资本的使用效益。其次,第三产业影响城市的吸引力和辐射力。城市的集聚性和开放性决定了城市不仅要吸引其周边的经济要素向其集聚,而且要向城市周围的区域辐射。一般情况下,城市的吸引力和辐射力与第三产业的发达程度成正比。再次,第三产业影响城市的宜居、宜商环境。良好的宜居、宜商环境有利于提高城市的整体形象,扩大城市的知名度和影响力,进而吸引高层次人才参与城市建设。第四,第三产业影响城市的旅游环境。旅游产业本身就是第三产业的重要组成部分,同时,旅游产业的发展需要一系列相关服务业作配套②。

经济开放对城市经济的影响。城市经济增长的潜力直接受到市场范围的限制,在一个开放的市场经济中,城市的市场范围取决于经济的自由程度。国际化开放程度体现了一个城市参与世界分工的深入程度,也体现着一个城市对周边区域的吸引力和扩散、辐射作用的大小。对于发展中国家的城市来说,城市的国际化开放程度与城市经济发展环境的优化程度是成正比的。一般认为,经济开放包括对外贸易、吸引外资和对外投资。③ 本课题用外贸依存度和实际利用外资额占固定资产投资额比重来表示国际化开放程度。

①　孙不熟,林小昭.过去10年,谁打赢了中国城市的GDP竞赛?[N].城市竞争,2016-8-18.

②　李同彬.第三产业对城市发展的影响[N].安阳日报.2006-8-14(3).

③　徐康宁.文明与繁荣:中外城市经济发展环境比较研究[M].南京:东南大学出版社,2003:202.

(二)城市规模与城市化水平对城市经济发展的影响

国内外大量理论和实证研究已反复证实,城市规模影响城市经济效率。城市规模的增长会带来各种生产要素的集聚,从而产生集聚经济效应[①],集聚经济效应提升了城市效率,而城市效率提升最直接的表现是城市经济的增长[②]。因为随着城市规模的不断扩大,集聚经济效应不断显现,完善的市政设施、便捷的通信手段、发达的交通工具和高智力的管理阶层,使城市有着很高的运转效率[③]。城市规模扩大的最直接表现是城市人口规模的增长。人口规模的增长,既推动了劳动力要素的空间集聚,又为城市经济集聚效应的发挥奠定了基础条件。同时,城市建设用地作为城市经济的空间载体,其可用面积的大小直接影响到城市的经济社会的可持续发展和人居环境改善。建设用地地均二、三产业增加值衡量了建设用地利用的经济效益。本课题利用建设用地、建设用地地均二、三产业增加值、建成区面积、城区常住人口等指标来衡量城市规模。

城市化是人口和产业活动在空间上集聚,乡村地区转变为城市地区的过程,它是一种在空间体系下的经济转换过程。城市化可带来收入增加效应进而促进投资的增长,提高城市经济发展水平;城市化过程也是一个人力资本投资的过程,有利于提高劳动力素质,提高劳动生产率,进而提高城市经济发展水平;同时,城市化有利于城市产业结构的优化,进而优化消费结构和需求结构,提高城市经济发展水平。本课题用城市化率来衡量城市化水平。

(三)区域社会文化水平对城市经济发展的影响

城市作为人类聚居地,市民是城市物质财富和精神财富的创造者,提升城市竞争力的任务主要靠他们来完成。生活在一个健康的社会环境中,可以使人身心愉悦,安居乐业,发挥出最大的潜能,为城市发展贡献力量。本书用城镇居民人均可支配收入和最低收入保障来表示区域社会保障水平。党的十八大报告中提出,要多谋民生之利,多解民生之忧,解决好人民最关心、最直接、最现实的利益问题,在学有所教、劳有所得、病有所医、老有所养、住有所居上持续取得新进展,努力让人民过上更好生活,实现居民收入增长和经济发展同步。

---

① 冯云廷.城市集聚经济:一般理论及其对中国城市化问题的应用分析[M].大连:东北财经大学出版社,2001:171.

② 高健,吴佩林.城市人口规模对城市经济增长的影响[J].城市问题,2016(6):4-13.

③ 苗丽静,王雅莉.城市化经济的产业集群效应分析[J].城市发展研究,2007(4):64.

　　文化不仅作为一个产业对城市的经济发展有很大贡献,同时它作为一种外部因素促进和制约着经济的发展。这种作用具有很大的外部性,在一定程度上不易用 GDP 增长、就业人数等指标量化,但它通过和人才、创新、投资的紧密联系,对城市的经济发展发挥了重要的影响作用。这种作用主要表现在:一是区域文化对人才的吸引力。先进的区域文化通过对人才的吸引,能对城市的发展起到很好的促进作用。二是区域文化对创新的影响。创新的主体虽然是企业,但影响创新能力的观念、思维习惯和教育水平都是和区域文化分不开的,事实上创新精神本身就是区域文化的一个内容。三是区域文化对投资的影响。特别是对跨国公司而言,在选择东道国的投资城市时,除了要考虑经济辐射力和区位优势,还要考虑区域文化对投资带来的风险。区域文化的开放性、兼容性可以在一定程度上减轻跨国公司本地化的压力。[①]

第二节　城市经济发展区域背景指数测算及其比较

　　依据城市发展区域背景的内涵和外延,本节从区域经济水平、城市规模与城镇化发展水平、区域社会文化水平等三方面构建了区域背景指标体系,综合客观赋分法和主观赋分法确定了每个指标的权重,进而运用所构建的指标体系测算并比较分析了宁波、深圳、大连、青岛、厦门、南京、苏州、无锡、杭州等城市经济的区域背景指数。

一、城市经济发展区域背景指标设置

　　依据城市发展区域背景的内涵和外延,拟从区域经济发展水平、城市规模与城镇化发展水平、区域社会文化水平三方面设置指标层。

(一)区域经济发展水平

　　地区生产总值。该指标能够综合反映国民经济活动的总量,是衡量国民经济发展规模、速度的基本指标。

---

　　① 徐康宁.文明与繁荣:中外城市经济发展环境比较研究[M].南京:东南大学出版社,2003:250-251.

人均地区生产总值。该指标可用来衡量人民生活水平,可反映一个国家或地区的宏观经济运行状况。

地方财政预算内收入。指国家财政参与社会产品分配所取得的收入,是实现国家职能的财力保证,[①]反映一个地方政府的持续投资能力。

第三产业增加值占地区生产总值比重。第三产业增加值占地区生产总值的比重是一个重要的统计指标,它反映一个国家或地区的经济结构、所处的经济发展阶段和经济发展的总体水平。各国经济发展历程表明,发达的第三产业是经济中心城市的重要标志,并成为带动经济增长的主要动力。

实际利用外资额占固定资产投资额比重。实际利用外资额是指在和外商签订合同后,实际到达的外资款项,体现外资利用水平。固定资产投资额是以货币表现的建造和购置固定资产活动的工作量,它是反映固定资产投资规模、速度、比例关系和使用方向的综合性指标。二者比值是衡量对外开放水平的重要指标,比值越高,说明该区域对外开放度越强。

外贸依存度,即进出口总额与地区生产总值的比值。外贸依存度是衡量一个国家或地区与国际市场联系紧密程度的基本指标,也是反映该国家或地区对外开放程度的一个直观标尺。

(二)城市规模与城镇化发展水平

建设用地。允许开发建设利用的土地面积,用来衡量城市规模。

常住人口。全年经常在家或在家居住6个月以上,而且经济和生活与本户连成一体的人口。区域人口规模乘城市化率是区域城市人口规模。

建成区面积。建成区面积是指城市行政区内实际已成片开发建设、市政公用设施和公共设施基本具备的区域。对核心城市,它包括集中连片的部分以及分散的若干个已经成片建设起来,市政公用设施和公共设施基本具备的区域;对一城多镇来说,它包括由几个连片开发建设起来的,市政公用设施和公共设施基本具备的地区组成。因此建成区范围,一般是指建成区外轮廓线所能包括的地区,也就是这个城市实际建设用地所达到的范围。该指标可以体现城市用地规模。

建设用地(地均二、三产增加值)。第二产业和第三产业增加值之和与建设

---

① 为了避免与预算体系中其他预算收入混淆,从2012年起各级政府一般预算收入改称为公共财政预算收入,在口径上与2012年之前的"一般预算收入"相同。

用地面积的比值。可直接反映土地经济产出的现状①、产值密度及经济发达水平,比人均 GDP 更能反映一个区域的开发程度和经济密集度。

城市化率,是城市化的度量指标,一般采用人口统计学指标,即城镇人口占总人口(包括农业与非农业)的比重。

(三)区域社会文化水平

衡量区域社会文化的指标,选取城镇居民人均可支配收入,最低收入保障,文化产业增加值占地区生产总值比重,历史文化名镇、名村数量,非物质文化遗产数量。

其中,城镇居民人均可支配收入是家庭总收入扣除交纳的所得税、个人交纳的社会保障费以及调查户的记账补贴后的收入。它反映了居民家庭全部现金收入能用于安排家庭日常生活的那部分收入。该指标可反映区域内人民生活水平。

2014 年,宁波与 8 个同类城市各指标情况如表 6-1 所示。

表 6-1　城市经济发展区域背景评价指标体系

一级指标	序号	二级指标	单位	备注
区域经济发展水平	1	地区生产总值	亿元	综合反映国民经济活动的总量,衡量国民经济发展规模、速度
	2	人均地区生产总值	万元/人	衡量人民生活水平,反映一个国家或地区的宏观经济运行状况
	3	地方财政预算内收入	亿元	反映一个地方政府的持续投资能力
	4	第三产业增加值占地区生产总值比重	%	第三产业增加值/地区生产总值
	5	实际利用外资额占固定资产投资额比重	%	实际利用外资额/固定资产投资额
	6	外贸依存度	%	进出口总额/地区生产总值

---

① 郑传胜. 喀斯特地区建设用地集约利用研究:以贵州省兴义市为例[J]. 贵阳学院学报(自然科学版),2010(1):30-35.

续表

一级指标	序号	二级指标	单位	备注
城市规模与城镇化发展水平	7	建设用地	平方公里	衡量城市规模
	8	建设用地地均二、三产业增加值	亿元/平方公里	第二和第三产业增加值之和/建设用地
	9	建成区面积	平方公里	体现城市用地规模
	10	城区常住人口	万人	衡量城市规模，体现城市人口规模
	11	城市化率	%	衡量城市化水平
区域社会文化水平	12	城镇居民人均可支配收入	元	反映区域内人民生活水平
	13	最低收入保障	元	
	14	文化产业增加值占地区生产总值比重	%	文化产业增加值/地区生产总值
	15	历史文化名镇、名村数量	个	
	16	非物质文化遗产数量	个	

二、城市经济发展区域背景指数测算

(一)指标数据标准化

采用直线型方法中的临界值法(也叫阈值法)对指标数据进行标准化。2014年,宁波与8个同类城市各指标标准化后的数据如表6-2所示。

表 6-2 2014 年九城区域背景指数数据标准化

	评价指标	宁波	深圳	大连	青岛	厦门	南京	苏州	无锡	杭州
区域经济发展水平	地区生产总值	34.07	100.00	34.43	42.57	0.00	43.58	82.39	38.75	46.61
	人均地区生产总值	2.74	78.99	20.00	0.00	100.00	16.43	49.81	44.53	49.09
	地方财政预算内收入	20.59	100.00	15.41	22.84	0.00	23.38	58.49	14.57	31.43
	第三产业增加值占地区生产总值额比重	0.00	100.00	13.95	53.64	79.51	93.22	16.10	32.47	83.89
	实际利用外资额占固定资产投资额比重	26.49	100.00	95.48	32.92	42.41	0.00	45.68	4.54	44.10
	外贸依存度	30.28	100.00	8.12	11.27	79.34	0.00	67.25	10.64	3.75

	评价指标	宁波	深圳	大连	青岛	厦门	南京	苏州	无锡	杭州
城市规模与城市化	建设用地	13.27	100.00	15.26	30.35	1.82	72.97	26.20	0.00	26.70
	建设用地地均二、三产业增加值	48.12	37.29	43.06	36.21	0.00	4.83	100.00	91.31	47.81
	建成区面积	1.36	100.00	16.13	32.26	0.00	73.51	24.79	4.58	32.94
	城区常住人口	31.13	100.00	18.43	40.21	0.00	29.68	35.14	6.56	46.58
	城市化率	5.98	100.00	24.03	0.00	41.12	39.60	17.54	19.18	21.18
区域社会文化水平	城镇居民人均可支配收入	80.73	56.22	0.00	35.94	46.11	68.60	100.00	62.20	84.37
	最低收入保障	77.14	54.29	25.71	42.86	0.00	77.14	100.00	77.14	77.14
	文化产业增加值占地区生产总值比重	7.76	61.72	0.00	58.28	78.45	31.03	43.10	0.86	100.00
	历史文化名镇、名村数量	46.67	3.33	0.00	3.33	0.00	20.00	100.00	30.00	50.00
	非物质文化遗产数量	27.78	0.00	21.37	27.78	15.38	91.45	100.00	58.55	74.79

(二)权重的确定

采取主客观组合赋权法,利用熵值确定指标客观权重,采用层次分析法(AHP)确定指标主观权重。设 W_j 为第 j 个指标的组合权数,w_j 为第 j 个指标的客观权系数,ω_j 为第 j 个指标的主观权系数,第 j 个指标的组合权数计算公式为

$$W_j = \alpha w_j + \beta \omega_j, j = 1, 2, \cdots, n$$

α 和 β 表示主、客观赋权方法的相对重要程度,满足 $0 \leqslant \alpha, \beta \leqslant 1$。

城市区域背景指数指标权重如表 6-3 所示。

表 6-3　城市区域背景指数指标权重

一级指标	权重	二级指标	权重		
			综合	熵权法	层次分析法
区域经济发展水平	0.514	地区生产总值	0.052	0.037	0.068
		人均地区生产总值	0.129	0.108	0.149
		地方财政预算内收入	0.05	0.03	0.071
		第三产业增加值占地区生产总值比重	0.078	0.054	0.102
		实际利用外资额占固定资产投资额比重	0.056	0.06	0.052
		外贸依存度	0.086	0.099	0.072
城市规模与城市化	0.333	建设用地	0.075	0.087	0.064
		建设用地地均二、三产业增加值	0.065	0.054	0.076
		建成区面积	0.08	0.095	0.065
		城区常住人口	0.042	0.042	0.042
		城市化率	0.079	0.072	0.086
区域社会文化水平	0.195	城镇居民人均可支配收入	0.032	0.03	0.035
		最低收入保障	0.026	0.033	0.02
		文化产业增加值占地区生产总值比重	0.059	0.073	0.046
		历史文化名镇、名村数量	0.089	0.116	0.061
		非物质文化遗产数量	0.045	0.056	0.033

(三)指数合成

采用多指标综合评价中目前使用较多的加权综合评分法进行指数的合成。加权后各城市区域背景指数如表 6-4 所示。

表 6-4　2014 年九城区域背景指数

	宁波	深圳	大连	青岛	厦门	南京	苏州	无锡	杭州
区域经济发展水平	**7.23**	**42.39**	**12.28**	**10.34**	**28.29**	**12.83**	**23.23**	**12.19**	**19.65**
地区生产总值	1.77	5.20	1.79	2.21	0.00	2.27	4.28	2.02	2.42
人均地区生产总值	0.35	10.19	2.58	0.00	12.90	2.12	6.43	5.74	6.33
地方财政预算内收入	1.03	5.00	0.77	1.14	0.00	1.17	2.92	0.73	1.57

续表

	宁波	深圳	大连	青岛	厦门	南京	苏州	无锡	杭州
第三产业增加值占地区生产总值比重	0.00	7.80	1.09	4.18	6.20	7.27	1.26	2.53	6.54
实际利用外资额占固定资产投资额比重	1.48	5.60	5.35	1.84	2.37	0.00	2.56	0.25	2.47
外贸依存度	2.60	8.60	0.70	0.97	6.82	0.00	5.78	0.92	0.32
城市规模与城市化	**6.02**	**30.02**	**7.90**	**8.90**	**3.39**	**16.04**	**13.32**	**8.11**	**11.38**
建设用地	1.00	7.50	1.14	2.28	0.14	5.47	1.97	0.00	2.00
建设用地地均二、三产业增加值	3.13	2.42	2.80	2.35	0.00	0.31	6.50	5.94	3.11
建成区面积	0.11	8.00	1.29	2.58	0.00	5.88	1.98	0.37	2.64
城区常住人口	1.31	4.20	0.77	1.69	0.00	1.25	1.48	0.28	1.96
城市化率	0.47	7.90	1.90	0.00	3.25	3.13	1.39	1.52	1.67
区域社会文化水平	**10.45**	**7.15**	**1.63**	**7.25**	**6.80**	**11.94**	**21.74**	**9.35**	**18.43**
城镇居民人均可支配收入	2.58	1.80	0.00	1.15	1.48	2.20	3.20	1.99	2.70
最低收入保障	2.01	1.41	0.67	1.11	0.00	2.01	2.60	2.01	2.01
文化产业增加值占地区生产总值比重	0.46	3.64	0.00	3.44	4.63	1.83	2.54	0.05	5.90
历史文化名镇、名村数量	4.15	0.30	0.00	0.30	0.00	1.78	8.90	2.67	4.45
非物质文化遗产数量	1.25	0.00	0.96	1.25	0.69	4.12	4.50	2.63	3.37
区域背景	**23.70**	**79.56**	**21.81**	**26.49**	**38.48**	**40.81**	**58.29**	**29.65**	**49.46**

三、城市经济发展区域背景比较分析

(一)城市发展区域背景总体比较

9个城市区域背景指数排名如表6-5所示,宁波得分23.70分,位居参与比较城市第八,几乎垫底。区域背景指数平均值为40.92分,而宁波得分远不及平均值。

表 6-5　2014 年九城区域背景指数

城市	区域背景		经济发展水平		城市规模与城市化		区域社会文化水平	
	指数	排名	指数	排名	指数	排名	指数	排名
深圳	79.56	1	42.39	1	30.02	1	7.15	7
苏州	58.29	2	23.23	3	13.31	3	21.74	1
杭州	49.46	3	19.65	4	11.37	4	18.43	2
南京	40.81	4	12.83	5	16.04	2	11.94	3
厦门	38.48	5	28.29	2	3.38	9	6.80	8
无锡	29.65	6	12.19	7	8.09	6	9.35	5
青岛	26.49	7	10.34	8	8.90	5	7.25	6
宁波	23.70	8	7.23	9	6.01	8	10.45	4
大连	21.81	9	12.28	6	7.91	7	1.63	9
平均值	40.92	—	18.71	—	11.68	—	10.53	—

区域背景指数比宁波高的城市有深圳、苏州、杭州、南京、厦门、无锡和青岛,大连是区域背景指数排名最末的城市。从图 6-1 可以清楚看到城市的排名情况。

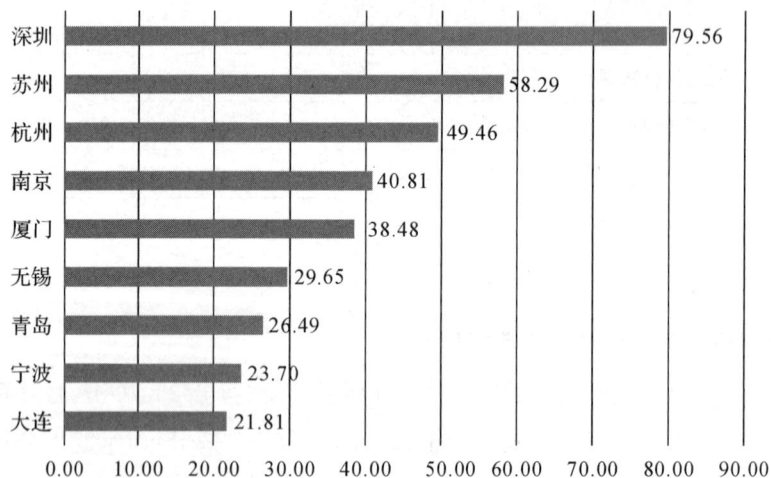

图 6-1　2014 年九城区域背景指数排名

从各分项指数看,深圳的经济发展水平和城市规模与城市化水平遥遥领先,但区域社会文化水平中等以下。苏州、杭州、南京的三个分项均居前列,发展比较均衡。厦门的经济发展水平分项优势明显,但城市规模与城市化水平劣势明显。宁波区域社会文化水平位列第四,城市规模与城市化位列第六,经济发展水平排名第九。由此可见,宁波区域社会文化水平在区域背景中稍具比较优势,而城市规模和城市化水平、经济发展水平则需进一步提升。大连区域社会文化水平得分较低,原因是大连市历史文化名镇、名村数目为 0,其经济发展水平得分比宁波高 5.05 分,城市规模与城市化得分略低。

图 6-2 为 2014 年九城区域背景指数雷达图。

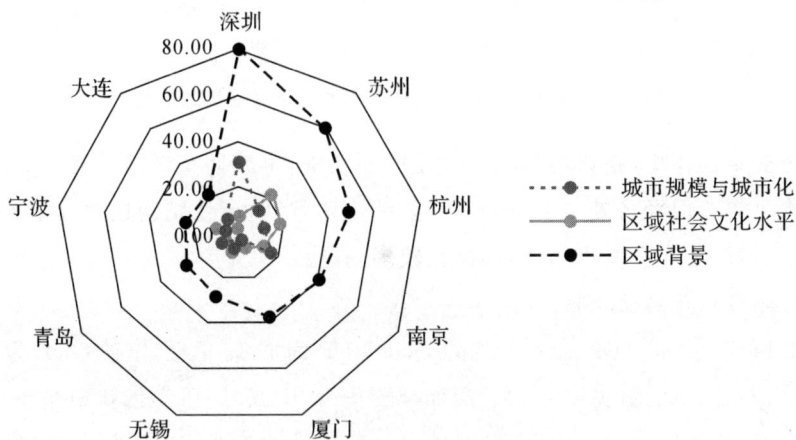

图 6-2　2014 年九城区域背景指数雷达图

(二)区域经济发展水平比较

9 个城市的区域经济发展水平差异很大(见图 6-3),深圳遥遥领先,厦门、苏州、杭州相对领先,南京、大连、无锡、青岛差距不大,排名第一位的深圳,各项得分排名均位列第一。厦门、苏州与杭州,依次列第二、第三、第四。南京、无锡、大连,差距不大。青岛、宁波明显落后。

宁波排名第九,各项指标得分均处于劣势,除外贸依存度排名第四位,较为靠前,人均地区生产总值和第三产业增加值占地区生产总值比重均排名垫底,地区生产总值排在第八位,此外地方财政预算内收入和实际利用外资额占固定资产投资额比重分别排在第六和第七位。究其原因,宁波得益于港口优势,对外开放程度较高。地方政府的支持对于一个城市经济发展起到了一定作用但

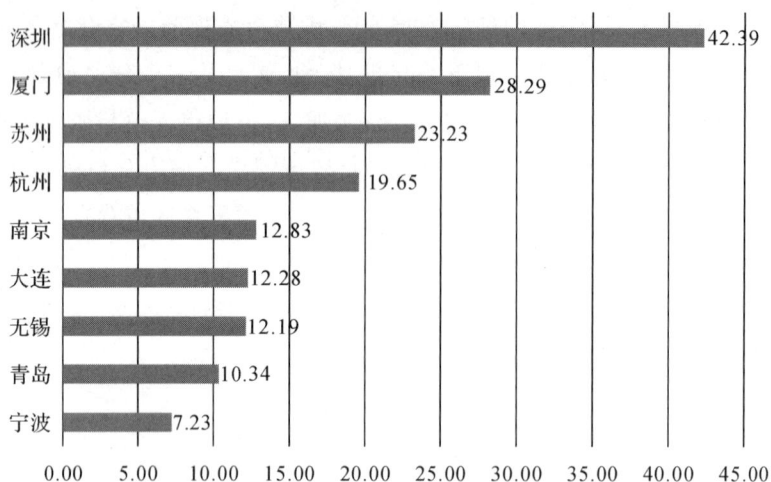

图 6-3 2014 年九城区域经济发展水平分项指数排名

并不是决定性作用,在市场为主导的经济环境中,宁波拥有诸多民营企业,活力将逐渐显露。但经济处于下行期和产业结构调整期,产业结构还存在诸多不合理和不协调,与同类城市相比,还存在较多问题。

1. 地区生产总值比较

2014 年,深圳 GDP 为 1.6 亿元,苏州 GDP 为 1.37 亿元,宁波 GDP 为 0.76 亿元,尚不足 1 亿元(见图 6-4)。深圳坐拥华为、中兴、腾讯等创新型企业,创新能力强,经济发展动力足,具有发展潜力。苏州借助工业园区、科技园区等园区项目吸引大企业,加上来自上海的辐射和支撑,GDP 高居榜眼不足为奇。宁波位列第八,仅高于厦门,与大连接近。厦门体量本身不及宁波,且旅游作为经济的主要支撑,对经济的拉动作用有限,而宁波民营企业较多,近年来得到良好发展。

2. 人均地区生产总值比较

2014 年,9 个城市的人均地区生产总值差距不是很大(见图 6-5)。宁波位列第八名,青岛排名第九。排名第一位的厦门,人均地区生产总值为 16.3 万元,是宁波的近 1.7 倍。厦门人口规模较小,尽管体量不大,人均地区生产总值仍较高。而青岛人口规模较大,与同类城市相比经济规模中等,因此人均地区生产总值较低。2014 年,宁波人均地区生产总值为 9.8 万元,青岛为 9.6 万元,其余 7 个城市人均地区生产总值均在 10 万元以上。而厦门和深圳则分别在2010 年和 2011 年达到并超过 10 万元的水平。

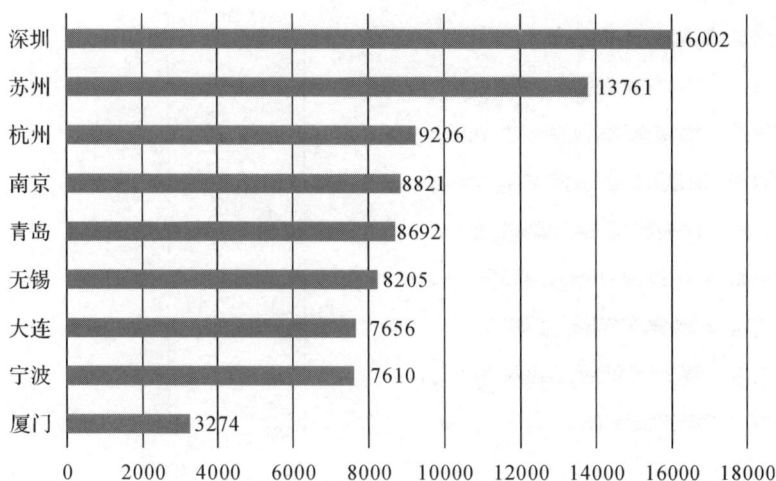

图 6-4　2014 年九城地区生产总值(亿元)

注:根据 2014 年各市统计年鉴整理。

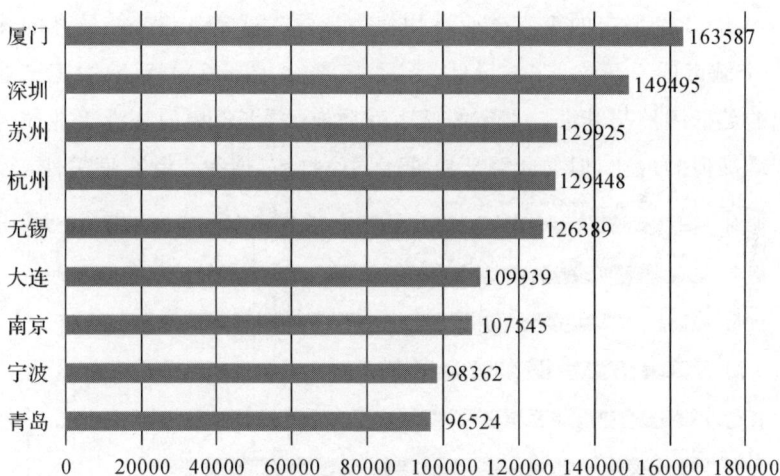

图 6-5　2014 年九城人均地区生产总值(元/人)

注:根据 2014 年各市统计年鉴整理。

3. 地方财政预算内收入比较

2014 年,9 个城市的地方财政预算内收入差距主要表现为深圳遥遥领先,苏州相对领先,厦门最低,其他城市差距不大(见图 6-6)。深圳 2014 年地方财政预算内收入 2082 亿元,反映出财政力量的雄厚。苏州排名第二,但仅深圳的近 70%。宁波地方财政预算内收入 861 亿元,排名第六,低于同类城市平均水平。

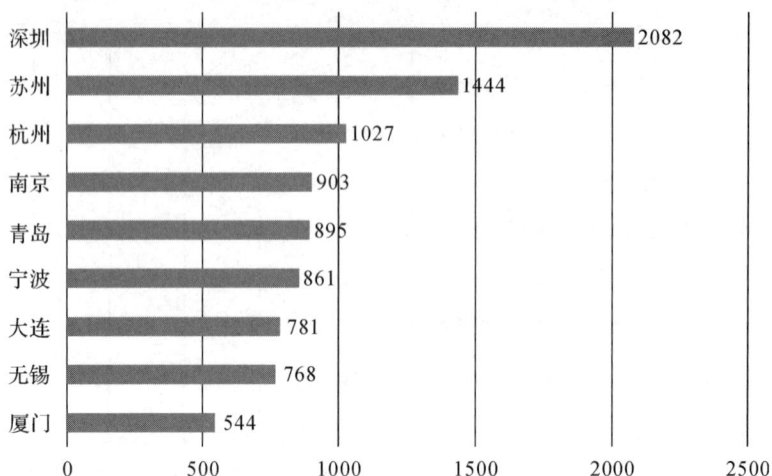

图 6-6 2014 年九城地方财政预算内收入(亿元)

4.第三产业增加值占地区生产总值比重比较

2014 年,4 个城市的第三产业增加值占比超过或等于 55%,最高的深圳为 57%;4 个城市低于 50%,宁波最低,不足 45%(见图 6-7)。宁波第三产业增加值占比的偏低固然与其港口城市的城市性质有关,大规模的临港工业拉低了第三产业增加值的占比,但如此明显地低于同类城市,值得引起高度关注。

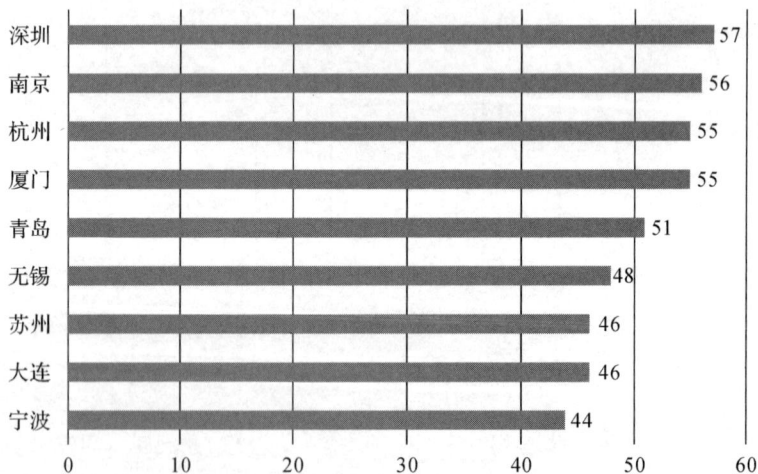

图 6-7 2014 年九城第三产业增加值占地区生产总值的比重(%)

5.实际利用外资额占固定资产投资额比重比较

2014 年,深圳和大连遥遥领先,苏州、杭州、厦门比较接近,青岛、宁波相差不多,无锡、南京相对落后(见图 6-8)。从近几年的平均水平看,宁波的情况排名变化不大,深圳、大连也都居前两位。总体看,宁波实际利用外资额占固定资产投资的比重在同类城市中居中下水平。

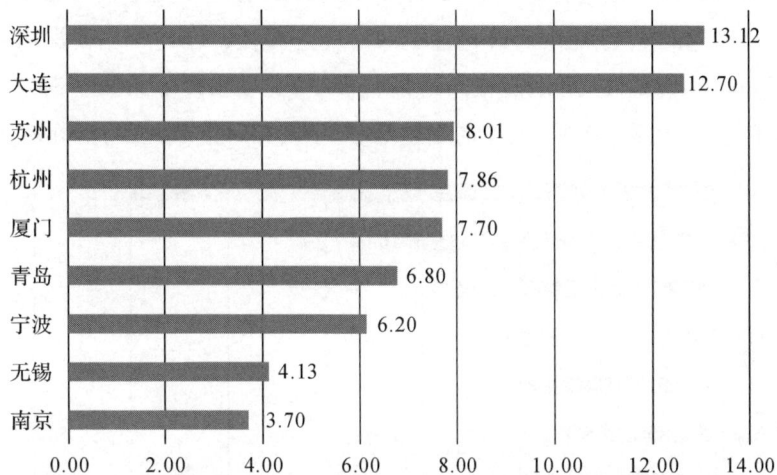

图 6-8　2014 年九城额实际利用外资额占固定资产投资比重(%)

6.外贸依存度比较

2014 年,9 个城市的外贸依存度差异很大(见图 6-9)。深圳、厦门、苏州的外贸依存度在 20%以上,青岛、无锡、大连、杭州、南京的外贸依存度在 10%以下,宁波介于这两大类城市之间,外贸依存度为 13.75%,是区域经济发展水平

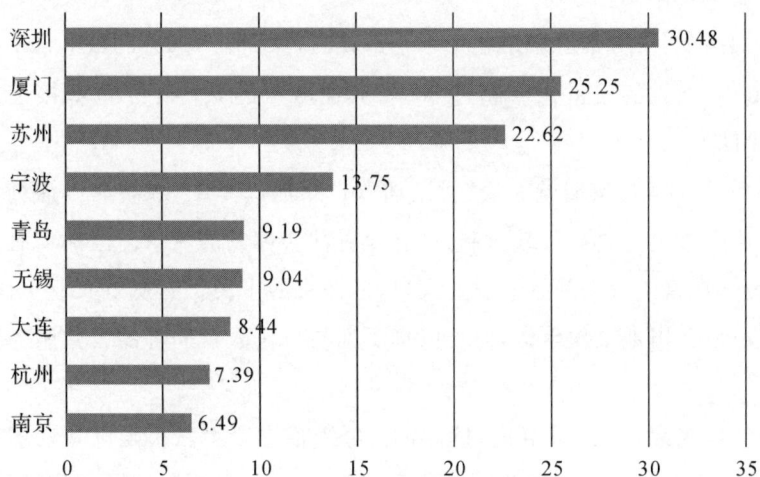

图 6-9　2014 年九城外贸依存度(%)

部分排名最靠前的一个指标。

(三)城市规模与城市化比较

就城市规模与城市化指数看(见图 6-10),深圳遥遥领先于其他城市。深圳城市化率已达 100%,常住人口超过 1000 万,是"超级大城市"。而深圳已到了近乎无地可用的地步,可用建设用地面积极少,开发强度非常大。南京、苏州、杭州差距不大,青岛、无锡、大连的差距更小,宁波相对落后,厦门得分最低。

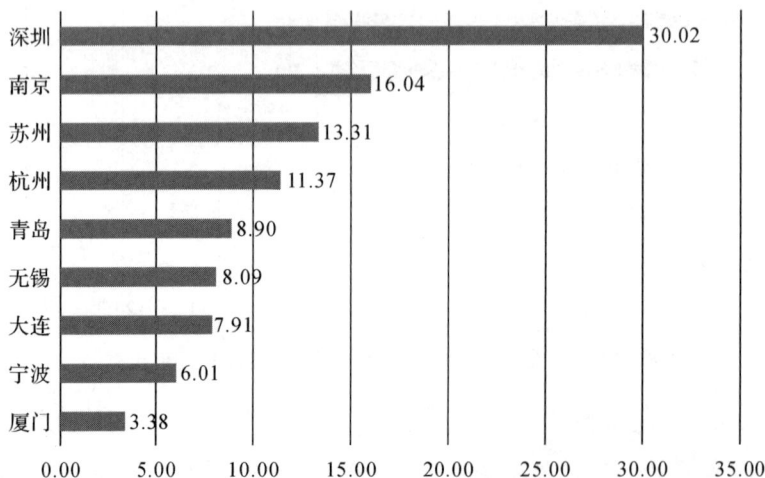

图 6-10   2014 年九城的城市规模与城市化指数排名

1. 城市化率比较分析

2014 年,9 个城市的城市化率水平都较高,深圳以 100% 的城市化率再次居首位,厦门、南京的城市化率超过 80%,其他城市的城市化率也都接近或超过 70%(见图 6-11)。

早在 2004 年,深圳就完成"村改居",户籍居民全部"农转非",深圳由此成为全国第一个没有农村行政建制、没有农村社会体制的城市。但深圳有其特殊之处,虽然户籍人口全部是非农业人口,但是有的市民仍然从事农业工作,而非户籍人口虽在当地工作生活,但难以享受到与户籍人口同等的公共服务和政策待遇。

宁波排名靠后,在城市化的道路上,努力推进新型城市建设和老城有机更新,提升城市品质魅力。实施城市品质提升工程,一手抓新型城市建设,一手抓老城有机更新,统筹推进智慧城市、绿色城市、海绵城市建设,积极开展城中村和棚户区改造。

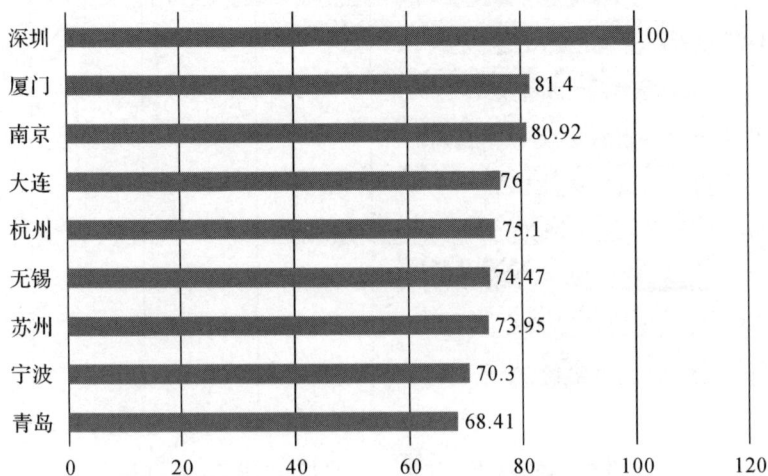

图 6-11 2014 年九城辖区的城市化率(%)

2.常住人口和建成区面积的比较分析

2014 年,常住人口和建成区面积这两个反映城市规模的指标,9 个城市的排名基本一致但也有背离的情况(见图 6-12)。宁波的常住人口排名在建成区面积排名之上,反映出宁波城市的土地人口承载力在其他城市之上,扩大建成区面积是宁波进一步扩大城市常住人口,为城市经济发展提供要素承载力的重要举措。南京的建成区面积排名在常住人口排名之上,反映出城市土地人口承载力在其他城市之后,要提高单位土地产出。

深圳常住人口超过 1000 万,远远大于其他城市,建成区面积也居首位,城市规模遥遥领先于其他城市。排名居首的深圳,已容纳不下持续涌入的外来人口,大城市病逐渐显现,深圳将严格控制城市整体人口规模,优化人口户籍结构和素质结构,构建超大城市人口与产业结构、城市空间、城市治理、社会建设"五位一体"的联动调控机制。到 2020 年,全市人口发展预期目标为 1480 万人。深圳面临的问题就是用地需求大于供给,要解决这一问题,深圳采取了城市更新。由于罗湖区规划先天不足,成为城市更新的试点对象。2014 年公布的《深圳市政府关于在罗湖区开展城市更新工作改革试点的决定》,使得深圳最早的建成区罗湖成为全市首个城市更新改革试点区。

3.建设用地地均二、三产业增加值比较分析

2014 年,9 个城市的差异还是很明显的(见图 6-13)。苏州、无锡领先优势

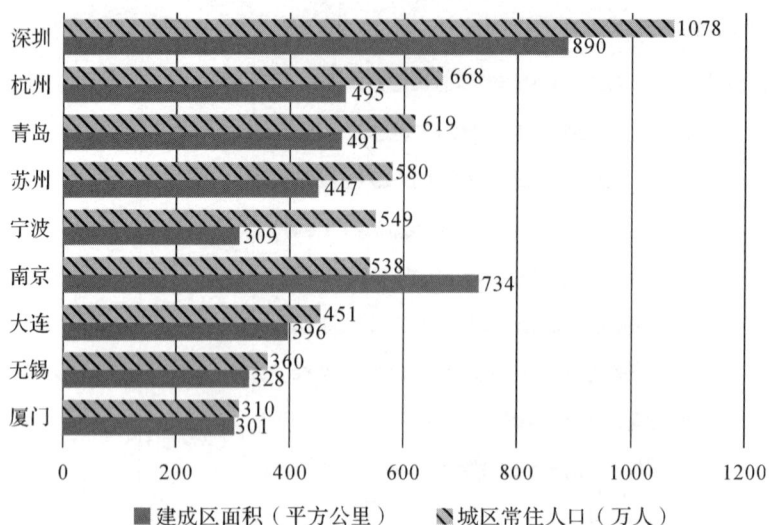

图 6-12　2014 年九城常住人口和建成区面积(万人、平方公里)

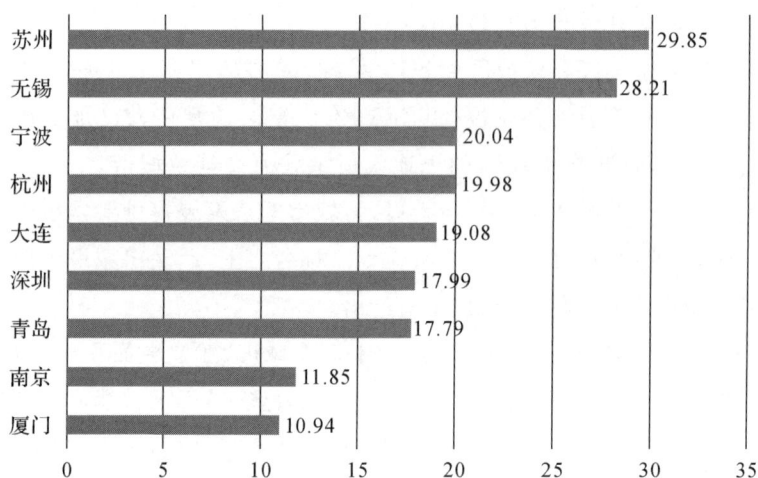

图 6-13　2014 年九城建设用地地均二、三产业增加值(亿元/平方公里)

明显,宁波排在第三位,但与后面的杭州、大连、深圳、青岛的差距并不是很明显,南京和厦门相对落后。

宁波的指标得分排在第三位,与多个指标排名第一的深圳相比,二、三产业增加值约为深圳的一半,建设用地面积还不足深圳的一半,因此排名比深圳靠前。苏州因建筑用地面积中等,二、三产业增加值较高,因此有优势。

(四)区域社会文化水平比较

2014 年,9 个城市的区域社会文化水平指数差异明显,苏州、杭州明显领先于其他城市,南京、宁波、无锡相对较高,青岛、深圳、厦门比较接近,大连明显落后(见图 6-14)。

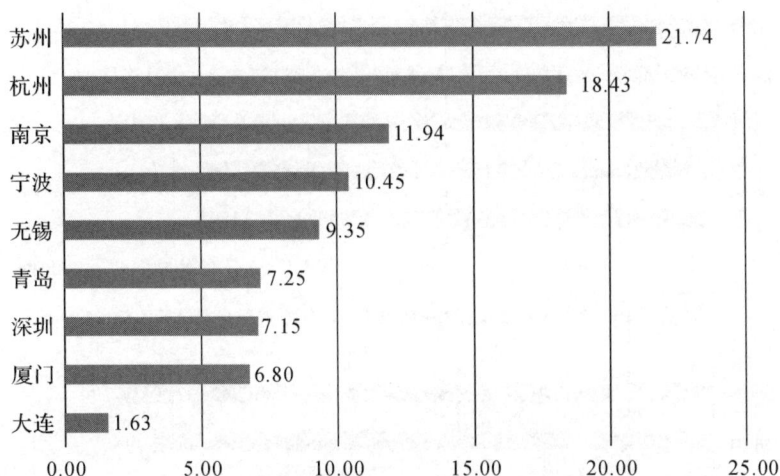

图 6-14　2014 年九城区域社会文化水平指数排名

1. 城镇居民人均可支配收入比较

2014 年,9 个城市的差异不是很大(见图 6-15)。苏州在得分排名中位居榜首,杭州次之,宁波、南京、无锡、深圳、厦门、青岛和大连紧随其后。长三角区域的 5 个城市排在前五名,反映出长三角区域城镇居民生活水平较高。

2. 城镇居民最低生活保障比较

2014 年,9 个城市的城镇居民最低生活保障差距很小(见图 6-16),但长三角区域 5 个城市仍排在前五位,同样反映出长三角区域城镇较高的生活保障水平。

3. 文化产业增加值占地区生产总值的比重比较

2014 年,9 个城市的差异还是很明显的,杭州领先优势明显,厦门次之,深圳、青岛比较接近,苏州与南京相近,宁波、无锡、大连相对落后(见图 6-17)。

近年来,杭州的文化创意产业发展如火如荼,并形成了"杭州模式",在产业规模、企业效益、重点企业、园区楼宇建设、文创品牌等多个方面均领衔全国。2010 年国务院正式批准实施的《长江三角洲地区区域规划》中,将"建设全国文

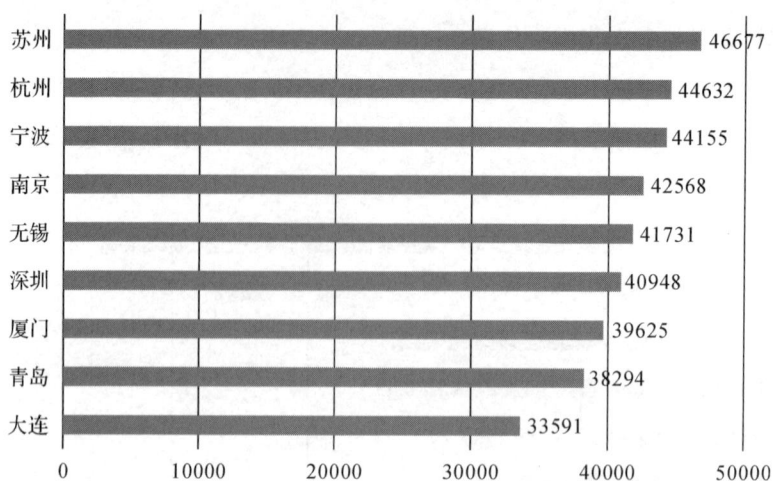

图 6-15　2014 年九城的城镇居民人均可支配收入(元/人)

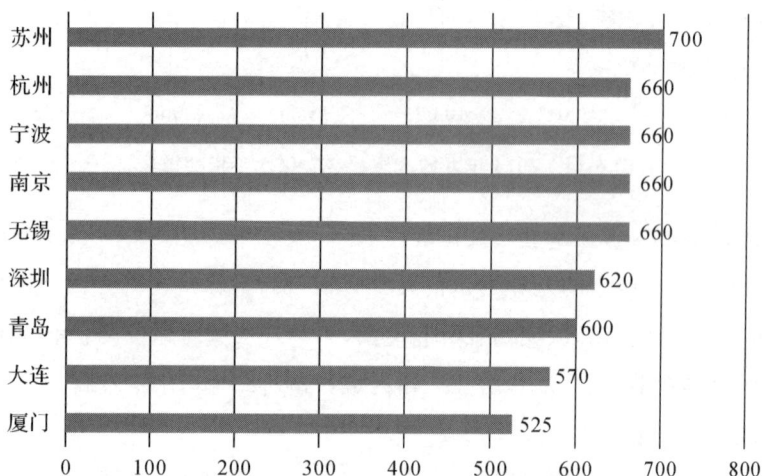

图 6-16　2014 年九城城镇居民最低生活保障(元)

化创意中心"确定为杭州城市发展功能定位的重要内容之一。

宁波排名靠后,但建设文化强市一直是宁波努力的方向。宁波文化产业发展资源多、起步早,2000 年,宁波提出文化大市建设目标,2011 年又做出加快建设文化强市的决定。但与杭州等先进城市仍有差距。从规模实力看,宁波文化产业增加值总量只有杭州的 53.1%,占 GDP 的比重比杭州少 5 百分点。

4.历史文化名镇、名村数量比较

2014 年,9 个城市的历史文化名镇、名村数量差异很大(见图 6-18)。苏州

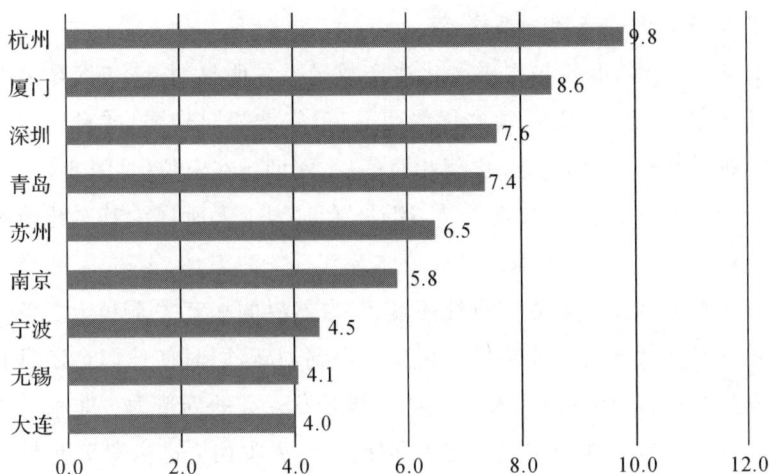

图 6-17　2014 年九城文化产业增加值占地区生产总值的比重(%)

以总数 30 遥遥领先,杭州、宁波领先明显,无锡、南京也较多。再次表现出长三
角区域城市的整体领先态势。

历史文化名镇、名村数量体现了一个城市的历史和文化特色,由于各地文
化差异,对经济社会的发展会产生不同的影响。如"宁波帮精神",近代宁波商
人善于不断接受新事物,更新观念,推进民族科技文化的发展和社会生产力的
全面提高。

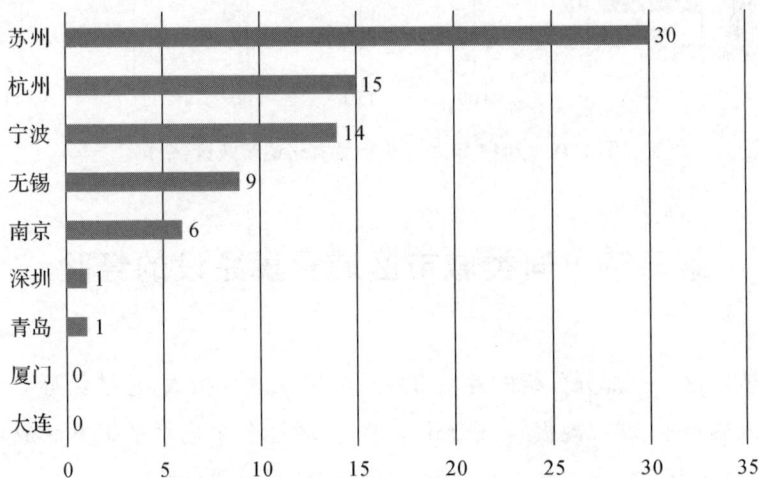

图 6-18　2014 年九城历史文化名镇、名村数量(个)

5.非物质文化遗产数量比较

2014 年,9 个城市的非物质文化遗产数量差异明显,长三角区域的 5 个城市再次排名前五,苏州、南京领先优势明显,但宁波相对较弱,并且宁波与长三角区域以外的青岛并列,大连、厦门相对落后,深圳排在末位(见图 6-19)。

非物质文化遗产是指被各群体、团体,有时为个人所视为其文化遗产的各种实践、表演、表现形式、知识体系和技能及其有关的工具、实物、工艺品和文化场所。各个群体和团体随着其所处环境、与自然界的相互关系和历史条件的变化不断使这种代代相传的非物质文化遗产得到创新,同时使他们自己具有一种认同感和历史感,从而促进了文化多样性和激发人类的创造力。非物质文化遗产数量从一定程度上体现文化的传承和保护,对人类社会进步意义重大。

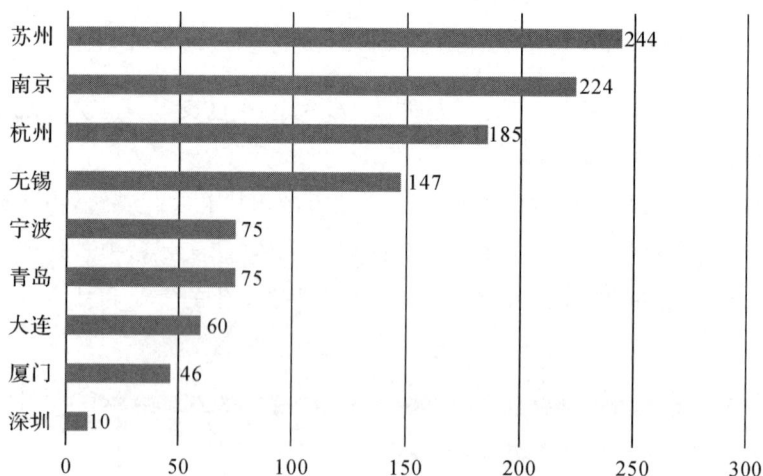

图 6-19   2014 年九城非物质文化遗产数量(个)

第三节   同类城市区域背景建设的经验

本节依据上一部分分析的各城市发展的区域背景指数,总结优势城市在区域经济发展水平、城市规模与城市化水平、区域社会文化水平等方面成功的主要做法,以期为优化宁波城市经济发展的区域背景提供借鉴。

一、提升区域经济发展水平的主要做法

(一)推进经济结构战略性调整

深圳坚持高技术产业和现代服务业"双轮驱动"。2009年,深圳开始谋划和布局战略性新兴产业,提出发展生物、物联网、新能源三大产业,并出台相应的产业振兴发展规划和政策。2011年,深圳市政府又确定了新材料、文化创意、新一代信息技术三大产业为战略性新兴产业。2014年,深圳市政府新增节能环保为战略性新兴产业,使得深圳重点支持的战略性新兴产业升至7个。与此同时,2013年至今,深圳又提出了发展海洋经济、航空航天、生命健康、机器人、可穿戴设备、智能装备等未来产业。

深圳出台多项政策扶持促进现代服务业发展。深圳率先在全国建立了完备的适应外向型经济的发展模式和制造加工业体系,经济环境和产业基础优势、完善的市场环境促进了现代服务业较快发展。产业基础的优势亦促使物流业不断创新。深圳经过十余年的发展,集聚了全国80%以上的供应链企业,涌现出如怡亚通、朗华、信利康、越海、普路通、年富、一达通等一批供应链管理创新服务龙头企业,不再是简单提供物流运输服务,而是形成仓储、运输、配送等一体化运作,越来越多的供应链企业已经走出深圳,在全国乃至全球布局。深圳制造加工业体系的产业基础也推动了工业设计等服务业的蓬勃壮大。深圳工业设计整体规模和设计水平全国领先,与制造业各环节融合对接越来越紧密,设计创新不断向产业链和价值链高端环节发展。前海是深圳现代服务业再度跃升的一大契机,前海的功能定位为现代服务业体制机制创新区、现代服务业发展集聚区、我国香港与内地紧密合作的先导区、珠三角产业升级的引领区,重点发展金融、现代物流、信息服务、科技服务及其他专业服务四大产业。随着跨境人民币贷款试点、外资股权投资试点等重点工作的开展,前海深港现代服务业合作区已经成为金融、物流以及会计、律师等服务行业追逐的热点。

杭州在调整产业结构工作方面,制定了以医药港、信息港为核心,大力发展电子信息、生物医药等高新技术产业的"两港五区"战略部署。把"高新技术产业基地和国际重要的旅游休闲中心、全国文化创意中心、电子商务中心、区域性金融服务中心"作为功能定位,大力发展以文化创意、旅游休闲、金融服务、先进装备制造、电子商务、信息软件、物联网、生物医药、节能环保、新能源等"十大产业"为主体的战略性新兴产业和现代服务业,推动创新型经济发展实现新突破。同时,杭州十分注重加强科技创新驱动,不断推进高校、科研院所与地方政府、企业合作,加快科技成果转化,形成了若干具有自主知识产权的核心产品,引导了一批具有国际竞争力的创新型企业主导或参与制定国际先进标准。

(二)提升开放型经济水平

深圳推进全方位开放,由外向型经济迈向开放型经济,经济呈现一幅开放共赢的良好生态。深企加快"走出去"。华为、中兴、中集、创维等一批龙头企业,组成本土跨国公司集群,加快拓展国际市场,成为全球瞩目的"深圳力量"。深圳企业唱主角在跨国经营大项目、国际并购、新兴市场和新兴产业的竞争中,屡屡抢得先机,投资不断向价值链高端延伸,且研发机构对外投资成为新热点。2014年,深圳实际对外直接投资51.3亿美元,同比增长28.9%。其中,对外直接投资且投资额200万美元以上的研发企业91家,同比增长56.9%。深圳大力拓展海外市场,支持企业对外承包工程和开展劳务合作。以"一带一路"为重点积极开拓中东、东盟、东欧、拉美、非洲等新兴市场,同时开展国际交流。深圳更加大对外投资合作力度,拓展国际市场。

苏州开放型经济的发展,促进了思想解放和观念更新,形成了"园区经验"、"张家港精神"、"昆山之路"三大法宝。中新合作开发苏州工业园区项目,初衷是为转移和借鉴新加坡经验搭建一个有效的平台和载体。按照"小政府、大社会,小机构、大服务"的要求和扁平化管理模式,建立了"精简、统一、效能"和区域一体的行政管理体制,开创了政企分开、市场运作、国资带动、社会参与的开发模式。坚持高端引领,强化创新驱动。设立了第一只国家级股权投资基金、全国唯一的"千人计划创投中心",构建了以股权投资为龙头,政府、银行、创投、担保、保险五方联动的科技金融服务体系。依托入驻的25所中外院校、中科院苏州纳米所等科研院所以及各类载体资源,推动"官产学研资介"系统创新,形成了校际、校企、院际、院企多方合作机制。苏州纳米科技协同创新中心入选国家"2011"计划,大力培育战略性新兴产业,纳米技术应用、生物医药、云计算三大产业保持30%以上的速度增长,构建了良好的新兴产业生态圈。苏州主动对接上海自贸区,学习借鉴深圳前海、福建平潭等地的先进做法,重点在综保区功能叠加、扩大服务业开放、跨境电子商务、金融开放创新,以及负面清单投资管理模式、内外贸一体化等方面做出积极探索,以加快形成新的竞争优势。

(三)增强城市创新能力

深圳实施自主创新五大工程,强化人才、科研、产业、企业等创新载体建设,广聚优质创新资源,构建高素质创新人才队伍,增强核心技术自主创新能力,率先建成国家创新型城市。中共深圳市第六次代表大会(简称深圳党代会)重新定义深圳的城市定位,提出"建成现代化国际化创新型城市"新概念,提出努力打造国际创客中心和创业之都、打造"创投之都"等新的发展目标。人才是创新的基础,深圳一直注重引进各类创新人才,2011 年出台了关于引进海外高层次创新团队的"孔雀计划",累计引进团队有 59 个。这些团队都是国际一流水平,如光启、柔宇科技。在大力引进优秀创新人才的同时,深圳也加大对本土人才的培养力度。深圳注重加强高等教育体系建设,在制定"十二五"规划时,就确定要引进境内外的名校,在深圳合作建设一批特色学院,如南方科技大学、香港中文大学(深圳)、清华-伯克利深圳学院等特色学院,并加速推进,以期形成集聚效应。此外,完善自主创新的政策法规体系,构建综合创新生态体系。在深圳自主创新发展的不同阶段,出台了不少促进自主创新的政策文件。2008 年,以市委、市政府《关于加快建设国家创新型城市的若干意见》为统领,同时推出《深圳国家创新型城市总体规划(200—2015)》《关于增强自主创新能力促进高新技术产业发展的若干政策措施》、高层次人才队伍建设"1+6"文件体系,这些文件成为深圳全市实施自主创新主导战略的行动纲领。

杭州在空间上形成创新驱动"路径图",主阵地明确,将创新辐射全城。杭州国家自主创新示范区的核心区块为杭州高新区与临江高新区。各城区依据自身特色发展相关产业,未来科技城、下城创新园、云栖小镇等园区和小镇都在蓬勃发展。如余杭省级高新区与海创园主攻医疗设备产业,浙江大学科技园与西溪谷着力发展互联网金融。两个国家级高新区将带动其他创新区块,为杭州营造良好的创业创新氛围。自主创新在投资结构、出口结构和消费结构等方面有力地推动了杭州经济结构转型升级。包括阿里巴巴在内的互联网经济突飞猛进,现代信息技术产业已经成为杭州新的经济增长点。杭州以高端产业集聚高端人才,以创新政策激发人才活力,以创新创业环境留住人才。主攻网络信息技术产业,加快发展信息经济、智慧应用产业集群,引导企业建立境外研发机构,支持龙头企业组建产业研究院,推进技术创新国际化。全力引进科研"国家队",支持重点企业牵头实施国家重大科技项目,以高端项目引进培育人才。以"5050 计划"为载体,加大政策扶持力度,突出重点,努力引进一批海外科学家、创新团队和职业经理人,形成"领军人才+创新团队"的高层次人才创新队伍,加快推进区域自主创新能力的提升。

二、优化城市规模和城镇结构的主要做法

(一)调控城市规模

深圳严格控制城市整体人口规模,优化人口户籍结构和素质结构,构建超大城市人口与产业结构、城市空间、城市治理、社会建设"五位一体"的联动调控机制。《国务院关于深圳市城市总体规划的批复》中明确指出要合理控制城市规模。到2020年,城市常住人口控制在1100万人以内,城市建设用地控制在890平方公里以内。根据深圳市资源、环境的实际条件,坚持集中紧凑的发展模式,节约和集约利用土地,合理开发利用城市地下空间资源。

南京在经历了"十一五"、"十二五"堪称"狂飙突进"式的人口扩张后,开始给城市规模降速。控制人口规模,南京依靠政府引导和市场力量。一方面,通过用地指标控制、转型升级"倒逼",发展知识、资本、技术密集型企业,以产业结构调整带动人口结构优化。另一方面,近年来较高的房价、较高的生活成本,客观上也延缓了外来人口涌入。南京出台《关于促进人的全面发展 率先基本实现人的现代化的实施意见》,指出"人的发展是一切发展的前提",在控制城市规模的同时,还要提升人口素质。南京布局了"一主城—三副城—八新城—六十新市镇"的城镇体系,主城人口、功能向副城疏散,农村人口向新城、新市镇集中,旨在优化空间分布,城镇化不是"大城市化",在控制大城市规模的同时,还要尽快补长小城镇"短腿"。

(二)合理进行城市更新

深圳市在2004年10月颁布了《深圳市城市更新办法》,提出了"城市更新"这一概念,在传统旧城改造的基础上强化了完善城市功能、优化产业结构、促进社会可持续发展等内涵,并围绕"城市更新单元"进行了政策和机制的多项创新,开始系统推进有关工作。城市更新工作已建立起行之有效的运行模式,实现了从个别项目到规模推动、从探索试点到规范高效的转变。深圳由政府引导,发挥政府在城市更新中的引导和服务作用,同时发挥市场在资源配置方面的决定性作用,合力推进城市更新。在推进模式上,采取多种模式并举,鼓励绿色低碳的城市更新。政府对拆除重建类项目设定了严格的准入条件,提倡以综合整治和功能改变为主,鼓励按照绿色建筑的标准进行规划、建设和运营管理,尽量避免盲目无序的大拆大建。2014年以来,深圳市以旧工业区为主要对象,

试点开展以综合整治为主的复合式城市更新。与此同时,在拆除重建类项目中,我们也进行细分,划定了一些现状保留和整治维护区域,有效保护了一批历史建筑、传统世居和工业遗存。很多旧区经过规划和修缮,成为油画村、版画村等艺术村落,民宿客栈集中的特色小镇,创意园、珠宝街等产业集聚区,体现了城市建设的个性化。2013 年 4 月,国家在十省市启动城镇低效用地再开发试点,深圳的有益经验再次在全国总结推广。2014 年 8 月,深圳市"以旧城镇、旧厂房、旧村庄'三旧'改造为主要内容的城市更新土地节约集约利用机制改革"经验被国家发改委纳入国家综合配套改革试验区改革成果,在全国推广。

(三)提高土地利用效益

苏州严格控制建设用地总量和新增建设用地规模,从严执行各类各行业用地标准,按照集约利用导向,重点优先保障高新技术产业、现代服务业用地需求,严格限制土地低效利用产业用地的扩张。积极盘活存量建设用地,推进产业用地的功能转换和效率提升。苏州高新区通过强化土地利用总体规划管控的作用,引导"工业向开发区集中、人口向城镇集中、住宅向社区集中",不断优化土地利用空间布局和结构。对建设项目用地选址全面实行用地预审,严格审查项目用地是否符合土地规划、产业政策、供地政策和节约集约用地等要求。目前,全区 92%的工业企业进入工业园,80%的农户实现集中居住,88%的耕地实现规模经营。随着区域经济的快速发展,面对保护资源和保障发展的双重压力,高新区以落实"两个最严格"制度为根本,以创建节约集约模范区活动为抓手,努力在节约集约用地上下工夫,创新节约集约用地新模式,通过规划引导"控地"、产业集聚"节地"、提高门槛"限地"、内涵挖潜"腾地"、土地整治"整地"、立体开发"省地"、严格监管"守地"、宕口整治"绿地"等措施,有效保护了资源,切实保障了经济社会的持续发展。先后获批为全国首家 ISO14000 环境管理体系国家示范区、全国首批高新技术产品出口基地、全国首批创新型科技园区建设试点园区等称号,2013、2015 年度分别被评为"江苏省国土资源节约集约模范区"。

(四)统筹城乡发展

南京大力建设隧道轨道、干线公路,利用"大交通"促进城乡和区域更加融合。扬子江隧道的开通,贯通了南京主城区和江北新区,缩短了江南江北的距离,交通优化给江北降低城市发展综合成本、加快融入主城带来重大机遇。南京逐步通过棚户区改造,提升城市功能品质。棚户区改造,既保障改善民生,也有利于完善城市功能,带动投资就业,破除"城乡二元结构",促进新型城镇化建设。南京重视农业现代化,打造休闲农业,制定了《加快推动现代农业建设迈上新台阶的意见》,编制并实施了《全市 2015—2020 国家现代农业示范区建设规划》,加快构建现代农业产业体系。树立乡村游品牌,推动休闲农业发展,为农民创收。深入推进美丽乡村示范区、示范村建设,并编制完成了示范创建村村庄建设规划,全年完成 40 个市级美丽乡村示范村创建工作,美丽乡村逐步实现连点成线、连线成片,建设成果惠及更多百姓。

三、营造区域社会文化氛围的主要做法

(一)保护和传承传统文化

苏州在古建筑保护方面积累了经验,可以归结为三条路径:一是物质与非物质文化遗产保护并存;二是苏州古城古建筑整体性与多样化特色分区保护并存;三是苏州古城,以及和整个城市再发展过程当中的动态与静态保护并存。中国的传统建筑拥有悠久深厚的历史,特别是苏州的传统建筑,具有鲜明的民族特色和极高的工艺、历史价值,有希望居于世界领先地位,也是现代中国建筑文化传承和发展的源泉。古典园林的保护,采取"保护为主,抢救第一"的原则,按照《苏州市总体城市规划》要求,积极抢修一批古典园林,做好遗产的保护与传承。公布现存古典园林保护名录,分期分批报经市政府批准后,对现存古典园林实行更加集中、更加统一的保护管理。建立古典园林分类保护体系。主要是构建分层次、分年代、分体系的保护机制,按照产权归属确定保护管理主体,界定保护管理责任,纳入科学化、标准化和规范化保护管理的轨道。分步实施古典园林保护规划。有计划、有重点、按步骤地实施部分古典园林的整体恢复,尽最大努力阻止古典园林的自然灭失和人为损毁,确保"古典园林一个都不能少"。加强古典园林的依法保护。按照有关文化遗产保护管理的法律法规,推进《苏州园林保护和管理条例》修订工作,积极将古典园林保护管理内容纳入《苏州国家历史文化名城保护条例》的重要内容,充分发挥强有力的法律保障作用。

杭州在城市化高速推进中高度重视发掘和保护杭州的文化基因,不仅保护名胜古迹,对河道、桥梁、工商业建筑等能够保留城市历史记忆的文化元素都注

意保护。既有效延续了城市的文脉，又努力使历史文化传统和遗存与现实生活紧密结合，保留在市民的日常生活中，并与各种现代文化元素自然融合。让市民随时随处都能提高文化素养，开拓文化视野，获得丰富的文化享受，充分体现历史文化名城的优势。

(二)打造城市文化品牌

杭州秉持"文化的本质是生活方式"的核心理念，把文化融入日常生活方方面面，用文化倡导时代精神，引领产业发展、提高生活品位，在发挥文化对城市发展的引导和推动作用方面，积累了具有普适性的经验。广泛挖掘并融合历史和现代文化元素，整合城市特色文化资源，加大政策扶持，大力发展创新能力强、产业规模大、文化品位高、产业特色鲜明、创业环境一流、专业人才聚集、知名品牌众多、产权保护严密、公共服务完善的文化创意产业集群。构建结构合理、门类齐全、科技含量高、富有创意、竞争力强的现代文化产业体系。杭州还注重无形的文化精神，一个城市的文化建设不能只注重有形的城市规划、城市建筑等，能够对城市发展产生长远影响的，是城市的文化精神。21世纪初，杭州提出"精致和谐、大气开放"的城市人文精神，把传统特色与时代特征相结合，为杭州的发展注入了文化内涵、文化动力，增强了精神凝聚力，发挥了文化软实力的作用。杭州在全国率先组织各行各业提炼和实践"我们的价值观"，形成了鲜明的城市文化特色，有效地促进了社会主义价值理念的具体化、大众化、生活化，提升市民思想道德素质，培育社会文明风尚，增强文化认同，引领城市发展。

深圳始终把质量作为发展的第一位追求，打造质量文化，使"高品质"成为最佳城市品牌。品牌就是品质的象征，城市文化品牌体现着城市文化的特色、风貌乃至品位，文化品牌建设是提升城市文化影响力的关键。《深圳文化创新发展2020(实施方案)》提出了"构建以国际先进城市为标杆的文化品牌体系"的目标和任务。深圳的文化品牌建设获得了长足进步，形成了"文博会""读书月""创意十二月"等一批在全国有一定影响的知名文化品牌，为了建设与现代化国际化创新型城市相匹配的文化强市，深圳将打造文化品牌作为推动深圳文化繁荣发展的重要战略支点。深圳打造城市文化品牌过程中强化创新意识，通过发掘文化资源，创新形式和载体，通过"文化＋"的方式来打造文化品牌。

(三)构建平台和载体

杭州文化创意产业园区是杭州文化创意产业发展的主平台，园区的集聚效应和规模效应不断为杭州文创助力。以西湖创意谷、之江文化创意园、西湖数字娱乐产业园、运河天地文化创意园、杭州创新创业新天地、创意良渚基地、西溪创意产业园、湘湖文化创意产业园、下沙大学科技园、白马湖生态创意城等十大园区作为主平台,不断完善全市文化创意产业空间布局,逐步形成了"两圈集聚、两带带动"的文化创意产业空间新格局。"两圈"指环西溪湿地文化创意产业圈和环西湖文化创意产业圈,"两带"指沿运河文化创意产业带和沿钱塘江文化创意产业带,这就为打造全国文化创意中心提供了良好的空间载体。据统计,杭州共拥有 5 家国家动画产业(教育)基地,8 家国家文化产业示范基地;拥有 24 家市级园区,共集聚文创相关企业 8283 家。集聚,是杭州文化创意产业发展的催化剂,无数的化学反应在大大小小的集聚区内不断发生,为杭州文创的发展创造了无限的可能。为加快推进杭州市"文创西进"工程,2014 年,杭州还认定了 10 个市级文创小镇培育对象。通过培育一批环境优越、特色鲜明、效益突出的文化创意小镇,进一步促进文创产业与区域经济融合发展,不断激发杭州文创发展的集聚力量。

一是深圳积极引进文化创意骨干龙头企业,国内外知名文化创意企业在深圳设立符合规定条件的企业总部,按照深圳市发展总部经济的有关规定享受优惠政策,发展文化创意产业总部经济。二是建立"深圳市文化创意产业百强企业"发布制度,对上一年度工业增加值或服务业增加值增速达到 30% 以上的文化创意产业百强企业予以奖励。三是支持以高新技术为依托、数字内容为主体、自主知识产权为核心的"文化+科技"型文化产业新兴业态的发展,打造一批拥有先进技术和自主知识产权、具有较强发展实力和国际竞争力的文化创意领军企业,引领我国文化产业新兴业态发展。四是支持文化创意企业实施跨地区、跨行业、跨所有制兼并重组,实现跨区域发展、规模化经营。五是大力支持、积极吸纳社会资本和外资进入政策允许的文化创意产业领域,着力引进一批国内外知名文化创意企业、跨国公司和重大项目,提升深圳市文化创意产业的整体实力。

第四节　优化宁波城市经济发展区域背景的对策建议

本节结合宁波城市经济发展的区域背景现状及指数,借鉴其他城市在提高区域经济发展水平、合理调控城市规模、营造区域社会文化氛围等方面的成功经验,提出优化宁波城市经济发展区域背景的对策建议。

一、协调产业发展优化产业结构

(一)全面推进两化深度融合,推进经济结构战略性调整

借鉴深圳市和杭州市的经验,积极推进经济结构战略性调整。通过对接"中国制造2025"和"互联网+"战略,加快推动新一代信息技术与制造技术融合发展、推进智能制造模式的集成应用,大力培育发展智慧产业,促进重点产业对接"互联网+"。

首先,推进智能制造模式的集成应用。持续推进"机器换人",搭建技术和产业对接平台,推动建立一批综合性或行业性"机器换人"技术推广服务中心,组建一批专家服务指导组,推动智能化改造从试点转向规模化推广应用,推进规模以上工业企业"机器换人"全覆盖。在金属制品、塑料制品、纺织服装、文体用品、电子通信器件、家用电器、汽车零部件等特色块状经济和劳动强度大、简单重复劳动特征明显或有一定危险性的生产环节,鼓励企业应用自动化(智能化)成套装备、智能部件以及工业机器人对传统生产线或生产系统进行技术改造。开展"机联网""厂联网"试点示范,重点支持生产过程控制、生产环境检测、能源和排放监测、制造供应链跟踪、远程诊断管理域服务器等环节物联网应用。开展工业互联网应用,促进数字化车间、智能工厂等先进智能制造模式在有条件的重点行业中应用,规划建立智能制造模式示范区。推动制造资源与制造能力虚拟化和服务化,促进大数据、云计算、物联网和3D打印技术在制造业全产业链的集成应用。

其次,积极谋划智慧产业发展战略,制定智慧产业发展规划。加快以互联网为基础的智慧产业培育,构建智慧产业发展布局,重点培育发展集成电路、新兴电子元器件、光电子信息、新兴智能终端产品、行业智能应用软件、云计算和物联网等智慧产业;加快发展新一代信息技术产业和新兴信息服务业,推动智慧企业向上游关键材料和器件、下游信息服务等价值链高端攀升。加快智慧产业平台建设,重点推动智慧产业电子交易平台、云服务平台、综合信息平台等做强做大,推进智慧企业电子商务发展,培育发展自营和第三方电商平台。促进新一代信息技术、云计算服务与传统领域的融合渗透,依托名企,构建互联网金

融中心新模式,开展智慧产业链。加快行业高端应用软件应用于信息技术服务和智慧城市运营服务,改进优化行业管理服务方式,推动智慧产业发展。

最后,促进重点产业对接"互联网＋"。加快推动传统装备的智能化改造。鼓励应用工业"互联网＋"技术,实施柔性制造模式,重点在生物医药、海洋高新技术、节能环保等新兴行业推行柔性化制造生产试点,形成柔性化的设计生产、供应链管理和服务体系。推广"互联网＋"协同制造模式,提高"互联网＋"协同制造水平,重点在汽车、高精度数控机床、模具、电工电器装备、节能环保和海洋高技术等行业,支持企业开展相关装备的异地协同开发和云制造试点;推进建设重点行业的工业设计、数据管理、协同营销等专业云服务平台和大数据平台,促进创新资源、生产能力和市场需求的远程对接,拓宽专业云应用领域。加快实施"云＋网＋端"的制造服务模式试点,推进家电云、服装云、模具云等工业云服务平台和研发设计、数据管理、协同营销等专业云服务平台建设。

(二)推进外贸外资外经互动发展,全面提升开放型经济水平

借鉴深圳市和苏州市的主要经验,抓住长江经济带与 21 世纪海上丝绸之路战略带来的历史机遇,完善开放平台,推进外贸、外资、外经的互动发展,建设区域性国际贸易中心城市。

首先,构筑开放平台。抓住国家实施长江经济带与 21 世纪海上丝绸之路战略的历史机遇,以港口为龙头,构筑开放大平台。加快港口联盟的建设与港口功能的提升,成为长江经济带与 21 世纪海上丝绸之路的连接点和 21 世纪海上丝绸之路的枢纽港。以港口优势为依据,加速综合保税区的申报,融合各类海关特殊监管区,推进贸易、投资便利化。跟踪上海自贸区的建设进程,积极推进上海自贸区可复制经验的推广区与申报自由贸易港区双管齐下,争取宁波与上海、舟山享有共同的制度优势。

其次,调整贸易结构。抓住欧美经济复苏等机遇,优化自营进出口结构,扩大口岸进出口规模,做大做强对外贸易。结合制造业的转型升级,优化自营出口的商品结构,切实提高出口商品的附加值。密切关注 TPP、TTIP、RCEP、中日韩自贸区等区域经济一体化的进展,以及 21 世纪海上丝绸之路和陆上丝绸之路的推进过程,优化出口市场结构。结合宁波市及港口腹地的需求变化,优化进口商品结构,在继续巩固大宗性要素性商品进口的同时,扩大消费类商品的进口。充分利用港口优势,推进新一代信息技术的深度应用,创新对外贸易模式,着力建设进口商品市场、全球采购基地,大力推进跨境电子商务。

再次,优化引资结构。继续扩大、优化引进外资的规模与结构,利用外资推进服务业发展,利用外资提升产业层次。提升外资利用质量,多瞄准产业链高端资源,引进跨国公司和行业龙头企业,创新外资利用方式,促进外资股权投资和创业投资、扩大融资租赁业利用外资规模。继续推进对外直接投资,并引导对外直接投资与制造业转型升级、对外贸易的互动发展,以对外直接投资实现产业对外转移并带动对外贸易发展。

(三)加快建设人才强市,全面增强城市创新能力

首先,借鉴深圳市的做法,着力建设人才生态最优市。人才是创新的关键,大力实施人才优先发展战略,加快打造"蔚蓝智谷",深化人才体制改革和政策创新,推动人才建设与产业链、创业链有机衔接,形成更具竞争力的人才制度优势。全面落实人才发展新政策,深入实施"3315 计划"和"泛 3315 计划",发挥企业引才育才用才主体作用,统筹推进各类人才队伍建设,造就一批富有创新精神的企业家人才,加快集聚一批海内外"高精尖缺"人才,引育一批紧缺实用型高技能人才。积极探索专业机构引育、海外孵化等方式,鼓励县(市)区、开发区引导社会资本建设"千人计划"产业园、海外人才离岸创业基地、人才项目海外孵化器。推进科技城等重点创新载体建设人才高地,积极引进大院大所共建人才发展平台。

其次,借鉴杭州市的做法,建设高水平创业创新载体。一是高水平建设新材料科技城,建设国际一流、国内领先新材料创新中心,率先试点创新驱动体制改革,全面争创国家科技服务业创新发展区域试点,争创国家自主创新示范区。全面建设国际海洋生态科技城,集聚一批涉海研发机构和创新载体,打造国内知名的海洋科技创新平台。支持科技城通过"一区多园"模式,以孵化器、科技园、初创园等为载体,打造全市创业创新带。二是大力培育特色创业平台。大力培育众智、众包、众扶、众筹等平台,打造众创之城。推动现有孵化器和专业园利用互联网有效整合要素资源,集成全过程孵化服务,建设一批专业化众创空间,打造若干特色创业街区(或特色创业小镇)和小微企业创新创业基地。支持创新型领军企业建立服务大众创业的开放式服务平台。三是加快集聚新型科研机构。积极对接国家重大科技基础设施建设、中国科学院"创新 2020"工程,整合资源建设材料基因组工程、新材料试验试制等技术创新公共实验工场,

争取国家重大科研基础设施落户。主动对接北京、上海等国家创新高地,引进共建新型产业技术研究院和产业创新中心。

二、优化城镇结构提升城市能级

(一)科学规划土地使用,合理调控城市规模

借鉴深圳市和南京市的做法,一是根据国务院《关于宁波市城市总体规划的批复》,贯彻"先规划、后建设"原则,划定城市开发边界,保护好耕地特别是基本农田。二是加大存量用地挖潜力度,合理开发利用城市地下空间资源,切实提高城市建设用地利用效率。三是合理控制城市规模,到2020年,中心城区常住人口控制在395万人以内,城市建设用地控制在420平方公里以内。四是重视城乡区域统筹发展,重点加强中心城及外围组团的规划统筹,进一步加强与上海、杭州、舟山等周边城市的合作,做好市域城乡空间管控,加强对所属县、市的规划引导。五是对城镇建设用地范围内的村庄要统筹规划,在保持乡村风貌特色的基础上,逐步推进城乡基本公共服务均等化和农村现代化。

(二)注重功能提升和内涵发展,合理进行城市更新

借鉴深圳市的做法,一是旧城改造不应只着眼于规模扩张,还应注重功能提升、内涵发展,全面提升城市综合竞争力、国际影响力和可持续发展能力,把宁波建设成为空间布局合理、要素配置集约、城市功能发达、基础设施完备、生态环境优美的创新创业之城、品质宜居之城、国际港口名城。二是提升城乡品质。做精中心城区,实施核心景观、形象品质、文化特色、基础设施、民生服务、生态环境提升"六大行动",加快中山路整治提升和"三江六岸"品质提升,推进夜景美化和塘河整治。三是做优美丽县城,抓好核心城区美化提质、县城与新区美丽连线、基础设施品质提升与交通畅行、特色文化传承与民俗文化彰显、公共服务保障与活力城市提升"五大行动"。打造美丽乡村升级版,实施农村环境卫生整治、生态环境建设、安居宜居美居、美丽乡村示范创建"四大行动",加强村庄规划、农房设计和特色传统村落保护。四是推进"三改一拆",深化无违建县(市)区、乡镇(街道)创建,加大城中村改造力度。加强城市精细化管理,完善村民自治,提升城乡治理水平。

(三)注重土地利用挖潜,提升土地利用效益

借鉴苏州市的做法,一是坚持统筹兼顾和协调发展原则,优化配置城乡土

地资源,发挥有限土地资源最大效益,促进城乡一体化发展。二是按照区域发展整体战略安排,与区域产业发展、人口变化和资源环境承载能力相协调,加强区域土地利用方向、结构和布局的控制与引导,提高土地利用组合优势和整体效率,促进区域协调发展。三是综合考虑市内、市外土地资源条件,积极探寻土地利用经济调节手段,建立不同区域间优势互补、协同合作的良性土地利用新格局。四是控制总量、用好增量、盘活存量、提升质量,推动土地利用模式创新,以土地利用方式的转变促进经济发展方式的根本转变。五是注重土地利用内涵挖潜,不断提高土地利用效率和效益,依靠土地资源的集约利用和功能提升保障经济社会发展合理用地需求。

(四)完善中小城镇公共服务体系,推进城乡统筹发展

借鉴南京市的做法,一是培育特色产业,实现人口向小城镇的集聚。小城镇是连接城乡的重要节点,户籍制度改革给人口向小城镇集聚提供了制度基础。但小城镇能否由此进入快速发展时期,取决于能否培育特色产业以承接人口集聚。要充分利用小城镇,尤其是卫星城作为产业郊区化的重点空间的功能,培育区域增长极型小城镇。二是完善公共服务体系、实现城乡公共服务均等化是小城镇发展的另一基础,要稳步推进城镇常住人口基本公共服务均等化,建设公共服务中心型小城镇。三是建设美丽乡村,形成地域特色。抓住消费升级的休闲体验消费浪潮,发展乡村休闲旅游,同时注重农村景观保护。要保护好农村人居环境,传承好农村乡土文化,形成"一村一品、一村一景"的鲜明特色。

三、挖掘区域文化营造社会氛围

(一)深入挖掘优势文化资源,彰显城市文化特色

首先,借鉴苏州市的做法,加强对文化资源的挖掘和保护。一是对宁波全市域的文化资源进行全面调查、挖掘和科学评价,尤其是史前文化、海洋文化、浙东学术文化、商帮文化等。二是加强对文化资源的科学保护,构建一个文化资源的总体保护利用框架,建立全面系统的文化资源保护数据库。三是重视对宁波历史文化资源的展示与宣教,提升市民对宁波区域文化的自信心和自豪感。

其次,发展特色文化产业。一是依据宁波的文化资源禀赋和产业发展基础,重点发展工艺品、演艺娱乐、文化旅游、特色节庆、民俗展示等特色文化产

业。二是支持各地实施"一地（县、镇、村）一品"战略，传承宁波历史文脉，发展一批区域性特色文化产业带，建设一批特色文化产业示范区，打造一批特色文化城镇和乡村。三是培育特色文化品牌，加强创作规划与引导，集中优势力量，推出一批以宁波优势历史文化资源为题材的文学、戏剧、影视、民俗等各艺术门类的作品，打造具有宁波特色、宁波风格、宁波气派，具有较强影响力和市场竞争力的艺术精品和文化品牌。

再次，打造鲜明的城市形象。一是做好顶层设计，找准宁波核心性、特色性、战略性资源，确立形成一个清晰准确、简洁凝练、特色鲜明、一以贯之，体现宁波城市文化物质的城市形象总体定位。二是加强城市营销，围绕城市形象总体定位，统筹配置营销资源，组合运用传统媒体和新兴媒体多种传播渠道，借力重大节庆活动、国际会议等载体，进行城市营销活动。三是设计和建构具有宁波特色、能被强烈感知的城市标识系统，将标识系统应用到城市标志性建筑、交通枢纽、城市景观、各类公共服务设施等[①]。

（二）注重适应新常态，构建社会发展新战略

首先，重视社会事业与结构调整的有效联动，以体制改革作为新常态的重要抓手。加快社会事业的体制改革和创新，以构建公益服务新格局为重点，建立健全基于 PPP 模式的多元投融资新机制，大力引导民间资本进入社会事业领域。教育事业要围绕"均衡化、优质化、多样化、终身化"目标，努力深化教育体制机制改革，积极创新办学模式，充分调动社会力量办学积极性，为全社会提供更多优质高效的教育资源。医疗卫生事业要围绕"构筑惠及全民的公共卫生服务体系"目标，遵循"政府主导、市场辅助、公平优先、兼顾效率"原则，进一步深化市级公立医院综合改革，提高医疗卫生服务领域资源共享配置效率，实现基本公共卫生服务人群全覆盖。牢牢守住发展和生态这两条底线，以改善水环境和大气环境为重点，着力优化城市生态环境，深入整治农村生态环境，全面改善海洋生态环境，不断引导社会公众树立绿色低碳环保的生态文明意识。

其次，重视社会保障与转型升级的有效联动，以促进消费作为适应新常态的重要举措。从长期来看，扩大内需、促进消费将成为新常态下拉动中国经济增长的主要动力，而就业和社保是拉动消费背后的重要保障。实施积极的就业

---

① 陈珊珊.2015 宁波文化发展总报告[M]//何伟.宁波发展蓝皮书(2016).杭州:浙江大学出版社，2016:55.

拉动消费政策,继续深化推进"大众创业、万众创新",多方面多渠道拓展就业增长空间。着力完善收入分配制度拉动消费,建立健全更加科学合理、更加人性化的收入分配制度,进一步健全困难群众生活补贴与物价水平联动机制,完善工资动态增长机制,确保困难群众生活水平不会因为通货膨胀因素而下降。着力完善社保制度拉动消费,努力解决社保、就医、就学等关系群众切身利益的问题,继续提高各项社会保障的参保覆盖面和保障水平,不断推动社会保障由制度全覆盖向人群全覆盖转变,推动社会福利向适度普惠转变,形成积极、公平、可持续的社会保障福利制度,促进社会保障水平的整体协调提升。

再次,重视社会治理与和谐稳定的有效联动,以精细治理作为新常态的重要突破。党的十八届五中全会公报提出,要"加强和创新社会治理,推进社会治理精细化,构建全民共建共享的社会治理格局"。具体而言,精细治理的重点包括以下几个方面:一是治理流程的标准化;二是治理资源的统筹化;三是信息支撑的现代化;四是绩效管理的动态化。

最后,重视社会服务与政府转型的有效联动,以普惠均衡作为适应新常态的重要保障。一是加快转变政府职能。加速推进与经济转轨、社会转型相匹配的政府自身转型,强化政府公共服务和社会管理职能。二是优化公共资源配置格局。进一步深化公共财政体制改革,加大公共财政投入向社会事业、向各类民生项目、向农村和偏远地区倾斜的力度。三是加强社会服务机构及人才队伍建设。进一步推动深化事业单位机构改革,大力支持和发展社会工作机构,培育和建设职业化、专业化的社会工作人才队伍,将具备良好的政治素质、丰富的实践经验、扎实的理论功底的优秀人才,纳入各级人才培养工程,努力提升社会服务的专业化水平和能力[1]。

---

① 史斌.2015宁波社会发展总报告[M]//何伟.宁波发展蓝皮书(2016).杭州:浙江大学出版社,2016:36-39.

第七章 城市经济发展环境总体评价及宁波的对策

任何一项评价最终应该以一个总体直观的判定来体现。本章运用前面各章对城市经济发展环境分项指数测算的结果,采用同样的方法测算城市经济发展环境总体指数,运用六西格玛标准对各城市的城市经济发展环境和分项环境进行比较分析,并着重就宁波城市经济发展环境的优劣势及其形成原因进行比较分析。在此基础上,结合宁波实际梳理提出了优化宁波城市经济发展环境的战略思路、主要突破口和主要对策建议。

第一节 城市经济发展环境的总体评价

本节在各分项环境指数的基础上运用加权综合评分法得到各城市的城市经济发展环境指数,运用六西格玛标准对各城市的城市经济发展环境水平和分项环境水平进行排序、归类和比较分析。进而聚焦宁波城市经济发展环境,分析其指数的优劣水平及其形成的原因。

一、城市经济发展环境分项指数情况

本书第二章至第六章对各城市的城市经济发展环境中的宜居环境、宜商环境、创新环境、基础设施环境和区域背景五个分项环境的指数进行了计算,表7-1列出了各城市的城市经济发展环境分项指数评价得分情况。

表 7-1　2014 年九城经济发展环境分项指数及排名情况

城市	宜居环境		宜商环境		创新环境		基础设施环境		区域背景	
	得分	排名	得分	排名	得分	排名	得分	排名	得分	排名
深圳	51.00	1	73.35	1	78.71	1	61.76	1	79.56	1
苏州	48.38	3	43.82	7	64.35	2	40.33	5	58.29	2
杭州	40.34	7	56.86	2	54.86	3	35.50	8	49.46	3
南京	50.10	2	54.16	3	35.55	4	47.10	2	40.81	4
宁波	44.95	5	49.37	4	28.57	6	41.59	4	23.70	8
无锡	46.54	4	45.96	6	27.18	7	36.43	7	29.65	6
厦门	43.97	6	34.58	8	30.55	5	37.96	6	38.48	5
青岛	36.86	8	52.59	5	16.72	8	44.83	3	26.49	7
大连	34.83	9	32.55	9	12.02	9	29.93	9	21.81	9
最高分	51.00	—	73.35	—	78.71	—	61.76	—	79.56	—
最低分	34.83	—	32.55	—	12.02	—	29.93	—	21.81	—
平均分	44.11	—	49.25	—	38.72	—	41.71	—	40.92	—
标准差	5.38	—	11.59	—	21.15	—	8.57	—	17.86	—

从各个分项环境指数评价总体得分情况来看,平均分最高的是宜商环境(49.25),最低的是创新环境(38.72),说明总体上各城市的宜商环境较佳,而创新环境较差;单项得分最高的是深圳市的区域背景(79.56),单项得分最低的是大连市的创新环境(12.02),说明不同城市不同分项环境指数得分差异巨大;标准差最大的是创新环境(21.15),最小的是宜居环境(5.38),说明各城市创新环境差异较大,而各城市的宜居环境差异较小。

从各城市的分项环境指数评价得分情况看,深圳市各分项环境指数评价得分均排在本书所选与宁波同类城市之首。尤其是深圳市的区域背景、创新环境、宜商环境和基础设施环境指数评价得分远高于其他城市,具有明显优势。南京市的宜居环境和基础设施环境指数评价得分位列九个城市中的第二位,且其宜居环境指数评价得分与深圳市十分接近。苏州市也有两项分项环境指数评价得分位列第二,分别是创新环境和区域背景,但评价得分与位列第一的深圳市相比还有不小的差距。杭州市的宜商环境指数评价得分位列第二,但与位列第一的深圳市相比有较大差距,且与紧随其后的南京、青岛、宁波等城市的分差不大。大连市各分项环境指数评价得分均处于同类城市末位。

从宁波市各分项环境指数评价得分情况看,宜商环境和基础设施环境均排在第四位,宜居环境排在第五位,创新环境排在第六位,而区域背景排在第八位。由此可知,除区域背景外,宁波市其他分项环境情况基本处于同类城市中流水平。进一步与处于同类城市首位的深圳市以及平均得分比较可知,宜居环境评价得分与深圳市差距最小,而且宁波市虽位列第五但其得分仍高于 44.11的平均得分。而宁波市的基础设施环境虽位列第四但得分低于平均得分。宁波市与深圳市差距最大的分项环境是区域背景,分差大于 50 分。

二、城市经济发展环境指数的计算

本章仍然采用前面几章运用的主客观组合赋权法来确定各分项指数的权重,然后运用加权综合评分法得到各城市经济发展环境总指数。

(一)客观权重的确定

客观权重采用熵客观赋权法。首先对各分项指标值进行归一化处理:

$$P_{ij} = Z_{ij} / \sum_{i=1}^{m} Z_{ij}, j = 1, 2, \cdots, n \tag{1}$$

并按下式求得各分项指标的熵值 e_j

$$e_j = -\frac{1}{\ln m} \sum_{i=1}^{m} P_{ij} (\ln P_{ij}), j = 1, 2, \cdots, n \tag{2}$$

然后依据下式计算得到各分项指标的差异系数 g_j:

$$g_j = 1 - e_j, j = 1, 2, \cdots, n \tag{3}$$

g_j 值越大,显示指标间差异程度越高,对应的指标越重要,再运用(4)可得熵权 w_j:

$$w_j = g_j / \sum_{j=1}^{n} g_j, j = 1, 2, \cdots, n \tag{4}$$

各分项环境客观权重计算结果如表 7-2 所示。

表 7-2　城市经济发展环境各分项环境客观权重

指标	宜居环境	宜商环境	创新环境	基础设施环境	区域环境
权重	0.3784	0.1532	0.1841	0.1343	0.1499

（二）主观权重的确定

主观权重采用层次分析法（AHP）。首先，建立层次结构，由于本章是在前面几章的基础上进行合成总评，这里实际上只涉及总目标和子目标两个层次，总目标即城市经济发展环境，子目标包括上述五个分项环境。然后，构造两两比较判断矩阵，即对五个分项环境的相对重要程度进行两两比较判断，如表 7-3 所示。重要程度分为 9 个等级，分别用数值 1—9 来表示，赋值 1 表示两者同等重要，3 表示前者（行元素）比后者（列元素）稍重要，5 表示前者比后者明显重要，7 表示前者比后者强烈重要，9 表示前者比后者极端重要，而数值 2,4,6,8 表示两者重要程度关系界于上述相邻判断之间。矩阵对角线下方的数值为其对称单元格数值的倒数。

表 7-3 城市经济发展环境分项环境相对重要程度判断矩阵

指标	宜居环境	宜商环境	创新环境	基础设施环境	区域环境
宜居环境	1	1	2	4	5
宜商环境	1	1	2	5	6
创新环境	1/2	1/2	1	3	4
基础设施环境	1/4	1/5	1/3	1	1
区域环境	1/5	1/6	1/4	1	1

将上述构造形成的两两比较判断矩阵输入 AHP 分析软件 yaahp Version7.5，软件运算得到的 CI 值为 0.0067＜0.1，通过一致性检验。对应获得的主观权重如表 7-4 所示。

表 7-4 城市经济发展环境各分项环境主观权重

指标	宜居环境	宜商环境	创新环境	基础设施环境	区域环境
权重	0.3252	0.3512	0.1945	0.0689	0.0602

（三）组合权重的确定

组合权重根据下式来确定：

$$W_i = \alpha w_i + \beta \omega_i, i = 1, 2, \cdots, m \tag{5}$$

式中，W_i 为第 i 个指标的组合权数，w_i 为第 i 个指标的客观权系数，ω_i 为第 i 个指标的主观权系数，且 $0 < W_i < 1$，$\sum_{i=1}^{m} W_i = 1$。α 和 β 表示主、客观赋权方法

的相对重要程度,满足 $0 \leqslant \alpha, \beta \leqslant 1$(一般取 $\alpha = \beta = 0.5$)。本章仍然采用均权法即取 $\alpha = \beta = 0.5$。

城市经济发展环境各分项环境组合权重如表 7-5 所示。

表 7-5　城市经济发展环境各分项环境组合权重

指标	宜居环境	宜商环境	创新环境	基础设施环境	区域环境
权重	0.3518	0.2522	0.1893	0.1016	0.1050

(四)城市经济发展环境指数计算

将上述获得的组合权重分别与各城市对应分项环境指数相乘并加总,得到各城市的城市经济发展环境指数如表 7-6 所示。

表 7-6　2014 年九城经济发展环境指数及排名情况

城市	城市经济发展环境指数	
	得分	排名
深圳	65.97	1
苏州	50.47	2
杭州	47.72	3
南京	47.09	4
宁波	40.39	5
无锡	39.92	6
厦门	37.88	7
青岛	36.74	8
大连	28.07	9
平均分	43.81	—
标准差	10.12	—

三、城市经济发展环境指数比较分析

(一)城市经济发展环境总体比较

从城市经济发展环境指数得分总体情况看,最高分为 65.97,最低分为 28.07,平均分为 43.81,标准差为 10.12,说明各城市的城市经济发展环境存在一定的差距(见图 7-1)。其中深圳市遥遥领先于其他城市,是唯一一个指数得分超过 60 分的城市,苏州位列第二,但其指数得分与深圳相差超过 15 分。大连市由于各分项指数均居于末位,总指数得分仍居于末位。

从各城市指数得分分布看,有 3 个城市的得分在 40～50 分之间,3 个城市的得分在 30～40 分之间,1 个城市的得分小于 30 分,各有 1 个城市的得分分别超过 50 分和 60 分。按照指数得分情况大体可以分为四个层次,第一层次是深圳市,第二层次是苏州市、杭州市和南京市,第三层次是宁波市、无锡市、厦门市和青岛市,第四层次是大连市。

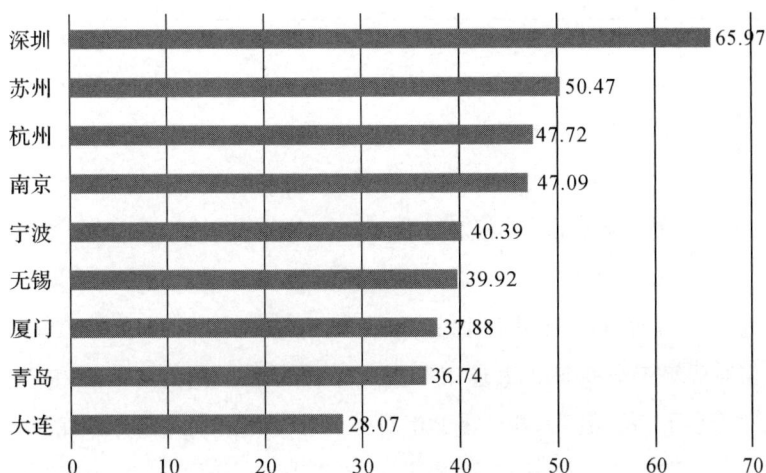

图 7-1　2014 年九城经济发展环境指数排名

(二)城市经济发展环境总指数与分项指数比较

进一步采用六西格玛标准,结合各城市的城市经济发展环境分项指数得分和总指数得分,将其平均值和反映离散程度的指标标准差结合起来,用以展现各城市在该分项指标,以及总指标在 9 个同类城市中所处的地位。将和 1 做比较,得分说明城市该项指标在 9 个同类城市中是处于优势水平,还是处于劣势水平,还是该项指标处于一般水平。总指标和五个分项指数分类标准如表 7-7所示。

按照上述分类标准,结合各城市相应指数得分情况可知,从城市经济发展环境看,深圳市的得分为 65.97 大于 53.93,属于优势水平,具有明显的优势。大连市的得分为 28.07 小于 33.69,属于劣势水平,劣势相对明显。其他 7 个城市的得分水平均属于一般水平。

表 7-7　城市经济发展环境指数分类标准

指标	优势水平	一般水平	劣势水平
城市经济发展环境	得分≥53.93	33.69<得分<53.93	得分≤33.69
宜居环境	得分≥49.49	38.73<得分<49.49	得分≤38.73
宜商环境	得分≥60.84	37.66<得分<60.84	得分≤37.66
创新环境	得分≥59.87	17.57<得分<59.87	得分≤17.57
基础设施环境	得分≥50.28	33.14<得分<50.28	得分≤33.14
区域背景	得分≥58.77	23.05<得分<58.77	得分≤23.05

就宜居环境而言,深圳市和南京市的得分分别为 51.00 和 50.10,两市该分项指标得分比较接近且都略于优势水平临界值 49.49,属于优势水平,具有相对明显的优势。大连市和青岛市的得分分别为 34.83 和 36.86,均低于劣势水平临界值 38.73,属于劣势水平,相对劣势明显。其他 5 个城市的得分均属于一般水平。

就宜商环境而言,仅有深圳市的得分高于优势水平临界值 60.84,为 73.35,相对优势十分明显。大连市和厦门市的得分分别为 32.55 和 34.58,均略低于劣势水平临界值 37.66,处于相对劣势水平。其他 6 个城市的得分均属于一般水平。进一步分析可知,杭州市该分期指数得分为 56.86,仅略低于优势水平临界值。

就创新环境而言,深圳市和苏州市的得分分别为 78.71 和 64.35,明显高于优势水平的临界值 59.87,深圳市在该分项环境上具有十分明显的优势。大连市和青岛市的得分分别为 12.02 和 16.72,低于劣势水平的临界值 17.57,属于劣势水平,青岛市虽然得分仅略低于劣势水平临界值,但与其他城市的得分差距却十分明显。其他 5 个城市的得分均属于一般水平。

就基础设施环境而言,仅有深圳市的得分高于优势水平临界值 50.28,为 61.76,相对优势十分明显。仅有大连市的得分明显低于劣势水平临界值 33.14,为 29.93,相对劣势十分明显。其余 7 个城市的得分均属于一般水平,其中南京市的得分比较接近优势水平临界值,为 47.10。

就区域背景而言,也仅有深圳市的得分高于优势水平临界值 58.77,为 79.56,相对优势十分明显。也仅有大连市的得分低于劣势水平临界值 23.05,

为 21.81,处于相对劣势水平。其余 7 个城市的得分均属于一般水平,其中苏州市的得分比较接近优势水平临界值,为 58.29。

四、宁波城市经济发展环境的优劣势分析

(一)宁波城市经济发展环境的总体情况

从城市经济发展环境得分情况看,宁波市的得分为 40.39,排在 9 个同类城市的第五位,城市经济发展环境水平正好处于中间位置。与 9 个同类城市中最高得分的深圳市相比低 25.58 分,与 9 个同类城市中最低得分的大连市相比高12.32 分。按能级梯队分析,宁波的得分处于第三层次的首位,与第二层次末位的南京市相比,指标得分差距比较明显,由此来看,宁波市的城市经济发展环境水平处于同类城市中等偏下。按照六西格玛标准判断优劣势水平,宁波市处于一般水平,但得分值离优势水平临界值的距离大于离劣势水平临界值的距离,也可以得到宁波城市经济发展环境水平处于同类城市中等偏下的判断。

(二)宁波分项环境优劣势比较

从分项环境得分及其排名情况看,宁波市得分最高的分项环境是宜商环境,得分为 49.37,得分最低的分项环境是区域背景,得分为 23.70。排名最高的分项环境是宜商环境和基础设施环境,均位列 9 个同类城市中的第四位。排名最低的分项环境是区域背景,位列 9 个同类城市中的第八位。

按照六西格玛标准判断优劣势水平,宁波市所有分项环境的得分均属于一般水平,也就是说,宁波市没有具有明显相对优势的分项环境。从各分项环境与各自优势水平临界值和劣势水平临界值比较看(见表 7-8),宁波市的宜居环境和宜商环境相比其他分项环境具有相对优势,区域背景相对劣势明显,基础设施略有劣势。创新环境相对劣势也比较明显,虽然其得分与劣势水平临界值离差百分比较高,但仍明显低于一般水平的中值,只能说相比最差的不算太差。宜居环境和宜商环境比较,虽然宜商环境与一般水平中值离差百分比小于宜居环境,但与优势水平临界值离差百分比要大于宜居环境,说明宁波市的宜商环境与同类城市相比有待改进的空间还比较大。

表 7-8　宁波市 5 个分项指标优劣势水平比较

	宜居环境	宜商环境	创新环境	基础设施环境	区域背景
一般水平中值距离	0.85	0.13	−10.16	−0.13	−17.21
与优势水平临界值距离	−4.46	−2.99	−31.31	−8.70	−32.41
与劣势水平临界值距离	6.23	11.72	10.99	8.44	0.65
与一般水平中值离差百分比（%）	1.93	0.27	−26.25	−0.32	−42.07
与优势水平临界值离差百分比（%）	−9.15	−18.83	−52.30	−17.31	−59.68
与劣势水平临界值离差百分比（%）	16.09	31.12	62.51	25.46	2.81

　　为进一步探析宁波市的五个分项环境优劣势水平形成的原因,需要对宁波市各分项环境的考察指标及其得分排名情况作进一步分析。

　　就宜居环境而言,是宁波市相比其他分项环境较具优势的一项。该分项环境有生活成本、文化教育、环境健康度和公共服务质量 4 个一级指标和 15 个考察指标构成。其中宁波市具有一定优势的是生活成本,列 9 个同类城市的第三位,其他 3 个一级指标均位列第五。进一步分析考察指标可知,宁波市生活成本指标得分值较高的原因在于,宁波市的收入房价比相对较高,仅次于无锡市和苏州市,以及反映城市交通状况的高峰拥堵延时指标、反映公共交通便捷状况的每万人拥有公共汽车数量得分较高,前者仅略差于无锡,后者仅差于深圳市和青岛市。这三个考察指标反映出宁波市的房价在同类城市中相对较低或比较合理,城市交通比较畅通,公共交通比较便捷。综观 15 个考察指标,宁波市没有位列第一的指标,除了上述两项考察指标排名比较靠前外,空气质量优良天数比例和社会保障支出占公共财政支出比重也位列均第三。宁波市得分相对较低的是城市绿化覆盖率,每万人公园绿地面积,每十万人拥有的博物馆、图书馆与文化艺术场馆数和万人拥有病床数,前两项在同类城市中垫底,后两项为倒数第二和第三。综合而言,宁波市的宜居环境还有较大的提高空间,一些城市生活的硬件设施需要加大投入。

　　就宜商环境而言,是宁波市相比其他分项环境最优的一项。该分项环境有商务环境、金融环境和配套环境 3 个一级指标和 10 个考察指标构成。宜商环境中宁波市具有较大优势的是商务环境指标,列 9 个同类城市第二位。但金融环境指标较差,列第八位,而配套环境指标略强于金融环境指标,列第六位。进一步分析考察指标可知,宁波市商务环境指标得分较高的原因在于,单位规模以上企业本年度应交增值税指标得分列第一位,平均工资水平指标得分列第二位。说明宁波市企业的税负较轻,劳动者的素质总体较高。综观 10 个考察指标,宁波市位列第一的指标有单位规模以上企业本年度应交增值税、金融机构数和结案率;但位列倒数第一的指标也有 2 项,分别是存贷比和办结率;位列倒数第二的指标也有 2 项,分别是办公楼租金和政府网站绩效。这些考察指数较大程度上限制了宁波市宜商环境的排名。综合而言,宁波市的宜商环境各项因素相对差异较大,宁波市的优势在于企业税负较轻、劳动者素质较高、金融市场较发达、司法效率较高,但劣势也比较明显,主要是资金提供不够充裕、行政效率相对不高、商务楼宇档次不高、政府与企业及居民的互动效率相对较低。

就创新环境而言,是宁波市相比其他分项环境相对较差的一项。该分项环境有创新投入、创新产出、创新载体 3 个一级指标和 13 个考察指标构成。创新环境中宁波市各项一级指标的得分及其排名均较差,创新载体指标得分在 9 个同类城市中排名垫底,创新投入指标得分列第六位,创新产出指标得分排名稍高一些,列第四位。进一步分析考察指标可知,宁波市创新环境指标得分较低的原因在于,13 个考察指标中 8 项排在倒数前三位,其中每万人人才数、国家级科技企业孵化器指数 2 项考察指标排在末位,全社会研发经费投入占 GDP 比重、风投指数、省级以上重点实验室和重点工程中心数 3 项考察指标排在倒数第二位,每万人普通高校在校大学生数、高技术产业产值占工业总产值比重、国家级高新技术企业数 3 项考察指标排在倒数第三位。相对较好的考察指标包括地方教育经费投入占 GDP 比重、地方财政科技经费投入占 GDP 比重、年度授权专利数 3 个反映创新投入和创新产出的考察指标,均排在第三位。综合而言,宁波市创新环境的劣势在于创新人才欠缺,科技企业孵化力度不强,科技研发机构数量不足,高层次高新技术企业数量和产出不多,鼓励社会创新的氛围不强。相对优势在于政府对科技创新的投入力度较大、专利发展情况较好。

就基础设施环境而言,是宁波市另一项相比其他分项环境相对较具优势的分项环境。该分项环境有交通基础设施、信息基础设施、新型市政设施 3 个一级指标和 16 个考察指标构成。宁波市基础设施环境中信息基础设施和新型市政设施均列 9 个同类城市中的第三位,交通基础设施相对较差,列第五位。进一步分析考察指标可知,宁波市基础设施环境指标得分相对较高的原因在于,港口货物吞吐量这个考察指标位列第一,港口集装箱吞吐量、每万人互联网城域出口带宽、天然气管网密度 3 个考察指标位列第二。轨道交通密度、每万人国际互联网用户数、政务云和行业云建设情况 3 个考察指标位列第三。但也有一些考察指标相对较差,城市道路面积率、每万人充电桩数量 2 个指标列倒数第一,每万人 4G 用户数量、城区固网平均速度、每万人火车车次 3 个指标列倒数第二,机场旅客吞吐量 1 个指标列倒数第三。综合而言,宁波市基础设施环境的优势在于港口设施比较完善、信息基础设施水平总体较好、新型市政设施建设较为领先。相对劣势在于城市道路建设相对滞后、铁路枢纽地位不高、移动网络设施建设和 4G 推广以及充电桩建设滞后于同类城市。

就区域背景而言,是宁波所有分项环境中相对最差的一项。该分项环境包括区域经济水平、城市规模与城镇化发展水平、区域社会文化 3 个一级指标和 16 个考察指标构成。宁波市区域背景的各项一级指标得分及其排名均较差,区域经济水平在 9 个同类城市中列倒数第一位,城市规模与城镇化发展水平列第六位,区域社会文化相对较好,列第四位。进一步分析考察指标可知,宁波市区域背景指标得分较低的原因在于,第三产业增加值占国内生产总值比重这个考察指标列倒数第一,国内生产总值、人均国内生产总值、建成区面积、城市化率 4 个考察指标列倒数第二,实际利用外资额占固定资产投资比重、建设用地、文化产业增加值占 GDP 比重 3 个考察指标列倒数第三。相对较好的考察指标有最低收入保障与其他城市并列第二,建设用地地均二、三产业增加值,城镇居民人均可支配收入和历史文化名镇、名村数量 3 个考察指标列第三位。综合而言,宁波市区域背景的劣势在于区域经济总量和结构水平较低、城市化发展不够、外部资源的利用不够、文化产业化发展不足等,相对优势在于居民收入水平和地均产出率水平较高、文化底蕴较深厚。

第二节　优化宁波城市经济发展环境的战略思路

战略是一种从全局考虑谋划实现全局目标的规划。优化城市经济发展环境的战略就是要以提升城市经济发展水平和实力作为目标,谋划创造实现这一目标的条件,明确任务、方针与方向,乃至于实施途径。城市经济发展环境的优劣具有相对性和自治性两个特征。所谓相对性,是对其的优劣评价是基于参照物的比较,包括两个相对性,即与同类城市的相对性和与自身历史相比的相对性。由此需要把握城市经济发展环境的动态变化。所谓自洽性,是指城市经济发展环境与城市经济发展水平的契合度,包括各项环境的自洽。由此需要同时考虑城市经济发展水平。城市竞争力是城市经济发展环境的最直接表现,也是最综合体现。城市竞争力提升本质上就是改善和优化城市经济发展环境。城市经济发展环境既有综合的一面,也有其个性和独特的一面,综合优势可借助特别优势得以扩大。特别优势本身也是城市在城市群中获得有利城市功能分工的基础条件。城市经济产业提升与城市经济发展环境优化具有内在一致性,两者应当并举。城市经济发展环境提升优化应当置于经济全球化的大背景下,城市经济与全球经济的联系水平以及在全球经济中的地位已成为城市经济发展环境的重要组成部分。

一、提升城市竞争力,优化经济发展环境

城市经济发展环境优劣的同类城市相对性主要表现为城市经济及其发展环境的竞争力,即从一定意义上表现为城市竞争力。城市竞争力主要是指城市在集聚生产要素和创造财富以及促进城市所在地区和国家发展方面的能力[①]。城市竞争力是一个综合的概念,它既包括在某一时间段上吸引并集聚资金、人才、技术、品牌、市场的能力,同时又表现为在更长的时间里的发展潜力,后者决定了一个城市在较长时期内的发展地位和竞争水平。从城市竞争力的内涵来看,它主要涉及两方面的内容,一是与其他城市相比可以精确测量的相对地位与水平,如城市规模、人均 GDP、城市产品在国内或国际市场上的占有率、利用外资规模等;二是无法精确测量但确实构成城市竞争优势的一些不可舍弃的重要因素,如城市知名度、城市影响力、城市创新能力等。

上述城市竞争力所涉及的内容大部分都可以理解为城市经济发展环境的构成内容。因此,从战略上考虑,有必要把提升城市竞争力作为优化城市经济发展环境的重要途径。

根据中国社科院城市与竞争力研究中心的研究,城市竞争力是城市在竞争和发展过程中,凭借以自身要素与环境为基础所形成的外部经济优势与内部组

[①]　徐康宁,施海洋,臧新.国内中心城市经济发展环境与竞争力比较研究[J].科技与经济,2001,14(5):1-6.

织效率。城市竞争力形成包括城市竞争力投入、过程和产出三个方面。城市竞争力的投入通过城市竞争力的过程决定城市竞争力的产出,城市竞争力的产出又通过城市竞争力的过程反过来影响着城市竞争力的投入。

宁波提升城市竞争力需要关注以下因素:地区经济的生产率和地区生产总值的增长率,构筑吸引人才的社会环境、生态环境、居住环境、市政设施等,构筑增强企业集群竞争力和产业体系竞争力的要素支撑、制度供给和基础设施,增强可持续发展的投入,如创新、信息、文化等。

二、稳固提升特别优势,完善综合优势

城市经济发展环境是一个庞大的系统,每一项因素的发展不可能齐头并进,更不可能每一项因素都保持绝对优势。同样,改善和提升城市经济发展环境也不可能全面出击,一是财力、物力和人力不允许,二是有些软环境因素是长期积累的结果,不是一朝一夕就能改变的。在改善和优化城市经济发展环境的过程中必须树立有所为、有所不为的理念,抓住突破口和关键环节使巧力,才能获得事半功倍的效果。这个突破口和关键环节首先在于城市的特别优势。不同的城市各自拥有自身的特别优势,这些优势的增进可以带动其他各因素发展。这就类似于贸易理论中的绝对优势,一个城市如果能够抓住自身有别于其他城市的优势,使之提升扩大,同时也会带动综合优势完善,就可以在城市发展竞争中获得有利地位。因此,从战略角度考虑提升城市经济发展环境,就是要充分认识城市自身所具有的特别优势,并通过发展特别优势来带动其他因素的改善,进而实现城市经济发展环境改善提升。

宁波与同类城市特别是与周边同类城市相比,特别优势在于港口经济条件优越、民营经济活力充沛、制造业基础比较扎实。宁波应该着重发展港口经济、民营经济、制造业相关的城市经济发展环境。港口经济方面宁波应全力打造港口经济圈,做足港城经济文章。民营经济方面宁波应进一步加强体制机制改革,努力激发民营经济活力再次迸发。制造业方面宁波应该抓住获批首个"中国制造 2025"试点示范城市的契机,促进制造业创新发展,并带动全社会创新氛围提升和创新能力增加。

三、提升城市产业,优化经济环境

城市经济发展环境是城市经济发展的支撑,而城市经济发展本身也会带来

城市经济发展环境的变化。就城市经济发展而言,城市产业优化是城市经济发展水平的一个重要表征。从战略角度出发,优化城市经济发展环境应该与提升城市产业协同推进。城市产业优劣主要体现在服务业占城市经济的比重,以及城市服务业内部结构水平和服务业质量。

对宁波来说,城市经济的产业结构中服务业比重相比同类城市偏低,尤其是市域范围的第三产业占 GDP 比重处于同类城市的末位。作为战略考虑,宁波应更加重视城市服务业发展,着重把握好三类服务业行业的发展,一是具有突出的比较优势和较高贡献度的服务业行业如港航物流、国际贸易等,二是具有较高的附加值和科技含量的服务业行业如科技服务、信息服务等,三是具有较好的发展前景、符合发展趋势服务业行业如节能环保服务、文化创意、休闲旅游、健康养老等。努力做强生产性服务业、做优生活性服务业,不断促进服务业结构优化和质量提升。

四、深化开放中优化城市经济发展环境

城市经济学认为,城市职能可以分为基本职能和非基本职能。基本职能主要是指为本市以外地区提供货物和服务的活动,并形成地区性、全国性乃至全球性的影响力。非基本职能主要指为本市范围服务的活动。显然城市的基本职能是城市存在和发展的原动力。基本职能强,城市发展繁荣;基本职能弱,城市发展衰落。城市基本职能强调的是城市对外的影响力,而城市经济本质上是一个开放系统,城市基本职能发展的基本条件就在于城市经济的开放性。城市经济又是区域经济、全国经济乃至全球经济中的子系统,只有子系统与上层系统形成有机联系和良好的互动,才能使城市经济繁荣不衰。由此可以说,开放性是城市经济的本质特征之一。城市经济的发展只有也必须在开放中才能获得发展。因此城市经济发展环境打造的过程中必须十分重视开放,深化开放是优化城市经济发展环境的必然要求。

在当今中国,城市深化开放必须要强调与区分两个方面,一是地区性(全国性)的开放,另一个是对外(全球性)的开放。目前东部地区的城市经济发展中都比较重视对外开放,并且经历了"引进来"到"引进来"和"走出去"双向互动的过程,而地区性、全国性的开放相对比较忽视,宁波市也不例外。从战略高度看,深化开放必须兼顾这两个方面的开放,对外开放深化要考虑从外资(要素)

引进利用到怎样更好地协调内外要素,对区域乃至全国的开放深化要考虑如何打破地区和行政壁垒,更好地利用统一市场和合理的区域、城市分工,打造有利于宁波城市经济发展的环境。

第三节　优化宁波城市经济发展环境的突破口

城市经济发展环境优化是不可能也没有必要全面推进的,而是应该找准最紧要、最有价值的点加以优化推进,动态推进城市经济发展环境优化。城市创新能力已越来越成为城市经济发展的核心能力,应成为优化城市经济发展环境的必选项和重要突破口。人才是城市经济发展中的关键因素,一定意义上城市经济发展环境的竞争和优化最终均会聚焦到人才上,人才集聚能力是城市经济发展环境的关键点。城市影响力是城市竞争力中的软实力和直观表现,也是城市的名片。要加强城市形象塑造,通过各种活动充分构建和展现城市的文化和文明,扩大城市影响力,也是优化宁波城市经济发展环境的重要抓手。经济全球化深入发展的今天,城市国际化既是城市经济发展环境的表征也是优化城市经济发展环境的必由之路。

一、营造创新氛围,提高城市创新能力

按照波特的竞争优势理论,一国经济与产业发展中竞争力的形成依次可分为四个阶段,即要素导向、投资导向、创新导向和财富导向。其中第一个阶段竞争力全部来自于基本生产要素,主要是劳动力和自然资源。第二个阶段的竞争力源自于投资,"基于政府、企业而大众积极的投资意愿"。第三个阶段的竞争优势源自于创新,这个阶段的特征包括"更新更强大的集群产业"、"国内精致化服务业的国际化"。三个阶段依次促成国家竞争优势所依托的"钻石模型"的四个支柱,达到空前的竞争优势与经济繁荣。

按照这一理论,中国经济发展正处于投资导向向创新导向进行动力转换的阶段。现实中,中国地区间、城市间的竞争正从投资竞争的白热化状态悄然向创新竞争转变。如果说20世纪90年代中期以来地区、城市间的发展竞争主要手段是吸引投资,那么可以预见未来20年地区、城市间的发展竞争将主要依靠

创新竞争。创新竞争涵盖经济领域中从技术创新到产品创新到商业模式创新到消费形式创新整个生产和消费链条。

目前中国城市间的创新竞争尚在形成之中，各城市有创新意识和促进创新的举措，但尚未达到如投资竞争白热化时期的激烈程度。宁波已经在创新能力打造方面做了许多工作，比如大院大所的引进、创新人才引进，以及相应的政策扶持等方面，并起到了一定的成效。但仍需努力促进创新发展，培育创新能力，形成创新竞争力。

创新竞争关键在于创新人才和创新氛围。创新人才和创新氛围互为条件，相互促进。创新人才是创新氛围形成的基础，创新氛围是吸引创新人才的条件，两者需要协同并进。创新人才可以通过引进和培育，创新氛围则需要营造。创新人才的引进和培育既需要有吸引力的政策措施，也需要适宜创新人才发展的人居条件、产业生态、社会文化等软硬环境。创新氛围的营造包括社会文化、产业发展、科研条件、商业氛围等，归结起来就是要打造具有普遍创新意识的社会文化氛围、产业发展领先的创新环境、科研能力突出的创新条件、持久的创新消费能力等。

二、优化人才环境，吸引更多优秀人才

人才是第一资源，是发展经济不可或缺的要素，甚至是决定性的因素。人才问题是关系城市经济发展的关键问题。人才可以通过引进也可以通过培育，但不管引进还是培养，要留住人才、用好人才必须要有一个良好的人才发展环境。因此，优化人才环境又是优化城市经济发展环境的主要突破口之一。

优化人才环境的目的是吸引和培育城市经济发展所需的优秀人才，留住用好这些优秀人才，形成良好的人才发展生态。人才环境是由社会环境、政策环境、工作环境、创新环境等所构成的一个集合系统。每一项环境存在着相互联系和影响，又由各自子项环境所构成。

社会环境方面主要是要营造崇尚人才的人文环境和社会氛围。大力宣传各类人才创业、奉献的先进事迹，大力宣传企业在培育、引进和使用人才中取得的成功经验。积极倡导"爱护人才就是促进发展，浪费人才就是阻碍发展，刁难人才就是破坏发展"的理念。在全社会形成尊重人才、向往人才、成为人才的良好社会氛围。政府要提高人才公共服务水平，充分发挥中介组织在行业规范运

作中的桥梁与纽带作用,逐步构建起以政府为主体、行业组织为依托、重点企业为龙头的信息畅通、服务高效的人才工作服务体系。

政策环境方面政府要构建宽松灵活的人才政策环境。要拓宽引进人才的渠道,创新体制和机制,完善引进、使用人才的政策措施。构筑有利于人才公平竞争、脱颖而出、发挥作用的制度环境。建立起开放式的人才引进、投入、培养、使用、扶持、激励、保障、流动机制。积极探索知识、技术、专利、管理等要素参与收益分配的有效办法,建立有利于留住人才和人尽其才的收益分配政策。创新人才配置机制,健全人才市场体系,积极做好人才与本地产业、项目的有效对接。

工作环境方面主要是打造干事创业的工作环境。通过改革和完善人事制度来吸纳和稳定人才,形成人尽其才、人尽其用、人才辈出的良好机制。进一步完善激励机制,科学设置人才工作和优秀人才奖励办法。积极排除人才流动的障碍和壁垒,为人才发挥作用、施展才华提供足够的发展空间。积极拓宽人才创新创业渠道,真正使各类人才创业有机会、干事有平台、发展有希望。积极为各类高层次人才发展提供就业指导、人才评估、子女入学、社会保障代办、人才公寓等一系列细致、人性化的专项服务。

创新环境方面主要着眼于打造有利于人才集聚、实现与城市产业创新良性互动的环境。完善和发展博士后工作站、流动站、企业技术创新中心等重要载体。积极探索与海内外著名大学、科研机构及跨国公司合作共建博士后工作站或流动站,使它们成为海内外高层次人才来市创新创业的重要载体,吸引更多海内外人才进站从事科研工作和活动。积极搭建企业科技研发转化平台、交流合作平台、集成创新平台、推广示范平台。促使科技价值与产业价值链相融合,使各类创新创业人才发展有舞台、干事有空间,真正把宁波市打造成聚集人才的强大磁场。

三、扩大城市影响力,集聚更多生产要素

城市影响力既是一个城市的软实力也是硬实力,比如经济的影响力和辐射力就是一种硬实力,人文、社会等的影响力就是一种软实力。城市影响力从一定意义上讲就是一种吸引力,特别是对经济发展中最积极的因素——人才——的吸引。城市经济发展的重要条件是生产要素尤其是高端要素的集聚。城市

影响力所带来的对要素的吸聚能力是城市经济发展的重要条件。因此,扩大城市影响力是优化城市经济发展环境的又一主要突破口。

　　城市影响力是一个多维度的概念,包括经济、文化、历史、政治、地理等多个方面。因此,城市影响力不仅是综合实力的显示,也是人们对一个城市形象认知的总和。因此有人把城市影响力分为三个方面,知名度——它在区域或世界上所处的地位,能量级——它所能提供的品牌、服务质量及辐射能量,感情线——人们对该市的感觉和情感维系度。城市影响力有大有小、有宽有窄。所谓大小,是指城市影响力的辐射面,可以是区域性的,也可以是全国性的,甚至是国际性、世界性的。所谓宽窄,是指城市影响力的主体内容,可以是经济、政治、文化、社会等全方位的,也可以是某个方面的。

　　宁波具有一定的城市影响力,可能更多来自于人文和地理认知上的,但缺乏一些靓丽的城市名片。就经济总体实力而言,宁波城市影响力更多是区域性的,而且范围仅在宁波都市圈内。但从单项产业或经济影响力则具有全国性乃至世界性,比如宁波-舟山港以其吞量冠于全球大港,宁波的服装、家电也在全国乃至国际享有知名度。

　　宁波未来城市影响力扩大需要重点突出软实力提升兼顾硬实力发展,重点扩大单项影响力带动综合影响力。软实力的提升以塑造城市名片为抓手经营城市影响力。比如通过举办或承办一些定期或不定的全国性或世界性经济、文化、体育等方面的论坛、展会、节庆、竞赛活动来扩大城市影响力,通过发掘宁波的人文历史、地理生态等亮点以品牌建设的方式扩大影响。单项影响力提升着重以经济亮点、产业亮点为着力点,通过资源整合、政策扶持等有目的地促进相关经济、产业优势不断扩大。

四、优化开放环境,提高城市国际化程度

　　党的十八大报告提出"全面提高开放型经济水平","实行更加积极主动的开放战略",中国对外开放正在向纵深推进。城市经济发展必须主动顺应对外开放发展的大潮,积极优化开放环境,提升城市国际化程度。宁波作为中国十四个沿海开放城市之一,对外开放是宁波城市经济发展的起跑器,也是未来城市经济提级增能的助推器,必须高度重视对外开放,积极提高国际化程度。因此,优化开放环境也是优化宁波城市经济发展环境的主要突破口之一。

优化开放环境包括软环境和硬环境。软环境包括与开放相关的政策环境、制度环境、法制环境、公共服务环境、文化环境等。硬环境包括信息基础设施、城市基础设施、各类经济开发区域的硬件设施等。软环境建设中还应该更加关注国际城市间的交流合作,与更多的国外知名城市形成包括经济、教育、文化等方面的合作交流平台,并让更多的本地知名企业在其中发挥积极作用。更加关注国际文化交流,以文化交流为纽带增进世界对宁波城市的了解,扩大宁波的国际影响力。

优化开放环境既要注重"引进来"的开放环境建设,同时还要注重"走出去"的开放环境建设。在完善开放经济新体系的现今,必须十分强调两种开放环境的协同优化。宁波城市经济发展到现在已迫切需要参与国际要素大循环来获得更大动力,在积极吸引国际资本为宁波城市经济发展注入动力的同时,借助企业走出去实现宁波城市经济影响力的扩大,实现产业链和价值链提升。政府在继续优化"引进来"的开放环境建设的同时,更加注重"走出去"的开放环境。当前的重点是在继续积极发挥政府主导作用的同时,借助企业联盟、行业协会等社会组织有效构建"引进来""走出去"的服务平台,以产业和企业发展实际为基准形成各类政策举措。

第四节　优化宁波城市经济发展环境的对策建议

城市经济发展环境优化是一项系统工程,目标是尽可能补齐短板,同时最大程度发挥优势。宁波在城市整体功能、城市经济集聚辐射能力、城市影响力能级、人才集聚和培育能力、城市经济服务体系等方面有待于进一步提升。应通过加强基础设施建设、完善市场体系、凝聚城市文化、优化人才引进培育政策、发展现代服务业等提升上述能力,同时宁波要进一步扩大政府服务能力优势、深化开放优势等,形成城市经济发展环境特殊优势,实现城市经济发展环境优化提升。

一、加强基础设施建设,完善城市整体功能

城市基础设施是城市经济发展环境中最重要的硬环境条件。一个城市要

成为区域经济增长、控制、服务中心，就离不开现代化、多元化、网络化、高效化的城市基础设施。先进而完善的城市基础设施在促进城市极化成本、城市扩散成本、城市资源配置成本降低方面具有十分重要的基础作用。

宁波城市基础设施建设经过十余年的大力推进，城市基础设施条件已经实现了质的飞跃。但也仍然存在着不少的短板，限制着城市功能的发挥，制约着城市经济的发展。对基础设施环境评价表明，宁波在同类城市中居第四位，与其他分项环境相比名次比较靠前，是相对较优的分项环境。但从得分情况看，仍然在同类城市平均分之下，说明与同类城市的先行者相比还存在不小的差距。宁波基础设施环境存在的主要问题是城市道路建设相对滞后、铁路枢纽地位不高、移动网络设施建设和4G推广以及充电桩建设滞后于同类城市。

因此，宁波需进一步加强城市道路建设，完善城市道路路网，加快形成城市快速路路网，提升交通管理智能化水平，提高城市通行效率。加快推进公交交通，尤其是地铁线路建设，提高城市通勤效率。加强铁路建设投资，加快铁路枢纽地位提升。加强移动网络设施建设，积极为新一代移动网络运用推广提供条件。

城市功能的有效发挥都有赖于城市基础设施建设，城市功能体现着城市经济发展的水平、实力和方向。加强基础设施建设完善城市整体功能也是城市经济高效运行的保障。在加强城市基础设施建设，实现城市基础设施现代化、多元化、网络化、高效化时还要充分结合城市功能的培育和完善。

现代城市的功能是综合性、多元化的。城市主要功能有：生产功能、服务功能、管理功能、协调功能、集散功能、创新功能。城市功能是主导的、本质的，是城市发展的动力因素。城市功能具有整体性，各项城市功能都是城市整体功能的有机组成部分。宁波在继续做好生产功能、集散功能等方面的基础设施建设的同时，要积极加强服务功能、协调功能和创新功能方面的基础设施建设。

二、完善市场体系，增强城市经济集聚辐射功能

城市应该是市场配置资源的中心，必须具有统一、开放、规范有序的市场体系，使区内外和国内外资源、要素、产品、劳务都能在这里自由、公平交易。宁波建设区域性中心城市应进一步完善市场体系，积极发挥市场在资源配置中的决定性作用，以增强宁波城市经济的集聚效应和辐射功能。当前宁波尤其要加强

金融、产权等为代表的要素市场、以大宗商品交易平台为代表的产品市场,以及高端人才市场。

宁波金融业发展较快,但其对城市经济发展的作用还有待提升。宁波金融产权市场发展着重要做好以下三个方面。一是加快区域性股权交易市场建设。以宁波股权交易中心为载体,整合区域内私募机构、中介机构、投行机构,加强与相关政府部门、金融机构合作,逐步建成集股权登记、托管、挂牌、交易、结算和股权抵质押融资、私募债券融资等功能于一体的区域性金融要素交易市场。二是提升拓展金融资产交易平台功能。整合宁波股权交易中心和互联网企业、金融机构,探索建设具备金融资产交易功能的区域性金融要素市场平台。依托国家级保险创新示范区建设,适时探索设立保险交易中心,吸引各类保险产品互通信息、开展交易,逐步形成辐射长三角的保险产品和保险资产及其衍生品的定价交易平台,建成服务宁波实体经济能力突出、自身优势和特色明显、具备较强集聚和辐射能力的区域核心金融要素市场体系。三是发展和完善产权交易市场。改善产权交易的制度环境,健全产权市场的支撑体系。积极推动非国有企业产权转让进入产权交易市场,探索开展技术产权、知识产权等交易,发挥产权市场价值发现和优化资源配置的功能,进一步提高效率,降低交易成本,努力为企业开展产权交易提供优质服务,实现价值最大化。

宁波自2011年建立大宗商品交易所、航运交易所以来,以交易平台形式开展商品市场建设发展迅速,在实体平台建设的基础上,不断拓展网络平台建设,在国内外形成了较大的影响力。未来应进一步重点扶持和推进宁波大宗商品交易所、宁波航运交易所、甬易第三方支付平台、世界废料网、世贸通、船货网、跨境购、网盛生意宝、服装云、家电云等重大平台建设。加强商品交易市场体系建设,不断扩大商品特别是大宗商品交易方面的影响力。

宁波人才市场建设应该说起步较早,目前已形成了多层次、实体平台与网络平台相结合、政府力量与社会力量相互补的人才市场体系。宁波未来重点应该加强高层次专门人才市场建设,积极发挥社会力量参与建设,不断解决宁波高层次人才短缺的瓶颈制约。

此外,宁波在加强市场体系建设过程中应十分注重加强社会信用环境建设,为市场体系建设打造一个良好的社会信用环境。一是不断健全"一网两库、多点支撑"的公共信用信息平台体系。改造升级"信用宁波网",建立和完善"自然人信用信息库"和"法人信用信息库",健全"各地、各部门信用信息数据库"。

二是建立和完善社会信用体系运行机制。该机制包括加快建设信用法规制度标准，建立健全守信激励和失信惩戒联动机制，建立健全保护信用信息主体权益机制，加快信用信息安全建设管理机制，建立健全信用服务机构培育和规范机制，建立区域信用合作机制。三是强化信用环境建设。积极开展诚信文化宣传活动，加强全社会诚信教育。此外，还要加强信用专业人才培养。

三、凝聚城市文化，塑造城市形象，增强城市能级

城市经济发展环境优劣很大一部分取决于城市能级，城市能级高，城市影响力就大，城市经济发展环境和城市经济之间形成良性循环。决定城市能级的因素很多，主要是以经济实力为基础的城市等级，但同样不能忽视城市文化在城市能级形成中的重要作用。一个国家、一个民族、一个城市，乃至于一个人，往往由文化水平就可以看出其实力，看出其未来的发展是否具有后劲及其强弱。

城市文化对城市经济发展的影响主要体现在两个方面：一是城市文化自身的经济价值，即文化产业；二是城市文化对经济发展的间接作用，包括城市文化对人才的吸引力、对创新的影响、对投资的影响。

宁波历史深厚、文化璀璨、人才辈出，上至七千年前的河姆渡文化、明代的阳明心学、近代的五口通商口岸之一，以至当代的宁波商帮文化、院士之乡，可以凝聚的城市历史文化非常丰富。宁波应该充分发掘历史文化宝库，通过形象设计、品牌塑造、学术论坛、艺术渲染等多种手段凝炼宁波文化。积极开发蕴含宁波历史文化的历史文化产品，发展具有宁波特色的文化产业。大力开展城市文化活动，以包容的心态鼓励社会开展形式多样的文化活动。大力开展与国内外城市间的文化交流活动，传播推介宁波城市文化。

同样不能忽视城市形象对城市能级的影响。良好的城市形象对吸引各类要素特别是其中最为活跃的人的影响不容小觑。直白地讲，城市形象就是城市给人的印象和感受，是人们对某一城市总体的、抽象的理性概括和评价，也是城市与公众之间、城市与城市之间传递信息和思想的外在形式。城市形象是城市自身所蕴含的历史文化积淀的客观反映，也是该城市物质的或非物质的以外貌为载体的各种信息的综合反映。因此，城市形象体现一个城市所独具的特征和气质。它包含或者反映城市文化，具有更宽泛的内涵，一般包含三个层次，即城

市理念形象、城市行为形象和城市视觉形象。

宁波在优化城市经济发展环境的过程中应树立重视城市形象的塑造理念，努力做好三个层次的城市形象塑造。在城市理念形象方面，要融合文化形象、城市定位、社会经济发展等内容，沟通、凝聚城市居民的思想认识，通过发展战略和规划制订、城市发展历史的延续、文脉的承接、城市精神的提炼升华等手段不断达成。在城市行为形象方面，通过城市内部的组织管理与活动形成行为识别，比如提升政府行政效率、市民文明素质、经济活动的环保意识与宣传等活动，有利于突出城市形象的广告、宣传、博览、体育赛事等活动塑造城市行为形象。在城市视觉形象方面，宁波需要进一步整合传统历史文化、城市特点等，与明确清晰的城市理念、城市精神有机结合，设计形成宁波特色的城市视觉形象，并把它融入宁波城市建筑、公共设施等中去。

四、优化人才引进培育政策，打造人才高地

优化人才环境中很重要的一项就是政府的政策引领。宁波自从 1999 年"一号工程"《关于进一步加快引进培养高素质人才的若干意见》（市委〔1999〕28 号）出台到 2015 年《关于实施人才发展新政策的意见》（甬党发〔2015〕29 号），十多年间引智引才政策不断更新优化，政策力度不断加大，政策举措更加多样，人才数量不断增加。2015 年宁波市人才总量已达 192.1 万人，其中中、高级职称人才 37 万余人，海外高层次人才 8000 多人，自主申报入选国家、省"千人计划"分别为 75 人、198 人，入选国家"万人计划"13 人，有 97 个高端团队和 333 名海外高层次人才入选"3315 计划"。可以说，已经形成了一支有相当规模的人才队伍，在宁波城市经济发展中发挥了重要作用。未来，宁波应该在出台和实施人才政策时处理好以下几组关系。

一是处理好引培用政策的关系。十多年前宁波的高等教育规模较小，人才培养和培育能力相对较弱，一直来推行的是以人才引进为主的政策，尤其是高端紧缺人才绝大部分靠引进来解决。随着宁波高等教育规模不断扩大、层次不断提高，科研院所不断引进建设，人才培养能力已有较大改善。随着宁波产业发展层次不断提升，2016 年 8 月宁波成为我国首个"中国制造 2025"试点示范城市，高层次人才的使用和培育环境和基础也已十分扎实。未来宁波人才政策以城市经济产业发展需求为导向，更加注重人才的引进、培育和使用政策协调

发展。以用好人才为方向,引进和培育协同支撑,形成与宁波城市经济产业发展良好的互动局面。

二是提高政策针对性和有效性。宁波市人才总量及其占人口的比重与同类城市相比已经达到较高的水平。但人才的结构性矛盾依然突出,一方面是顶尖人才、领军人才相对不足,另一方面是产业性的人才供需矛盾,特别是服务业发展的各类人才比较短缺。未来宁波人才政策在继续加大制造业领域顶尖人才引进力度的同时,要加大对服务业领域的人才引进政策设计,有效解决服务业,尤其是体现城市经济亮点的高端服务业人才不足问题。

三是协调政策出台和落实问题。宁波人才政策与周边的同类城市相比并不具有优势,近几年宁波加大了政策力度,与这些城市的政策差距有所缩小。未来宁波应该注意人才政策的差别化,加强对宁波急需的特色人才的引进培育扶持力度。编制政策实施手册,实现人才引进培育政策落实一揽子解决、一条龙服务。使人才政策在人才引进培育过程有效发挥作用。

五、发展现代服务,完善城市服务经济体系

城市经济的发展需要良好的服务体系支持,一个城市要承担所在经济区域的服务带动和辐射功能,就必须大力发展金融、科技、信息、商贸、商务、旅游等服务业。宁波服务业增加值占 GDP 比重在同类城市中处于末位,应大力推进现代服务业发展,使其逐步成为宁波的支柱产业。

确定现代服务业发展重点,加快形成服务经济体系。大力发展港航物流、国际贸易、金融服务、电子商务、商务服务、现代商贸等宁波具有比较优势、支柱服务性质的现代服务业,提升发展信息服务、科技服务等具有高附加值和科技含量的现代服务业,积极发展文化创意、节能环保服务、休闲旅游、健康养老等具有良好发展势头的现代服务业。着力推进生产性服务业向专业化和价值链高端延伸,着力推进生活性服务业向精细化和高品质转变。不断提高宁波服务业占 GDP 比重,逐渐形成具有宁波特色的现代服务经济体系。

加强规划和落实,稳步推进现代服务业发展。在科学制定服务业发展"十三五"规划的同时,加强现代服务业重点行业的规划制定和落实。制订相应行动计划、实施方案,分解确定发展目标、主要任务,将目标任务和责任分解具体落实,分阶段有步骤实施。强化规划的实施监督和信息反馈,完善评估制度,提

高规划实施的科学性和有效性。

完善政策体系,加大政策扶持力度。制定出台《加快发展生产性服务业,促进产业结构调整升级》和《加快发展生活性服务业,促进消费结构升级》两大政策性文件。及时调整、补充和完善现有专项领域扶持政策。构建起以生产性和生活性服务业政策为引领、专项领域扶持政策为支撑的服务业发展政策体系。深化投融资体制改革,用足、用好、用活国家的投资政策导向等财政转移支付政策。安排市级服务业发展引导资金,鼓励发展生产性服务业促进产业结构调整升级,鼓励发展生活性服务业促进消费结构升级。通过扩大服务业用地比例、降低服务业用地成本,从而降低服务业发展成本。进一步健全有利于服务业人才的"选引留用培"政策机制及工作体系。

六、优化政府服务能力,提升公共服务水平

城市经济发展中政府扮演着重要的角色。随着改革的不断深入,社会主义市场经济体制不断完善成熟,各级政府对经济的影响将从主要以对经济主体的直接干预和管理向以对经济主体提供服务性支持为主。城市经济发展竞争的手段也将逐渐从以政府直接参与的招商引资的模式向以政府间接参与的服务支撑的模式转变。

宁波政府服务效率较好、服务意识较强、服务能力发展总体良好。在北京师范大学政府管理学院、政府管理研究院、江西师范大学管理决策评价研究中心联合发布的《2015 中国地方政府效率研究报告》中,宁波市在 104 个中国重点城市的政府效率排名中位列第六。在中国社科院法学研究所推出的《中国政府透明度指数报告》中,自 2009 年至 2016 年,宁波市在 49 个较大的城市中除2011 年排名第六外,其余年份均在前三名。在中山大学中国公共管理研究中心推出的《中国城市政府公共服务能力评估报告》,2013 年宁波城市政府公共服务能力在 19 个副省级以上城市中名列第三位,但 2016 年则排在第十三位。

上述各类报告都是对政府服务能力一个方面的评价,也大体体现了宁波现有的政府提供服务的能力和水平。宁波下一步应继续全面加强政府服务能力建设,优化政府服务供给提升公共服务水平。

加强政府服务能力建设。积极顺应经济体制改革的要求,不断理顺政府与市场的关系,通过不断精简负面清单、完善权力清单,实现简政放权,释放政府

服务提供的潜力。通过把应该由市场提供、市场又能提供的服务逐步交给市场，政府集中精力做好市场做不了、企业做不好的服务能力建设。主动运用现代信息手段，提升政府服务提供的信息化水平，加强政府服务提供的部门间协调和配合，提高服务提供的效率。

优化政府服务供给。加强政府部门服务意识，在继续做好民生类公共服务的基础上，以服务的方式对城市经济进行管理和支持，重点关注营商环境改善类的服务供给。加强政府服务提供的软硬件建设，提升政府服务供给的质量。不断完善政府服务供给方式，通过政策供给、信息提供、平台搭建、窗口服务等多种方式全方位提供服务。

继续提高政府透明度。政府信息公开成为政府治理必不可少的手段，也是政府实现科学管理、接受社会监督、提供公共服务的重要途径。继续坚持政府信息应公开且必须公开，使政府信息公开更加细致，全面推进规划、财政预决算、行政事业性收费、政府采购、重大建设项目等信息公开。继续优化政府信息网上公开和定向推送。积极运用大数据等技术手段，增强政府决策的可靠性和政府信息公开的有效性。

参考文献

[1] 徐康宁. 文明与繁荣:中外城市经济发展环境比较研究[M].南京:东南大学出版社，2003.

[2] 倪鹏飞,等.中国城市竞争力报告 No.14[M].北京:中国社会科学出版社,2016.

[3] 张文忠,余建辉,湛东升,等.中国宜居城市研究报告[M].北京:科学出版社,2016.

[4] 王先鹏. 国内宜居城市评价研究述评[J].住宅产业,2013(1):52-55.

[5] 王世营,诸大建,臧漫丹.走出宜居城市研究的悖论:概念模型与路径选择[J].城市规划学刊,2010(1):42-48.

[6] WORLD BANK GROUP. Doing business 2016:measuring regulatory quality and efficiency[R/OL].[2016-09-13]. http://www.doingbusiness.org/reports/global-reports/doing-business-2016.

[7] 周天勇,旷建伟.中国城市创新报告(2015)[M].北京:社会科学文献出版社，2015.

[8] 刘举科,孙伟平,胡文臻.中国生态城市建设发展报告(2015)[M].北京:社会科学文献出版社,2015.

[9] 张连城,张平,杨春学,等.中国城市生活质量报告(2015)[M].北京:社会科学文献出版社,2015.

[10] 钟君,吴正杲.中国城市基本公共服务力评价(2015)[M].北京:社会科学文献出版社,2015.

[11] 仲量联行. 中国城市 60 强:从快速发展到科学发展[R/OL].[2016-09-

13].max. book118. com/html/2016/0209/36392165. shtm.

[12] 许继琴,等. 基于产业视角的宁波城市经济研究[M]. 杭州:浙江大学出版社,2015.

[13] 周长城,邓海骏. 宜居城市的内涵及其评价要素探究[J]. 甘肃理论学刊,2010(4):107-111,163.

[14] 张文忠. 宜居城市的内涵及评价指标体系探讨[J]. 城市规划学刊,2007(3):30-34.

[15] 柴清玉. 建设"宜居城市"关键在政府[J]. 人大建设,2006(9):38-39.

[16] 童薇. 城市发展的宜居性战略研究[D]. 成都:西南财经大学,2007.

[17] 李小英. 城市宜居性评价研究——以兰州市为例[D]. 兰州:兰州大学,2007.

[18] 高峰. 宜居城市理论与实践研究[D]. 兰州:兰州大学,2007.

[19] 陆佳. 无锡城市快速路网现状布局分析[J]. 市政技术,2015(3):30-31,37.

[20] 兰青,胡玉萍. "公园之城"是这样修筑的[N]. 广东建设报,2013-09-13(004).

[21] 刘维善. 外来工积 60 分可入户深圳[N]. 中国消费者报,2010-09-17(A03).

[22] 刘艳,苏勇耐,郭娜玲. 抓安全生产为企业解忧[N]. 厦门日报,2009-09-22(011).

[23] 普华永道. 顺德区营商环境研究报告[R/OL]. (2015-07-09)[2016-09-13]. http://sdet. shunde. gov. cn/data/2015/07/09/1436413401. pdf.

[24] 深圳市投资推广署,零点研究咨询集团. 深圳市营商环境评估报告[DB/OL]. [2016-09-13]. http://wenku. baidu. com/link? url＝57aywD0Q6W Tnl7XKbIHuEwWENnSuPS32QO8X0a0g　HpOOzdnNt ＿ K0mK2cucVa EHVS2RYtnT9ZVR2MpzR2B-fKRUIg6Sh PqHnWE-GSjx 5l SVO.

[25] STORPER M. The regional world [M] . New York:Guilford Press,1997.

[26] CONWAY S, STEWARD F. Networks and interfaces in environ-mental innovation:a comparative study in the UK and Germany[J]. *Journal of High Technology Management Research*,1998,9(2):239-253.

[27] 贾亚男. 关于区域创新环境的理论初探[J]. 地域研究与开发,2001,20

(1):5-8.

[28] 盖文启.论区域经济发展与区域创新环境[J].学术研究,2002 (1):
　　　60-68.

[29] 蔡秀玲."硅谷"与"新竹"区域创新环境形成机制比较与启示[J].亚太经
　　　济,2004 (6):61-64.

[30] 黄桥庆,赵自强,王志敏.区域创新环境的类型及其特征[J].中原工学院
　　　学报,2004,15 (5):11-12,37.

[31] 熊彼特.经济发展理论[M].孔伟艳,朱攀峰,娄季芳,译.北京:北京出版
　　　社,2008.

[32] 王元,张晓原,张志宏.中国创业风险投资发展报告2014[M].北京:经济
　　　管理出版社,2014.

[33] 金凤君.基础设施与区域经济发展环境[J].中国人口·资源与环境,2004,
　　　14(4):70-74.

[34] 吴建楠,曹有挥,姚士谋,等.基础设施与区域经济系统协调发展分析[J].
　　　经济地理,2009,29(10):1624-1628.

[35] 张从丽.基础设施与经济发展关系探析[J].经济与管理,2008(6):10-13.

[36] 潘胜强,马超群.城市基础设施发展水平评价指标体系[J].系统工程,2007
　　　(7):88-91.

[37] 余建忠.浙江省城镇基础设施现代化指标体系研究[J].城市开发,2004
　　　(7):28-31.

[38] 金建清,范克危.城市基础设施评价的一种方法[J].郑州大学学报(自然科
　　　学版),2000(3):34-37.

[39] 蔡龙,章波,黄贤金,等.我国城市基础设施现代化水平综合评价研究[J].
　　　城市发展研究,2004(11):50-54.

[40] 黄金川,黄武强,张煜.中国地级以上城市基础设施评价研究[J].经济地
　　　理,2011(1):47-54.

[41] 李娜,夏永久.宁波城市基础设施现代化水平综合评价与预测[J].长江流
　　　域资源与环境,2006(2):136-141.

[42] 张伟芳,杨永春,金建玲,等.甘肃省城市基础设施建设水平评价[J].资源
　　　与产业,2015(5):88-95.

[43] 边志强.交通基础设施对全要素生产率增长作用机制研究[J].中国管理信

息化,2015(11):154-155.

[44] 姜丽丽,王士君,朱光明.城市与区域关系演化过程及新时代特征[J].经济地理,2009(8):1307-1311,1322.

[45] 冯云廷.城市聚集经济:一般理论及其对中国城市化问题的应用分析[M].大连:东北财经大学出版社,2001.

[46] 高健,吴佩林.城市人口规模对城市经济增长的影响[J].城市问题,2016(6).

[47] 苗丽静,王雅莉.城市化经济的产业集群效应分析[J].城市发展研究,2007(4):64-69,77.

[48] 汤茂林,姚士谋.论城市发展与区域的关系[J].现代城市研究,2000(2):33-35,39.

[49] 波特.国家竞争优势[M].李明轩,邱如美,译.郑风田,校.北京:华夏出版社,2002.

[50] 波特.竞争优势[M].陈小悦,译.北京:华夏出版社,2005.

[51] 胡锦涛.坚定不移沿着中国特色社会主义道路前进　为全面建成小康社会而奋斗——在中国共产党第十八次全国代表大会上的报告[M].北京:人民出版社,2012.

[52] 北京师范大学政府管理学院,北京师范大学政府管理研究院.2014中国地方政府效率研究报告:地方政府治理现代化[M].北京:经济管理出版社,2014.

[53] 何艳玲.中国城市政府公共服务能力评估报告(2016)[M].北京:社会科学文献出版社,2016.

[54] 何艳玲.中国城市政府公共服务能力评估报告(2013)[M].北京:社会科学文献出版社,2013.

后　记

　　本书为宁波市社科院研究基地"宁波市区域经济研究基地"的最终研究成果之一。宁波市区域经济研究基地以宁波市经济社会发展中的区域经济问题为研究对象,以宁波大学商学院应用经济学学科团队为主要研究力量,致力于服务地方经济发展。

　　宁波市区域经济研究基地主任杨丹萍教授负责书稿的整体统筹和组织,基地首席专家许继琴教授负责书稿框架的拟定、初稿修改及全书的统稿审定。各章撰写人为:第一章,许继琴、曾守桢;第二章,钟建军;第三章,王启仿;第四章,程永毅;第五章,刘尚海;第六章,毛孟凯(四川大学经济学院)、杨丹萍;第七章,陈钧浩。

　　书稿写作过程中,宁波市社科院陈利权院长、宁波市政府发展研究中心林崇建主任、奉化市政策研究室宋炳林主任、宁波市社科院科研管理处方东华处长、办公室吴伟强主任对本书提纲、初稿提出了宝贵的修改意见;宁波市社科院副巡视员俞建文对本书给予了经常性的帮助和指导;宁波大学人文社科处钭晓东处长、陈亚芬副处长给予了大力支持,在此一并表示感谢。限于时间和水平,本书难免有不当和疏漏之处,恳请读者批评指正。

作　者
2017 年 6 月